消え去る差異、生み出される差異

―― 中国水上居民のエスニシティ ――

稲澤　努

東北大学出版会

Disappearing and Emerging Ethnic Distinctions
within the Chinese Boat Community
Tsutomu INAZAWA

Tohoku University Press, Sendai
ISBN978-4-86163-268-6

本書は「第 10 回東北大学出版会若手研究者出版助成」
（2013 年）の制度によって刊行されたものです。

目　次

序章　問題の所在 …………………………………………………………… 1

　はじめに―船に住む人々 …………………………………………………… 1

　第1節　水上居民研究と中国華南のエスニシティ ……………………… 3

　第2節　「疍」と水上居民 ………………………………………………… 7

　第3節　「部族」「エスニック・グループ」から「エスニシティ」へ ………… 9

　　1-3-1　「エスニシティ」の誕生 ………………………………………… 9

　　1-3-2　人類学における「エスニシティ」研究の展開とその背景 ……… 11

　　1-3-3　日本における「エスニシティ」と「民族」……………………… 17

　　1-3-4　本書での「エスニシティ」の定義 ……………………………… 25

　第4節　本書の目的および各章の内容 ………………………………… 27

第1章　水上居民像の形成 ……………………………………………… 31

　はじめに―水上居民像と「民族」………………………………………… 31

　第1節　香港人類学における水上居民像の形成 ……………………… 31

　第2節　「民族」概念の展開 ……………………………………………… 41

　　1-2-1　清末から民国期の「民族」……………………………………… 42

　　1-2-2　中国共産党の民族政策と民族識別工作 ……………………… 45

　　1-2-3　「民系」「支系」と「族群」……………………………………… 53

　　1-2-4　「民族」と「族群」……………………………………………… 57

　第3節　中国における水上居民研究―「疍」から水上居民へ ………… 63

　　1-3-1　民国期の水上居民研究 ………………………………………… 63

　　1-3-2　民族識別工作と『広東疍民社会調査』…………………………… 69

　　　1　政府の漁民に関する認識……………………………………… 69

　　　2　民族識別調査の実施………………………………………… 71

　おわりに―水上居民像の形成 …………………………………………… 79

i

第2章　水上居民像の再編 ……………………………………… 85

はじめに―1970 年代以降の水上居民 …………………………… 85

第1節　香港での展開―エスニシティの多様性 ………………… 86

第2節　民族識別工作後の水上居民 ……………………………… 94

おわりに―水上居民像の再編 …………………………………… 107

第3章　調査地概況―広東における汕尾 …………………… 111

はじめに―汕尾市と汕尾 ………………………………………… 111

第1節　汕尾市について ………………………………………… 113

　3-1-1　汕尾市（海陸豊）の住民の使用言語とエスニック・グループについて

　　　　 ……………………………………………………………… 113

　3-1-2　汕尾市の経済状況と移民 …………………………… 116

　3-1-3　汕尾市の「水上居民」 ……………………………… 117

第2節　漁港・汕尾について …………………………………… 118

　3-2-1　漁港，貿易港としての汕尾港の歴史 …………… 118

　3-2-2　漁港汕尾の経済状況 ………………………………… 121

　3-2-3　寺廟の復興 …………………………………………… 125

おわりに―調査地としての汕尾 ……………………………… 126

第4章　汕尾における「漁村」の成立 …………………… 129

はじめに―漁業をしない「漁民」 …………………………… 129

第1節　広東省の水上居民，漁民への諸政策 ……………… 135

　4-1-1　名称の変更 …………………………………………… 135

　4-1-2　自治区域の成立 ……………………………………… 135

　4-1-3　水上学校，漁民学校の設立 ……………………… 136

　4-1-4　陸上がりの推進 ……………………………………… 136

　4-1-5　戸籍管理 ……………………………………………… 138

　4-1-6　階級分類 ……………………………………………… 138

　4-1-7　まとめ ………………………………………………… 140

第2節　生産体制の改革 ……………………………………………… 140

4-2-1　「漁区民主改革」（1953 年）………………………………… 140

4-2-2　合作化（1953–57 年）…………………………………… 141

4-2-3　大躍進期（1958–65 年）………………………………… 142

4-2-4　文化大革命期（1966 年–76 年）………………………… 143

4-2-5　改革開放と「漁民」（1982 年〜2000 年）……………… 144

4-2-6　2000 年代以降の漁業不振と対策 ……………………… 144

第3節　汕尾港における「漁村」の成立 ………………………… 145

4-3-1　汕尾（旧海豊県）での 1950 年代以前の漁民 ………… 145

4-3-2　「新港」の形成 …………………………………………… 147

4-3-3　解放前の漁民の生活について …………………………… 149

4-3-4　陸上がりと「漁村」への移住 …………………………… 153

第4節　生業の集団化と行政組織の変遷 ………………………… 155

4-4-1　集団化の開始 ……………………………………………… 156

4-4-2　合作社の成立 ……………………………………………… 157

4-4-3　集団生産体制の行き詰まり ……………………………… 158

4-4-4　生産体制改革 ……………………………………………… 160

4-4-5　生活形態，生業の多様化 ………………………………… 161

おわりに―「漁村」の成立 ……………………………………… 162

第5章　「漁村」の廟活動と漁民像の資源化
　　　　―漁村理事会の活動を中心に ……………………… 165

はじめに―「漁民」文化と廟の復興 …………………………… 165

第1節　汕尾における文化の発掘，復興の背景 ………………… 167

5-1-1　町の現状と観光資源の発掘の必要性 …………………… 167

5-1-2　注目される「漁民」文化 ………………………………… 169

5-1-3　中国東南部における廟の復興 …………………………… 173

第2節　漁村理事会の活動 ………………………………………… 176

5-2-1　漁村理事会の成立と未完の廟建設 ……………………… 176

iii

| 5-2-2 | 漁村理事会の祭祀活動 ……………………………… 180 |
| 5-2-3 | 他廟との交流 ……………………………………… 183 |

第3節　政府主催のイベントとしての媽祖誕と「漁民文化」……… 184

　5-3-1　媽祖誕のパレードの中での漁民文化 ……………… 184

第4節　漁歌をめぐる動き …………………………………… 188

おわりに―「漁民文化」の使い方 ………………………… 189

第6章　汕尾市における諸エスニック・カテゴリーと「漁民」

……………………………………………………………… 195

はじめに―汕尾市におけるマイノリティ ………………… 195

第1節　畲族 …………………………………………………… 197

　6-1-1　畲族概況 …………………………………………… 197

　6-1-2　畲族＝先住民の子孫という記述 ………………… 197

　6-1-3　民族識別工作の実施 ……………………………… 199

　6-1-4　汕尾市の畲族の変化 ……………………………… 200

　6-1-5　「畲族」とマジョリティとの差異 ……………… 203

第2節　客家 …………………………………………………… 204

　6-2-1　客家概況 …………………………………………… 204

　6-2-2　汕尾における客家 ………………………………… 205

　6-2-3　客家語を話さない「客家」……………………… 206

　6-2-4　汕尾の「客家」とマジョリティとの差異 ……… 208

第3節　白話漁民 ……………………………………………… 209

　6-3-1　「白話漁民」概況 ………………………………… 209

　6-3-2　白話漁民とその民俗文化 ………………………… 210

　6-3-3　「漁民」と「白話漁民」の差異 ………………… 211

　6-3-4　「白話漁民」というカテゴリー ………………… 214

おわりに―エスニシティの差異化のされかた …………… 216

iv

目次

第7章　あらたな他者とエスニシティ ················ 219

はじめに―あらたな他者 ································· 219

第1節　汕尾における「文化的他者」 ··············· 220

7-1-1　「漁村」と「漁民」というカテゴリー ········· 220

7-1-2　言語によるカテゴライズ ····················· 221

第2節　汕尾における春節 ··························· 224

7-2-1　汕尾の春節‐R家の事例を中心に ··········· 225

1　送神（謝灶，送灶）····························· 226

2　年越し準備 ··································· 227

3　除夕の「uilou」································ 230

4　開門炮 ······································· 231

5　初詣（廟への参拝）····························· 233

6　斎食 ··· 233

7　初二―「開年」と「拝年（回娘家）」·············· 234

8　接神 ··· 235

9　春節の終わり ································· 235

7-2-2　「漁村」の春節‐X家の事例を中心に ········· 236

1　送神（謝灶，送灶）····························· 236

2　年越し準備 ··································· 237

3　船での拝神 ··································· 238

4　除夕の「uilou」································ 238

5　開門炮 ······································· 240

6　初詣（廟への参拝）····························· 240

7　斎食 ··· 240

8　初二―「開年」と「拝年（回娘家）」·············· 240

9　接神 ··· 241

10　天地父母誕 ································· 241

7-2-3　春節の行事まとめ ························· 242

7-2-4　春節時の香港人の帰郷 ····················· 243

v

第3節　汕尾における清明節 ……………………………………………… 246

7-3-1　清明節の重要性 …………………………………………………… 246

7-3-2　X家墓参り ………………………………………………………… 246

7-3-3　R家墓参り日程 …………………………………………………… 249

7-3-4　表面化する習慣上の差異や違和感 ……………………………… 250

おわりに―目に見える差異の消滅と出現 ……………………………… 253

終章　結論―消え去る差異、生み出される差異 ……………… 259

はじめに―本章の内容 …………………………………………………… 259

第1節　水上居民像の形成と再編 ……………………………………… 259

第2節　ウォードを越えて ……………………………………………… 260

第3節　現代汕尾の水上居民認識を構成するもの …………………… 264

結語―作業仮説としてのエスニシティ ………………………………… 266

参考文献 …………………………………………………………… 271

初出一覧 …………………………………………………………… 289

あとがき …………………………………………………………… 291

序章

はじめに―船に住む人々

　東アジア、東南アジアには船を住居として暮らす人々がいる．そのような人々を、日本では「家船(えぶね)」と総称することが多い．瀬戸内海では能地(のうじ)（広島県三原市）、二窓(ふたまど)（広島県竹原市）、吉和（広島県尾道市）が家船の根拠地として有名であった（【図1-1】）［羽原 1963：114-117、金柄徹 2003：26 他］．また、豊島（広島県豊田郡豊浜町）には、近代以降「新しく形成」された船上生活者がいる［金柄徹 2003］．

　九州では、東海岸の津留（大分県臼杵市、旧北海部郡海辺町）、西海岸の平戸（旧松浦藩）、西彼杵(にしそのぎ)半島（旧大村藩）の瀬戸（長崎県彼杵郡大瀬戸町）、崎戸（長崎県彼杵郡崎戸町蛎ノ浦島の今泊、中戸(こんどまり)（長崎県崎戸町蛎ノ浦島の中戸）などに家船の根拠地が存在していた［野口 1987：64-

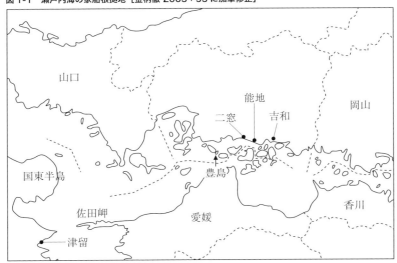

図1-1　瀬戸内海の家船根拠地［金柄徹 2003：53 に加筆修正］

I

69, 263-264, 羽原 1963：138-144, 152-155, 伊藤 1983：345-346, 金柄徹 2003：27-30 他]. また, 西彼杵半島から, 五島列島へと分村した集団もあった [羽原 1963：150-152, 野口 1987：5].

　さらに, 糸満の漁民も家船的集団として分類される場合がある [羽原 1963：158-160]. それら「家船」的人々に加え, 東京などの都会の港湾, 河川, 運河にも一時期水上生活者が住んでいた [1) [山鹿 1950].
　東南アジアに目を向けると, フィリピン南部からボルネオ島にかけて, スールー諸島周辺には「バジャウ（サマ, サマル）」と呼ばれる人々が船上で暮らしてきた [門田 1986, 寺田 1996, 床呂 1992, 1999, 長津 1995, 1997, 2004 他]. その他にも東南アジアには多くの水上居民が存在する. ホワイトによる研究で有名な, ビルマ, タイ南部のメルグイ諸島沿海の「モウケン」[ホワイト 1943（1922）, 羽原 1963：165-170]や, カンボジアのトンレ・サップ湖の水上生活者 [羽原 1963：171-174], インドネシアの「オラン・ラウト」（「海の人」という意味, バジャウ等を含む場合もある）[羽原 1963：162-165], また,「フエ」などベトナムの水上居民などがある [金柄徹 2003：221-225, 長沼, 浅川 2007, グエン 2012].

　そして, 中国南部の広東省, 福建省, 広西チワン族自治区, 海南省に「蜑民」と呼ばれてきた人々がいることが知られている【図 1-2】. 現在では, 彼らに対して「水上居民」という名称が用いられるが, 本章第 2 節で紹介するように, 文献上では「蜑」（「蜒」や「蜑」などの場合もある）の文字が使われ, 陸上生活者からしばしば差別を受けてきた. なお, 近年は「虫」が差別的であるとして同音の「疍」に表記が置き換えられている場合も多い [2). 水上居民が差別を受ける原因は, 主に彼らの特殊な居住形態にあったのであるが, 差別を受けることだけによってのみ彼らの自己意識が形成されているのではない. 陸上に住む人々との相互関係を反映して, それはつくられてきたものといえる. こうした水上／陸上という境界は, 文献上には明瞭に現れているが, 現実の生活ではどう

図 1-2　中国全図

なのだろうか．

第 1 節　水上居民研究と中国華南のエスニシティ

　ここではまず，本書第 3 章以降の舞台である広東省汕尾（シャンウェイ）における会話を二つほど紹介したい．一つめは D 氏宅での 2006 年 8 月 4 日の昼食時の会話である．D 氏は 60 代男性で，汕尾の旧市街でレストランを営業しているが，同時に民俗研究家でもある．会話の参加者は A 氏＝「漁民」で 50 歳前後の男性，B 氏＝元漁業従事者で農村出身の男性，C 氏＝農民で 70 歳前後の男性，および筆者である．なお，A, B, C, D 氏は友人同士である．

C氏（A氏を指して）「こいつは少数民族なんだ.」（普通語）

B氏「疍族だろ」（汕尾語）

C氏「そう. 疍族. 疍家」（汕尾語）

A氏（筆者に向かって）「おまえ知っているか. 短い服とか変わった髪型とかの. あれが少数民族だ. 今は少数民族でも人に殴られたりはしないのだ」（普通語）

　この会話においてA氏は少数民族とされており, A氏もあえてそれを否定はしなかった. 後述のように,「疍族(たんぞく)」は民族識別工作において漢族とされたため,「漁民」は漢族である.

　二つめは2007年2月5日,「漁民」の蘇女史（50代）宅でその息子（20代漁業従事者）と, その友人で, 汕尾郊外で祭祀用品売りをしているという蘇氏（20代）に出会った際のものである. 蘇姓は漁村で最も多い姓であるため, 筆者は「あなたも『漁民』ですか？」と尋ねた. するとこの蘇氏からは「自分の姓は蘇だが,『漁民』とは違う. 彼らは以前船上で暮らしていた. 彼らは少数民族ではないが, 少数民族のようなものだ」という答えが返ってきた.

　汕尾でのこの二つの会話では,「漢族」であるはずの「漁民」が,「少数民族」あるいは「少数民族のようなもの」とされている. これはいったい何を意味するのだろうか.

　ところで, 汕尾を含む中国の華南にも漢族以外の民族, すなわち「少数民族」は存在する. しかし, 本書第7章で取り上げる畲(シェ)族をはじめ, チワン族, トゥチャ族など, 華南の「少数民族」の多くは漢族との差異が相対的に少なく,「漢化」が進んだ民族とされる. そうした点において, 同じ中国の「少数民族」とはいっても, 西北地方のチベット族やモンゴル族, ウイグル族などとは状況が大きく異なる［松本ますみ1999：171-173］. 華南の少数民族と漢族の文化的差異は, 西北におけるモンゴル族やチベット族と漢族の差異と比べると, たいへん小さいものであるといえよう.

その一方で，華南の漢族内部には，方言をはじめとした文化的多様性が存在することも指摘されている．これは特に，移民先である香港や東南アジアでの華人研究では比較的早期に意識された［Crissman 1967，スキナー 1988（1857），Blake 1981 など］．その理由としては，移民先において，出身地を異にし，文化伝統を異にする漢族同士が直接出会い，互いに競合しあうなかで自己意識が明確化したことが想定されよう．このことは，東南アジアや香港に限られることではなく，ホニグが「蘇北の人々は蘇北では『蘇北人』ではなかった．（移民先の）上海でのみ『蘇北人』になる」［Honig 1992：9］と指摘しているように，他者との出会いという社会的コンテキストの中で「エスニシティ」が発生するという，たびたび見られる現象の一例である．

次章で検討するように，中国本土における漢族文化の多様性とそうした集団の来歴の研究は，これまで「民系」「族群」研究として行われてきた．そうしたなかでも，「客家」についての研究が最も盛んに行われてきたといえる．「民系」の語を造語した羅香林による研究を土台として，文化集団としての自覚化が行われてきた．もちろん，近年では，中原起源説一辺倒への疑問，多様性の提示なども行われているが［荘英章 2002，房学嘉 1996，謝重光 1995，陳支平 1997］，文化資源として，こうして学術的に描かれてきた客家文化の利用［瀬川 2012b：217-222，2014他］は現在でも盛んに行われている．

一方で，かつての「蜑」，あるいは水上居民，「漁民」からは羅香林のような研究者は輩出されなかった．つまり，積極的に自らの文化を描き，われわれ集団として位置づけるような動きは存在しなかったのである．しかし，最初に述べたように，古くから「蜑」に関する記述はあり，中国でも多くの研究がなされている．これが「漁民」が少数民族，あるいは少数民族のようなもの，とされる要因の一つである．本書第1章，第2章で紹介するように，民国期には広州や福州などの中国大陸で水上居民調査が行われた．その後大陸での調査が困難な1960年代から80年代にかけては，香港での調査研究が盛んに行われた．他方大陸では80年

代以降徐々に研究が再開され，中山大学の研究者によって歴史学的研究と形質人類学的研究［張，黄 1988］が行われた後，やや断片的なものも多いものの，各地の水上居民，あるいは「蜑」とされた人々に関する報告が多くなされるようになった［秦璞，徐傑舜 2005a, 2005b，秦璞，徐桂蘭 2009，張朔人 2007，易源 2003，劉平安 2006，劉復興 2007，鍾毅鋒 2007，劉伝標 2003 など］．

その中で，長沼さやかの著書［長沼 2010］は，1950 年代から今日までの大陸での水上居民に関するエスノグラフィーの空白を埋める最大の研究成果であるといえる．長沼は，広東省中山市など珠江デルタの沙田[3]地区の「水上人」を対象に，外からの名付けと名乗りが一致しない状況下において，「水上人」という名がカテゴリーを実体化させるメカニズムの解明を試みた．それは宗族による自己正当化のための水上居民の異化にあるという．こうした文脈においては，水上人と陸上漢族の文化的差異とは宗族組織の発達状況と言い換えることができるとも述べている［長沼 2010：242］．

たしかに珠江デルタのように宗族の発達が顕著な地域ではそうであるかもしれない．しかし，宗族の発達程度は地域によってまちまちであり，そのため陸上居民と水上居民との境界のあり方も違った形があるはずである．本書が分析対象とする汕尾の町の住民は，古くても清代以降に汕尾に入った人々が多く，第 6 章に登場する対岸の新港白石村から移動した ZA 氏一家のように，周辺の農村からここ一，二世代の間に移住した人々も少なくない．そのため，宗族や祠堂は存在するものの，地主としての経済力と長い歴史により圧倒的プレゼンスを誇った珠江デルタの宗族とは異なるものである．従って，汕尾においては，陸上のマジョリティと「漁民」の境界として，どのような文化的差異がどういったメカニズムで作用するのかを改めて考察する必要がある．

さらに，現代中国では政策として「民族」が決定されている一方で，そうして決定された「漢族」「少数民族」を問わず，実際には様々で微細な差異をも差異化の根拠とすることがある．そして，そうした様々な

差異は，時に相矛盾する形で差異化や範疇化の根拠として人々に用いられる．つまり，ある地域では漢族らしさを表象するものが，その他の地域では少数民族の特徴として語られる場合などがあるのだ．また，ある一つの特徴だけでエスニシティが形作られるとも限らない．従って，それぞれの地域における歴史的，社会的コンテキストを明らかにしていく作業を通じて，こうした「エスニシティ」のあり様を解明できるのである．本書第6章はそうした試みの一つであり，少数民族である畬族，漢族である客家，そして「少数民族のようなもの」という何ともあいまいな表現をされる「漁民」のエスニシティが，それぞれにどういった特徴によりカテゴライズされているのかを考察するものである．

第2節 「疍」と水上居民

　本書で扱う中国南部の水上居民は，文献上「疍」とされてきた．「疍」が登場する文献は数多く存在するが，ここでは林恵祥の『支那民族史』(1939) から数例を紹介し，文献にみられる「疍」の傾向を把握しておきたい．

「其属に，濮，賨，苴，共，奴，獽，夷，疍の蠻有り．」（華陽国志）
「涪陵郡…土地は山儉，水灘，人は戇勇，多くは獽，疍の民なり．」
（同上）
「南蠻雑類華人と錯居し，蜒と曰ひ，獽と曰ひ，俚と曰ひ，獠と曰ひ，䊚と曰ふ．」（隋書82巻）
「二廣舟居は之を疍人と謂ふ．」（陳師道＝後山談叢）
「疍は海上水居の蠻なり」（范成大＝桂海虞衡志）
「疍戸は舟楫を以て宅と為し，捕魚を業とし，或は蓬を編み水に瀕して居し，之を水欄と謂ふ．水色を見れば則ち龍有るを知る．故に又龍戸と曰ひ，齊民は即ち疍家と為す．」（天下郡國利病書104巻）
「疍人は姓麥，濮，呉，蘇有り．古より南蠻を以て蛇種と為すは，其疍家を観るに，神宮蛇象見る可きなり．世々舟を以て居と為し，土著無

し.」（同上）［林恵祥 1939：161-162］

　林恵祥は，文献中の「蜑」は連続する一つの「民族集団」であると考えている．しかし，「蜑」の文字で表されている人々が，時代によって移り変わったことを主張する研究者もいる．例えば桑田六郎は，「宋代以前の蠻蜑は多くは穴居野処の民族で水上居民の意は含まれず宋代以降に嶺南の特異な風物である水上生活をなすものにこの字が用ゐられる様になった」［桑田 1944：441］として，宋代以前の「蜑」は「水上居民」を指していないことを指摘している．可児弘明も，「蜑」の意味は宋代に変化したという桑田のこの見解を支持している［可児 1970：10-13］．また，何格恩もこの見解と同様に「蜑」には広狭二義があり，広義の「蜑」は蛮と同義で古代の南蛮中の幾つかの異なる種族を包括するものであり，狭義の「蜑」が南方少数民族の一つである両広，福建の水上居民を指すとしている［何格恩 1959］．

　このように，宋代以降にのみ「海上舟居」の人々に対して「蜑」という名称を使ってきたことから，それ以前との「蜑」という語の用法の変化を読み取ることができる．もちろん，「蜑」という文字であらわされる人々に血統的連続性があるという見方を完全に否定することはできない．宋代前後に「蜑」とよばれる人々が，山地から海上へ移動したとするならば，その説も成り立つ．しかし，文献上の「蜑」の記載からは，そこまで論じるのは難しい．

　ところで，「蜑」は，かつて中国においても日本においても，「種」あるいは「民族」であるとされてきた．例えば，羅香林は，「蜑家は豊富な詩歌の風情をもつ民族である」［羅香林 1929：1］として「蜑家」は「民族」であるとした．柳田國男は，日本の「家船」も，中国の「蜑」も水上生活を営む「特種民族」であるとした［柳田 1992（1976）］．

　「蜑」とは「民族」なのであろうか．「蜑」独自の言語は無く，水上居住を除けば，文化的にも「漢族」と大きな差はないとする見解が多い．次章以降で述べるように，文献上に見られる「蜑」という呼称は，書く

側が名付けたものであること，「疍」とされた側の人々に自分たちは「疍」であるという意識が希薄であること等から考えると，水上生活をする人々に，外部が「疍」と名付けたとするのが自然であろう．

　日本の「家船」の場合はどうであろうか．「家船」（エブネ，エンブ）という言葉は本来，長崎県西海岸地方の家船の場合にローカルタームとして使われてきた［野口 1987：4，金柄徹 2003：11］．同じ九州でも，東海岸にある津留では「船屋」（フナヤ）と呼んだ［羽原 1963：139］．また「シャー[4]」と通称される場合もある［柳田 1992（1976）316，羽原 1992（1949）：171］．瀬戸内海では通常その出身地名で，「トヨダモノ」「ノウジ」などと呼ばれ，総称する場合には「フナズマイ」という言葉が用いられる［野口 1987：4］．実は，日本の水上居民を「家船」と総称するのも，外部の研究者が行っていることなのである．

　そこで，本書はまず水上居民が「種」「民族」であるとする見方への懐疑から出発し，「エスニシティ」概念を用いて議論を行う．これまで，それぞれのイメージに基づいて，名付ける行為を含めて様々な「疍」像，水上居民像が描かれてきた．林恵祥が紹介しているような，文献に数多く残る「疍」もその一つである．しかし，「民族」という枠組を使っても，それらの多様な水上居民の「エスニシティ」を把握するのは困難である．「民族」や「エスニック・グループ」という用語は，それが「集団」であることを明示してしまうために，集団としての実体性を想起させる性質を持つ．従って，本書では，集団枠組を取り外しながらカテゴリーとアイデンティティ概念を取り込みつつ集団の在り方とを論じる「エスニシティ」を用いる．ただし，「エスニシティ」は研究者によって定義が異なるため，「民族」や「エスニック・グループ」と「エスニシティ」の関連を検討し，本書における「エスニシティ」の定義を以下で行う．

第3節　「部族」「エスニック・グループ」から「エスニシティ」へ
1-3-1　「エスニシティ」の誕生
　本節では，本書における「エスニシティ」の定義を決定することを目

的とする．まず，「エスニシティ」という学術用語の歴史を振り返り，ど
のような経緯で誕生した言葉であるのかを確認する．その上で「民族」
「エスニック・グループ」と「エスニシティ」の相違点を明らかにする．
それらの議論を踏まえ，研究者によって様々な定義を与えられる「エス
ニシティ」の中でどの定義が本書に最適であるのかを検討したい．

　「エスニック・グループ」「エスニシティ」という言葉は，もともとア
メリカ合衆国における，人種と移民研究の中で生まれてきた概念である．
もちろん，「エスニック」という言葉自体はギリシャ語の「ethnos」に由
来し，英国でも 14 世紀から 19 世紀中頃まではこの意味で用いられ，次
第に「人種的」特徴に言及されるようになったものである［エリクセン
2006：24］．アメリカ合衆国では，主流派を形成する英国系子孫よりも劣
ると考えられていたユダヤ系，イタリア系などの市民を指す際の政治的
用語として使用されるようになった［エリクセン 2006：24］．「エスニッ
ク・グループ」は，ロバート・パークを中心とするアメリカ都市社会学
（1920 年代以降は「シカゴ学派」と呼ばれていくことになる）において，
いずれ国家の主要集団に同化し消滅するものとして捉えられていた［金
明美 2000：79］．「人種のるつぼ（a melting pot of races）」という語はそ
の理念を端的に表している．

　しかしながら，黒人らによる公民権運動や，中東戦争時における在米
ユダヤ人の活動など，そのような同化論では説明できない状況が 1950 年
代から 60 年代にかけて発生した．日常的にはユダヤ教会などにもあまり
通わず，アメリカ社会へ同化しつつあると思われていたユダヤ人たちが，
中東戦争に際して「イスラエルを救え」と献金や義勇兵への参加を始め
たのである［前山 2003：153-159］．この状況はアメリカのみで発生した
ものではなく，鈴木二郎によれば，「ヨーロッパでの大量移民が各国に与
えてきている影響，英国における有色人種の激増がもたらしている状況，
ソ連のユダヤ人問題の表面化した事実，これらはいずれも 1960 年以降に
激しさを増したか，新しく生じた問題である」［鈴木二郎 1976：68］と
いう．

序章

　このような「エスニック・リバイバル」とよばれる政治，社会的状況への認識により，それまでのエスニック・グループ同化論の見直しが迫られた．例えば，グレーザーとモイニハン（Glazer & Moynihan）は以下のように語っている．

　私たちが指摘しているのは，一つの新しいことばは一つの新しい現実を反映しており，一つの新しいことばの使い方は，その現実の一つの変化を反映しているのだ，ということである．その新しいことばが「エスニシティ」であり，その新しい使い方は「種族集団（エスニック・グループ）」という用語を，社会の周縁にある少数集団と周辺的な下位集団——同化するか消滅するか，外来ないし厄介な生き残りとして持続するものと期待される集団——から，社会の主要な構成要素へと着実に拡大している状況なのである［グレーザー & モイニハン 1984：9］．

　つまり，かつて社会学では，アメリカ国内の黒人やユダヤ人などは過去の「生き残り」であり，いずれ同化すると見なされていた．そのような，いずれ同化すると予想される集団に対して「エスニック・グループ」という術語を使用してきたのである．ところが，1960 年代には事態が変化し，「エスニック・リバイバル」が発生した．そこで，それまでの同化論を見直す必要にせまられ，いずれ同化するとされる「エスニック・グループ」に代えて「社会の構成要素」としてあつかうべく，新しく「エスニシティ」という言葉を使用するようになったのである．

1-3-2　人類学における「エスニシティ」研究の展開とその背景

　前述のような社会学での「エスニシティ」という術語の誕生以後，この言葉は人類学でも使用されるようになる．しかし，人類学においては，前節で指摘したアメリカ社会学の文脈とは別の，人類学自体のパラダイム転換の文脈で使用されるようになった．「エスニシティ」が，それ以前の「エスニック・グループ」，あるいは「部族」に代わって用いられるよ

うになった背景は，アメリカ社会学と人類学とでは明らかに異なっているのである．

　R・コーエンは，「『エスニシティ』は『構造』がかつてそうだったように，人類学における新しい理論的・実証的関心への移行も表している」［コーエン 1996（1978）：144］と述べ，言語学で使われた「構造」が，人類学において異なる文脈で大きな位置を占めるようになったことを例に，人類学自体のパラダイム転換の文脈で「エスニシティ」が使用されるようになったことを示唆している．

　人類学は，なぜ「エスニシティ」という語を使い始めたのか．人類学の「エスニシティ」研究史上においてもっとも大きな転機をもたらしたとされる，フレデリック・バルト（F, Barth）が 1969 年に発表した論は「境界（ethnic boundary）論」と呼ばれる．バルトの境界論とは，日本では一般的に R・コーエン［コーエン 1996（1978）：146］のバルト理解によって，つまり，「エスニシティ」は，客観的文化内容そのものではなく，集団認知の主観的プロセスであることを明らかにした理論と理解されている［名和 1992，小田 1995，シンジルト 2003：23-25 等］．客観的文化内容とは，共通の言語，慣習，信仰，身体的特徴などである．「エスニシティ」が，集団認知の主観的プロセスであるとすることは，それらの客観的文化内容が必要でないということではなく，それらの中で意味のあるもの状況に応じて選択的に利用して境界を作るということである．

　しかし，バルトの学説史上最大の貢献は，その点ではない．集団認知が主観的なものであり，客観的文化内容によるものでないことは，バルト以前から指摘されていたことである．前山隆は，以下のように述べている．

　エスニシティという概念を「エスニック・リバイバル」と呼ばれる新しい現象に限定して用いようとする試みには説得力はないのであり，この概念は従来の集団と構造概念によって自縄自縛に陥った構造機能分析をその自閉症的窮地から救出しようとする研究者たちのパラダイム転換の

一つの試みとして浮上してきたといっていい．エスニック集団概念では今日の新しい現象をもはや把握できなくなったというだけではなく，以前からの現象をも大変偏った形でしか理解していなかったという反省に基づいている［前山 1985：42］．（下線部筆者）

　前山も「エスニシティ」という概念を，その用語が生まれたアメリカ社会学における文脈とは別に位置づけられるものであるとしている．ここで前山の指摘する「パラダイム転換」とは，E・リーチ（E, Leach）が1954 年に著した『高地ビルマの政治体系』を契機として起こったものである．リーチは，現地の人々による「社会」的単位の認識と，観察者による「文化的」差異が一致しないことを議論した［リーチ 1987（1954）］．リーチの指摘は現在では常識的ではあるが，コーエンの指摘によれば，「以前のフィールドワーカーたちは自分たちが恣意的で人為的な境界を作り上げていることを知っていた」［コーエン 1996（1978）：145］し，「研究対象である社会の多エスニックな性質を軽視し，理論的な関心に引きずられて，一つの優勢なエスニック集団を主要な焦点として選択してきた」［コーエン 1996（1978）：146］のである．つまり，「民族誌」を書くために，研究対象社会を人為的に歪めていたと表現される．
　リーチの『高地ビルマの政治体系』は，このような「部族社会」の「民族誌」の描き方，あるいは構造＝機能主義的分析にかんする警鐘として位置づけることができる．リーチの「社会体系のなかで意味をもつ境界が，文化の境界とつねに重なり合うとすべき内在的な理由は存在しない」［リーチ 1987（1954）：18］という発言は，客観的文化内容と集団の境界が一致しないことを示唆している．リーチが，『高地ビルマの政治体系』を発表したのは 1954 年であり，アメリカ等における「エスニック・リバイバル」や，それを受けたアメリカ社会学での「エスニシティ」使用よりもやや早い．「エスニシティ」研究史上，もっとも大きな転機をもたらしたとされるフレデリック・バルトの境界論は，こうしたリーチに始まる議論を受けて登場したものなのである［前山 2003，シンジルト 2003 等］．

また，リーチによる問題提起以後，調査地における分析単位について，観察された文化的特徴により観察者の基準で設定すべきとするナロル（Naroll）らと，現地の社会の区別に従って設定すべきであるとするモアマン（Moerman）らの議論が起こり，その結果モアマンらが優位に立った．バルトは，論争で優位に立ったモアマンの，現地の人々の主観的意識に注目した点を引き継いで，「境界（ethnic boundary）論」を確立したのである［Bentley 1987：24-25］．

　従って，バルト理論の貢献点は，「境界は，客観的文化内容によるのではなく，集団認知の主観的プロセスであることを明らかにした」点ではない．前山によれば，その点はリーチの他，グラックマンらマンチェスター学派もバルト以前に指摘したことである．バルト自身も「私の知る限りでは，カレラ・ダンスについてのミッチェル（マンチェスター学派の一人）の論文［Mitchell 1956］は，この論題（強調されるために選別された弁別記号，規定された境界，信奉される差異化された価値観という三者間の相関関係）についての最初の，そして今なおもっとも洞察力のある研究である」［バルト 1996：65］と述べ，そのことを示唆している［前山 2003：138-153］．むしろ，バルトの貢献はエスニック・グループを文化的にではなく社会組織として行動レベルで扱うように示唆し，境界の問題を取り上げた［前山 2003：191］点にある．

　ところで，リーチ以前の民族誌には「民族誌的現在[5]」という手法が用いられていた．「部族社会」をエスノグラフィー（民族誌）上の「現在」に閉じこめて，その安定性のみを描写してきた構造＝機能主義的パラダイムは，実はそれ以前も，完全に外部と接触のないような「部族社会」というものはなかったのではないかという疑問を伴いつつ，根本的な反省を迫られた［金明美 2000：79-80］．そのような反省と関連して「部族」という言葉が使用されなくなったのであり，人類学において，リーチ，バルトの議論は大きな影響を残した．その後，「部族からエスニシティへ」という状況が登場し，一見「突然，説明や形式的な手続きもほとんどないままに，エスニシティは至るところに姿を現している」［コーエ

14

ン 1996（1978）：142］ということになったのである．

　バルトの「境界論」登場以後は，バルトのいう「境界」を維持させる（生成させる）ものとは何かという問いを論点に研究が展開された．バルト以後の「エスニシティ」へのアプローチは，原初論的（primordial）アプローチと用具論的（instrumental）（あるいは動員論的）アプローチの二つに大別される［Bentley 1987：25，小田 1995：16-17，シンジルト 2003：25-27 他］．原初論的アプローチとは，共通の利害によってではなく血縁や親近感に基づく「原初的紐帯」とも呼ぶべき非合理的な感情によって人間集団は分割されており，その分割は人間にとって根元的であるゆえに国民国家においても残るのだというものである［小田 1995：16］．原初的アプローチの先駆とされるクリフォード・ギアーツ（Clifford Geertz）は，原初的紐帯を「本源的（原初的）紐帯とは，社会的存在の「与件」――より正確には，文化とは必然的にそのような事にかかわるのであるから，「与件」とみなされるもの――から生じるもの，つまり主として直接的接触と血縁関係を意味するが，さらには，特定の宗教集団に生まれたということ，特定の言語，場合によってはそのうち一方言をしゃべるということ，あるいは特定の社会慣習に従うといった所与性を意味する」［ギアーツ 1987（1963）：118］と定義している．

　一方，用具論的アプローチの代表とされるエイブナー・コーエン（Abner Cohen）は以下のように述べている．

　　現代社会におけるエスニシティ[6)]は，種々の文化集団の間の強い相互作用の結果であり，分離主義への傾向の結果ではない．それは新生国家の構造内での権力の新しい戦略的地位――仕事場，徴税，開発基金，教育，政治的地位等――をめぐる諸集団間における激しい闘争の結果である―中略―このように闘争の激しくなった結果，多くのエスニック・グループ[7)]は自らの力を動員し，いっそう効率的に闘争を行うにはどのようにして自らを政治的に組織すればいいか，ありとあらゆる方法を模索する．このような動員の過程でそれらの集団の伝統文

化の果たす役割が新たに強調される［コーエン 1976（1974）：161］.

　小田亮は，用具論（動員論）的アプローチにおいては，「エスニシ
ティ」は状況に応じて意図的に操作される道具であり，国民国家の枠内
の政治的利益のために人々の力を動員する際の合理的で有効な手段であ
るから戦略的に維持されたり強化されたりするのだとする［小田 1995：
16］.（下線著者）
　さらに小田は，上述の「エスニシティ」研究の原初的アプローチと用
具論（動員論）的アプローチの二つのアプローチは，「民族」[8]とは何か
という原理的説明を目的とする「民族論」の文脈において対立する二
つの立場に結びつけられることが多いことを指摘する．二つの立場とは
「民族」を客観的属性によって規定される実体と捉える「実体派」と，主
観的意識によって規定される虚構として捉える「虚構派」である．さら
に両方の側面があるとする「折衷派」も存在する．近年は，民族とは実
体化されるようなメカニズムを持つ虚構であるとする「洗練された虚構
派」や，虚構としての民族が作られる素地には身体的な「共属感覚」が
あるとする「洗練された実態派」と呼ばれる立場も現れてきているとい
う［小田 1995：18-19］.
　「虚構」対「実体」の議論を遡ってみると，古くからの社会学の任意
結社論では「表出志向 expressive の結社」「道具志向 instrumental の結社」
に分類することが行われてきた．しかし，理念型方式の論立てはあくま
でも分析上の手段にすぎず，現実の結社が例外なくそのどちらかに分類
されうるわけでもない．任意結社論における表出志向論と道具志向論を
「エスニシティ」研究に当てはめてみても，その両者が必ずしも矛盾対立
するものではなく，一方では心情的情感的紐帯とアイデンティティ形成
があり，それは政治的利害集団化を妨げるものではないのである［前山
2003：159-160］.「エスニシティ」の用具論と原初論，あるいは「民族」
の実態派と虚構派も結局，どちらか一方が正しいということはない．
　用具論と原初論，実態派と虚構派の議論は，研究史を振り返る上で，

または「エスニシティ」や「エスニック・グループ」の特色を考える際には重要であるが，それ以上の意味は持たない．シンジルトは「民族は想像なのか実在なのかといった二項対立的な問題設定の中で，自らの態度や立場を言明することは，現在のアカデミックな世界に対して責任を負う研究者にとって意味のあるものであるかもしれない．しかし，より重要なのは対象者の言説やその状況を把握することであろう」[シンジルト2003：308]と述べている．本書では，たとえそれが虚構であったとしても，人々がどういった差異をもとにエスニシティを構築するのか，そのプロセスを追及していく．従って，水上居民に関する言説や，彼らの置かれた状況を把握することに主眼をおいて次章以降の分析を行う．その前に，「エスニシティ」の日本での受容を，「民族」との関係を中心に分析する．

1-3-3　日本における「エスニシティ」と「民族」

　青柳まちこは，「エスニシティ」を最初に日本に紹介したのは鈴木二郎[鈴木二郎 1976]ではないかと指摘している[青柳 1996：8]．鈴木は，「エスニシティの新しい意味」[鈴木二郎 1976]と題する論文の中で，アジアとアフリカにおける植民地解放と新国家の誕生が生んだ新しい状況，米国での様々なエスニック集団の動き，ヨーロッパにおける移民の増加など 1960 年代以降の変化により新しい「エスニシティ（ethnicity）」の概念が登場したことを紹介している[鈴木二郎 1976：68-70]．以後，日本では 80 年代から「エスニシティ」が盛んに使用され始めた．

　日本語の「民族」との違いについて「人類学の分野で，おそらくもっとも活発にエスニシティ問題にかかわり，数々のエスニシティに関する論考を発表してきた」[青柳 1996：9]綾部恒雄による「エスニック・グループ」および「エスニシティ」の定義は以下の通りである．

①エスニック・グループ（民族集団と訳してよいであろう）＝「国民国家の枠組のなかで，他の同種の集団との相互行為的状況下に，出自と

文化的アイデンティティを共有している人々による集団」

②民族という概念が静的であるとすれば，エスニック・グループという概念は動的である

③エスニシティはこうしたエスニック・グループが表出する性格の総体を指している.

④エスニシティはよくエスニック・グループと同義的に用いられるが，行為主体としてのエスニック・グループと，実体とその性格やアイデンティティ，つまり民族集団の在り様の総体を指すエスニシティは使い分けるべきなのである.

［綾部 1985：9］（①〜④の番号は筆者）

　綾部の定義はその後「エスニシティ」を使う多くの研究者にとって基本となった．ある一定の社会に枠組みを設定し，その中に限定して分析を行うことは確かに「エスニシティ」を使用する研究者の多くに当てはまる．例えば『日系アメリカ人のエスニシティ』において，シアトルの日系人の「エスニシティ」を論じた竹沢泰子［竹沢 1994］は綾部の「エスニシティ」の定義を引き，さらにそれに続けて以下のような定義を記している.

　A. エスニシティとは「エスニック集団あるいはその一部の構成員がそのエスニック背景に基づき意識的・無意識的に表す心理的・社会的現象」だが，エスニシティの意味をこのような定義として厳密な一線を引いて限定する必要はなく，この語の曖昧性と便利性は，少なくともこの分野の研究がより成熟するまで，緩やかな形で残しておいてよいであろうと考えている［竹沢 1994：13］.

　B. 無論「民族」にも他のいかなる社会集団にも相互作用の側面は不可欠ながら，静的な概念で帰属がほぼ生得的に決定される民族と異なり，エスニシティの概念では相互作用の重視により絶えず変化する境界と

序章

それによって規定されるエスニック集団を動態的に捉えることが可能
なのである［竹沢 1994：14］.

C. エスニシティは「従来の人種，民族，あるいは部族という概念と異
なり，多くの定義において「ある社会の中で」と枠組を限定している
［竹沢 1994：14］.
（記号 A〜C は筆者）

　B に関しては綾部の定義をやや相対化してはいるものの，「静的な民
族」「動的なエスニック・グループ」という基本認識は綾部と同じである.
しかし，C の定義は「国民国家」に限定した綾部よりもさらに広い範囲
が想定されうる.
　綾部の定義に対しては「民族」を積極的に使用する立場からの批判が
ある. 例えば小田亮は以下のように論じている.

　　従来の文化人類学者の研究してきた民族（部族）が静態的で固定さ
　れたものであるのに対して，エスニシティ研究は，動態的で可変的な
　エスニシティを対象にするという言い方がよくされている. しかし，
　人類学者の研究してきた近代国民国家以前の部族が明確な境界をもつ
　孤立した集団のように見えるのは，人類学者の用いる概念体系のせい
　であって，事実としては，国民国家の枠組みの中のエスニック集団の
　ほうが，はるかに明確な境界によって固定されていると言わなければ
　ならないだろう［小田 1995：26］.

　小田は，綾部④を無視しつつ綾部②を批判している. それはもちろん
竹沢 B への批判でもある. さらに，小田は「民族」の持つ包括性が現実
の曖昧さに対応することを「民族」という術語の利点として強調する.

　　日本語の「民族」という語は，もともとネーションの翻訳語であるが，

19

それに止まらず，国民国家（ネーション・ステート）の内部の少数民族としてのエスニック集団やエスニシティや，さらにエトニーまたは部族といった国民国家以前の集合体の意味にも使われる．つまり「民族」という語は，ネーションとエスニシティと部族という，背景の異なる三つの概念を一緒に含む包括的な概念となっている［小田 1995：14］．

　このように小田は，「民族」は「エスニシティ」を含む包括的概念であるとし，「民族」は包括的であるが故に現実世界の曖昧さに対応するのだから，「エスニシティ」よりも「民族」を使うべきだと提唱している．ここで注目すべきことは，「エスニシティ」は国民国家という特定の文脈での状況であるという認識である．このような認識は，「エスニシティ」よりも「民族」を使うべきだとする多くの研究者が持っているようである．内堀基光も「現代の国民国家の枠内におけるエスニシティーといった個別事象的な問題設定は，人類史的視野のもとでは表層的なものにとどまらざるをえない」［内堀 1989：29］として，より対象の広い「民族」を使用することの正当性を訴えている．
　しかし，本当に「エスニシティ」は国民国家に限定してのみ使われるべきものなのであろうか．また「民族」は「エスニシティ」よりも「中立」な，あるいは幅広い場面に適用可能な概念なのだろうか．「民族」ではなく「エスニシティ」を使用することを主張し，綾部らの定義とも異なった「エスニシティ」を用いる前山隆による「エスニシティ」の定義は以下の通りである．

①分析概念としてのエスニシティのヒューリスティックな（問題性探索の目的に沿った）価値はなによりもまずエスニック集団概念を相対化し，集団枠組みを取り外しながらカテゴリーとアイデンティティ概念を取り込みつつ集団の在り方を論じた点にある．
②もう一点は人種バイアスからこの概念を解放し，「民族」（この日本語は人種バイアスにいまだ縛られている）とは別の形で，より広い

領域の様々な次元の問題を単一の枠組みのなかで議論することを可
　　能にしたことであろう［前山 2003：135-136］.
　③エスニシティとは，第一義的には国家の枠組みのなかで国家構造の
　　しばりを受けながら，異質と思念された集団またはカテゴリーの人
　　々との相互作用のなかで，ある種の特性（出自，過去，あるいは文化
　　的か体質的かの特質など）をその人間性のもっとも肝要な自己規定
　　のシンボルとして共有する人々と異質な他者との関わり合い（協力
　　と葛藤の両者）の原理であり，それは認識的政治的現象である［前
　　山 2003：163］.

　「エスニシティ」を綾部が，④において「民族集団の在りようの総体
を指す」とする，あるいは竹沢が A において「エスニック集団あるいは
その一部の構成員が表す（中略）心理的社会的現象である」とするのに
対して，前山は，「エスニシティ」を，集団枠組を取り外した認識的政治
的現象であるとする.
　ところで，綾部も指摘しているように，「エスニックグループ」と「エ
スニシティ」が同義的に用いられることも多い. とくに「民族」使用派
はそれが顕著である. その上「民族」が「エスニック・グループ」より
多様な対象に用いることが可能であるという立場をとるならば

　　「民族」≧「エスニック・グループ」＝「エスニシティ」

という図式が成立する. 故に，日本では「エスニシティ」現象を原理的
に説明するのは「民族」概念によるという方向へ流れたのである［金明
美 2000：82］.
　しかし，国家社会の縛りを受けるかどうかは重要な問題ではなかろう
か. 前山は国家社会を国民国家に限定していない. 綾部も後にエスニッ
ク・グループを定義した文章では「同一の文化体系ないしは国民国家の
なかで，他の同種の集団との相互行為的状況下にあり，接触，反発，同

化，融合を繰り返すなかで，相互間の境界はあいまいでありながら，な
お自らの伝統文化を維持し，"われわれ意識"によって結ばれている人々
による集団［綾部 2000：xⅶ　下線筆者）］とし「国民国家」以外に「同
一の文化体系」というものを付け加えている．前述のように「エスニシ
ティ」という言葉は 1960 年代アメリカ合衆国で生まれたものであり，そ
の時点での意味，用法を考えるならば小田らのいうように「国民国家」
に限定して使うべきものであったのかもしれない．

　しかし，リーチ以降の人類学のパラダイム転換の意味を考えるならば，
それ以前の「民族」が静態的であったのではなく静態的に見えていた，
あるいは見せていただけなのである．その点は小田らも主張している．
であるならば，本書では反対に，「エスニシティ」が国民国家に限定され
る必要はないという立場をとる．「エスニック・グループ」は「エスニシ
ティ」とイコールではない．リーチ以前の民族誌が，「民族」を「集団」
として描き出していたのに対し，「集団枠組みを取り外しながらカテゴ
リーとアイデンティティ概念を取り込みつつ集団の在り方を論じた」［前
山 2003：135］「エスニシティ」は，リーチ以降のパラダイム変換を経た
現在，有効な分析概念である．また包括的である「民族」は，包括的で
あるが故に不便な場合もある．

　このことは「日系アメリカ人」を分析した竹沢が，「民族」を使用しな
かったことをみれば明らかである．よりネイションに近い「日本民族」と，
エスニック・グループである「日系アメリカ人」は当然同列には扱えな
い．シアトルに住む「日系アメリカ人」の研究に際して「民族」のもつ
包括性は分析の障害になってしまうのである．ここに竹沢が「ある社会
で」と限定して用いられる「エスニシティ」を使う合理性が認められる．
竹沢が「『ある社会の中で』と限定し，他社会の同類の集団を考慮に含ま
ないとすることは，換言すれば，そこで問題とすべきことは，文化的属
性の共有感よりもむしろ当該社会での社会的脈絡や他のエスニック集団
との関係であることを意味する」［竹沢 1994：14］とする以上，置かれ
た社会的脈絡の異なる「日系日本人」と「日系アメリカ人」を，枠組み

を取り払って「日本民族」として議論する意味はない．シアトルの「日系アメリカ人」と日本に住む「日系日本人」が同じ「民族」であることは確かだが，シアトルの「日系アメリカ人」の在り方は，「日系日本人」のそれとは異なるものであるからである．

　加えて，日本語の「民族」は「人種」バイアスを伴う．小田，内堀ら研究者の定義する「民族」にバイアスが含まれるというわけではない．しかしながら，日本において Nation の訳語として誕生した「民族」が一般的に示唆する意味には「人種」バイアスが含まれるのだ．ここで無視することができないのは，明治政府が「日本民族」を創出しようとした際に「民族」に意味を付与したことである．笠井によると，「日本民族」という言説は，天皇と民衆とが「同じ血」によって結ばれているがゆえに平等な統一体であるという意味内容を中核にもっている［笠井 1998a：79］．さらに，植民地支配正当化の論理にも「民族」が使われ，当時の日本政府は朝鮮半島の住民も「日本民族」であることを主張して「帝国臣民」に組み入れようとし，同様の原理は琉球領有や台湾領有の際にも見られる［笠井 1998a：86］．逆に北海道のアイヌに対しては，彼らは「和人」とは異質な「旧土人」と位置づけ，「均質な日本民族」から排除し「保護」することを名目にあらゆる権利を制限した［笠井 1998a：86, 1998b：96-99］．

　日本語の「民族」には以上のような歴史があり，意識的，無意識的に「血の共有」が前提となる場合が多い．前山隆は日本語における民族，国民，国家ならびに英語における「ネーション」「エスニシティ」「ステート」についての説明の中で以下のように述べている．

　　日本語における「民族」では，先祖や人種的特質，文化的同質性，あるいはそれらに関する思いこみへの固執が強いので，エスニシティやエスニック集団（私はこれらの語を少なくとも本書ではカナ書きとする）の特質を明確にするためには，これらの語の表記を民族から区別する必要がある［前山 2003：137］．

このように前山は，「民族」と「エスニシティ」「エスニック集団」を区別することを主張する．また前山は自身の「エスニック日本論」（日本の国民国家観，単一民族国家観に対立する多文化主義，多エスニック社会論に基づく日本論）についての説明のなかで以下のように述べている．

1990 年の講演で私は日本のエスニシティの在り方について述べ，アイヌ系日本人や在日韓国・朝鮮人，といった人々だけではなく，日本人口の大多数を占める在日日系日本人や沖縄系日本人，被差別部落の人々，在日日系ブラジル人などもそれぞれにエスニックな在り方だと論じた．すると，沖縄人や部落の人達まで入れるのは差別的ではないかという質問が出た．そのような反論を私は当然予想していた．質問の意味はそのような人々を日本民族から区別するのは差別だというのである．沖縄の住民や被差別部落の人々が日本民族の人間であるという主張に私は特別の反論はない．だが，エスニシティは民族ではない．エスニシティとは，第一義的には国家社会の枠組内での文化的社会的な，あるいは人種的な異質性，思念された異質性を基礎に，人々がそれへ帰属するアイデンティティをもって構成する下位集団の在り方で，特にそれが世代を超えて継承されるような場合である．世代を超えて継承されるが，それは必ずしも数世代を超えて持続するとは限らない．民族も可変的なものだが，エスニシティは大変流動的なもので，政治的社会的状況変化で急激に変化することもある［前山 2003：331］．

ただし，「思念された」異質性を持つものに対してならば，全て無条件に「エスニシティ」という言葉を適用できるというわけではない．前山は以下のようにも述べている．

エスニック集団が利害集団だからといって，労働組合や政党と同一視するならば，エスニシティを説く意味はない．エスニック集団を他の利害集団から基本的に区別するものは何か．民族や人種集団のよう

に先祖や起源，出自によって区別されると言えるのだろうか．そのようなある種の属性によって規定されるのではなく，それらに関して人々が与える意味付け，すなわちアイデンティティによってエスニシティは構造化される［前山 2003：161］．

　そのような出自をも含めた「過去」や「歴史」が人々の「ひととなり personhood」の最も重要な核的部分を律するようにシンボル化されているならば，そこにエスニシティとよぶことができるような状況があるだろう［前山 2003：161］．

　世代を超えて（いつまでも続くという意味ではない）その過去が人々の核的アイデンティティを構成するだろう．エスニシティ概念は民族や人種の呪縛からある程度解放される必要がある．いわゆる未解放部落の人々も起源などの属性によってではなく，過去に繋がる自身のアイデンティティとその他のカテゴリーの人々の示すカテゴリカルな関係（人間分類と差別に繋がる）から言って，エスニシティで解釈するのが妥当であろう［前山 2003：162］．

　つまり，「エスニシティ」は人々が思念する異質性の中でも，「出自」も含めた，思念された「過去」や「歴史」と関連して，アイデンティティやカテゴリーの在り方を表すものに対して用いるべき言葉なのである．

1-3-4　本書での「エスニシティ」の定義

　本書では，前山の定義する「エスニシティ」を分析用語として使用する．その理由は以下の通りである．

　第一に，香港の水上居民には「疍家」と「鶴佬（ホクロウ）」の二つの方言集団があることがよく知られている［可児 1970：58-59］．広東語を話す「疍家」と福建系の言葉を話す「鶴佬」とでは，「鶏と鴨が話している」［可児 1970：60］状態であって会話は成立しない．また「われら水上人」という表現がないことは，船上生活者の間に統一的性格がない事実，あるいは社会集団の本質ともいうべき一体感や連帯意識が欠如している事実

をよく示している［可児 1970：59］.

　従って，これまで多くの研究で「民族」「エスニックグループ」として扱われてきた中国の水上居民は，「エスニック・グループ」とはいいがたいものなのである．しかし，このようにばらばらな水上居民に対して，陸上の側は「疍家」「疍民」「水上居民」というラベルを与えてきた．福建系の言葉を話す「鶴佬」も陸上からは「疍家」「疍民」「水上居民」の中に入れられる場合が多い．このような中国の水上居民について考察するには，「集団」の枠組みを取り外して使用可能な「エスニシティ」のほうが適切である.

　第二に，日本語の「民族」がもつ人種的バイアスも「民族」を使わない理由の一つである．中国の水上居民は「異民族」であるとされ蔑まれてきた．水上居民に対して「民族」を使うことは，そのような「差別」を繰り返すことになりかねないという危惧がある.

　第三に，後述するように，現在の中国では 56 の「民族」が決定されているため，水上居民はその意味で「民族」ではない．多くの場合，彼らは「漢族」の中のサブグループとして扱われる．無用な混乱を避けるためにも，本書において，日本語の「民族」は分析概念としては基本的に使用しない.

　前山隆による「エスニシティ」の定義の特徴を再度確認すると

①集団枠組みを取り外しながらカテゴリーとアイデンティティ概念を取り込みつつ集団の在り方を論じた.
②人種バイアスからこの概念を解放し，「民族」（この日本語は人種バイアスにいまだ縛られている）とは別の形で，より広い領域の様々な次元の問題を単一の枠組みのなかで議論することを可能にした［前山 2003：135-136］.

　この二点を重視して本書においても前山の「エスニシティ」定義を使用する．その定義とは，

エスニシティとは，第一義的には国家の枠組みのなかで国家構造の
しばりを受けながら，異質と思念された集団またはカテゴリーの人々
との相互作用のなかで，ある種の特性（出自，過去，あるいは文化的
か体質的かの特質など）をその人間性のもっとも肝要な自己規定のシ
ンボルとして共有する人々と異質な他者との関わり合い（協力と葛藤
の両者）の原理であり，それは認識的政治的現象である［前山 2003：
163］.（下線筆者）

というものである．従って，「エスニック集団」と「エスニシティ」は区
別する．ただしエスニシティが自己規定の「もっとも肝要な」特性，あ
るいは原理であるかどうかの判断は保留したい．

　従って，本書におけるエスニシティとは，「国家の枠組みの中で，出自
や過去，文化的な特質を理由に異質と思念される人々を範疇化する際の，
自己規定あるいは他者規定の原理である」とする．

　なお，前山に倣い，本書においてもエスニシティの集団枠組みは取り
外すこととする．ただし，そうした脱集団枠組化されたエスニシティ論
の中で，そこに現れる多様な自他区分により生成するグルーピングの単
位は「エスニック・グループ」とする．この場合の「グループ」は集団
としての実態があると考えるわけではなく，語られる対象の単位である
ことを付記しておく．

第4節　本書の目的および各章の内容

　本章第2節で紹介した「少数民族のようなもの」である汕尾の「漁民」
のエスニシティとは如何なるものなのであろうか．現在では，陸上がり
を済ませ，既に「漁業」に従事しない者も存在する汕尾の「漁民」は，
なぜ「漁民」と呼ばれ続けるのか．彼らの自他境界の消長を考察し，そ
のメカニズムを解明することが本書の目的である．

　まずは，第1章，第2章において，民族概念の導入をはじめとした中
国の学術の流れや，民族識別工作，その後の陸上がり政策等を回顧し，

中国における水上居民像の描かれ方を考察する．第1章および第2章で検討するのは描かれた中国の水上居民像であり，それは人々によってつくり出されたものである．そこで本書では，集団としての実体性を想起させる「民族」や「エスニック・グループ」という概念ではなく，集団枠組を取り外しながらカテゴリーとアイデンティティ概念を取り込みつつ集団の在り方とを論じるエスニシティという概念を用いる．その上で中国の水上居民像の形成と再編を分析する．この作業は，これまでの中国水上居民研究史を回顧する作業でもある．

　第1章では，まず，香港における人類学で形成された水上居民像がどのような特徴を持っていたのかを検討する．さらに，清末から1950年代までの状況を背景として中国語の「民族」およびその下位概念がどのように形成され，用いられてきたのかを考察する．水上居民像は，そのような「民族」に関わる事情の影響を様々な形で受けて形成された．こうして，様々な水上居民像の形成過程を議論する．

　第2章では，第1章で確認した過程で形成された様々な水上居民像が，民族識別工作を経て，1960年代以降どのように再編されたのかを確認する．そこでも様々な水上居民像が存在するが，それらが生じた原因を考察する．つまり，第1章，第2章においては，中国の学術において水上居民エスニシティがどう描かれてきたのかに焦点を絞った分析となる．

　第3章以降においては，広東省沿海の港町汕尾を主たる研究対象として選択し，分析を行う．第3章および第4章では，汕尾の「漁民」をめぐる社会的コンテキストの再構成に努める．ここでは，汕尾におけるかつての水上居民が，民族政策，陸上がり等を経て「漁民」となる歴史的過程を，広東省の民族政策や漁民政策等の整理を通じて明らかにする．まず，第3章では，調査地のおかれた文化的経済的状況を整理し，そのなかでの「漁民」および，文化的他者の存在のあり方を提示する．汕尾市（海陸豊）とは広東省のなかでどのような地域とされるのかを明らかにしたうえで，漁港汕尾の歴史と特色についても概観する．

　第4章では，水上居民の後裔とされる「漁民」をめぐる諸政策を概観

28

する．はじめに広東省の漁民政策を踏まえたうえで，それに基づいて行われた汕尾での「漁民」の陸上がりによる集住，生業の集団化の過程を検証する．それによって，「漁村」「漁民」という集団イメージが形成され，現在の「漁民」エスニシティが構築されるにいたったことを証明する．

第5章では「漁村」を代表して祭祀活動を行っている「漁村理事会」の活動に注目する．廟をつくろうとする理事会の成立背景を整理し，さらに理事会の行う諸行事の分析を行う．その中で彼らの文化的戦略，ならびに「漁民」イメージ利用への彼ら自身の戦略をさぐる．また，「漁民」イメージを利用した民俗文化観光について，地元政府，あるいは「漁村」理事会などの対応を検証し，「漁民」文化はあくまで地元文化の一つであるという位置づけについて考察する．

第6章では汕尾市内に存在する「白話漁民」「客家」「畲族」という三つのカテゴリーを取り上げ，文化的マイノリティの差異化のなされ方について整理し，「漁民」との比較検討を行う．そこから汕尾，華南におけるエスニシティのあり方を再検討する．

第7章では「漁民」であるX家と陸上居民R家の春節，清明節という年中行事の民族誌的記録と，そこに現れる文化的他者に注目し，現在の汕尾における「漁民」文化の位置づけと「漁民」エスニシティについて再考する．

結論にあたる終章では，これまでの議論を整理したうえで，既に陸上がりを済ませ，かつ漁業にも従事していないにもかかわらず「漁民」とされる人々の自他境界の消長について，そのあり方を考察する．

序章の注

1) 山鹿は「(東京の) 船住生活の発生は，東京港の発達以後における経済的理由によるもので比較的新しく，関西の家舟民のような陸上社会との隔絶や，華南の疍民のような民族的差異を含むものとは，著しく異なっている」[山鹿 1950：29] と述べており，九州，瀬戸内海の家船や，「疍民」とは別問題と考えていた．しかし，中国において「疍民」とされるものには，船上生活を始めて間もない者も含まれる．東京の船上生活者も，船の上で生活していた人々であること自体は事実であるため，取り上げた．

2) 本書でも，原則的に「疍」と表記を統一する．各時代のそれぞれの書き手がどの漢字を選択したのか，そこにはどういった意図や背景があるのかを丹念に分析することで「疍」イメージの変遷を捉えることも可能であろう．しかし，近年では再版された際に別の字に書きかえられているものも多く，そういった場合それは誰の意図によるものかといった検証作業も別途必要となる．紙幅にも限界があるため，本書ではそうした議論は行わない．

3) 沙田とは，「沙田在大海中」(嘉靖『香山県志』巻之二，民物志第二，田賦) とか「沙田皆海中浮振之土也」「沙田者海中之洲島也」(窪輻『震文敏公全集』巻之十下，両広事宜) などとあるように，デルタ河口部の海域において海中から浮瀬して生成する土地をいう [岸 1991：87]．

4) 中国の「畲」(she) との関連を指摘する説もあるが [羽原 1992 (1949)：184-185]，現段階では関係は不明である．

5) 本書で検討しているのは，民族，エスニシティ研究での思考法としての「民族誌的現在」の問題であり，人類学者が民族誌を書く際に，「民族誌的現在」を設定するという手法そのものを批判するものではない．

6) 山川，辰巳の訳文は「人種性」となっているが，訳注によればここでの「人種性」とは「ethnicity」を訳したものである [コーエン 1976：236]．「Ethnicity」の訳語として「人種性」がふさわしくないことは，今日では明白であり，本書では訳文の「人種性」を「エスニシティ」に置き換えた．

7) 山川，辰巳の訳文では「人種集団」とされている．しかし，「人種集団とは，国家といった共通の社会体系の枠内で相互作用を営みながら，いくつかの規範的な行動ないし文化の有り様を共有し，より大きな集団の一部となっている人々の集合体である．」[コーエン 1976：153] という表現や上述の「人種性」に関する訳注 [コーエン 1976：236] から訳文の「人種集団」を「エスニック・グループ」に置き換えた．

8) ここで紹介する「実体派」「虚構派」の議論は，「民族」は「エスニック・グループ」(あるいは「エスニシティ」) とネーションと部族を包括するとする「民族」を積極的にする立場の人々，あるいは「エスニシティ＝エスニック・グループ」とする人々によって議論されている．「民族」「エスニック・グループ」と「エスニシティ」の関係は次節参照．

第1章　水上居民像の形成

はじめに—水上居民像と「民族」

　本章では中国の水上居民像がどのように形成されたのかを検討する．まず第1節で，1950年代以降，バーバラ・ウォードやモーリス・フリードマンらによって確立された香港における人類学（以下「香港人類学」と略）の特徴を明らかにし，水上居民像が人類学の「伝統」と中国の「伝統」との関わりの中で，どのように形成されたかを検討する．続く第2節では，清末から中華人民共和国成立を経て50年代までの「民族」をめぐる政治的，社会的背景を踏まえて，「民族」の下位概念として用いられてきた「民系」「支系」「族群」が，今日の人類学，社会学の文脈でどのように使われているのかを考察する．「民族」およびその下位概念と水上居民像は，相互に様々な影響を及ぼし合っている．そして第3節では，こうした「民族」に関わる様々な要素を反映して，民国期以降，民族識別工作実施に至るまでの間に描かれた水上居民像の形成過程を追う．

第1節　香港人類学における水上居民像の形成

　本節では，まず，英国人人類学者ウォードの水上居民研究を整理する作業を通して，香港人類学の特徴を分析する．そこから，当時の香港人類学の枠組に影響を受けていた水上居民研究が，どのような水上居民像を描くことになったのかを考察する．

　ウォードは，1950年代から60年代に香港新界の滘西（Kau Sai）において水上居民の調査を行った．ウォードは，レヴィ＝ストロースの「意識モデル」「無意識モデル」の観点[1]を応用しつつ，これを香港滘西の水上居民にあてはめ，ある社会の「意識モデル」は一つではなく複数存在することを指摘した［Ward 1985（1965）：42］．リーチが『高地ビルマの政治体系』において行った，「客観的文化内容と集団の境界は一致しな

い」という成果を受け，ウォードは水上居民自身のアイデンティティの多様性に注目することを試みたのである．ウォードは澎西の水上居民の「意識モデル」を，①自家製モデル（home-made model または immediate model）②主観的伝統モデル，あるいは伝統的であると信じられているモデル（believed-in traditional model または ideological model）③内部観察者のモデル（internal observers' model）の三種類に分類している．ここではまず，この三種類の「意識モデル」を紹介する．

①自家製モデル（home-made model または immediate model）

それぞれの人々が持つ日々の生活，または，当該集団の社会文化システムに関するモデル．水上居民，客家など，それぞれのグループはそれぞれの「自家製モデル」をもつが，その内容は多様である．例えば，他の漢族に寡婦の再婚を禁止する習慣があっても，水上居民の人々は寡婦の婚姻について禁止されているとは考えないといった場合，これは水上居民の「自家製モデル」である．

②主観的伝統モデル（believed-in traditional model または ideological model）

当該集団が，伝統的な士大夫（読書人・官吏・紳士）のモデルと信じているもの．これは科挙制度（官僚制度）を通じて「儒教の理想＝社会規範の意識モデル」となっていった．そのため，漢族の士大夫（literati），郷紳（gentry）の社会システムの意識モデルには時代的，地域的な連続性，統一性がある．同時に，社会的権威を入手するためには非士大夫階層もこれに従う必要が有る．つまり，社会権力をともなう士大夫の意識モデルと，自身が持つ伝統的な意識モデルとの一致が要求される．

③内部観察者のモデル（internal observers' model）

水上居民自身が構築した，客家など陸上などに住んでいる他の漢族

についてのモデル．同じ漢族という意味では「内部（internal）」であるが，他のグループを外側からみたモデルであるので「観察者（observer）」のモデルとなる．

　ウォードはこれらの三つのモデルを提示し，漢族の（理想の）「意識モデル」は複数あり，そのため，「漢族の家族」「伝統的な中国（漢族の）社会構造」といった見方で，現実の人々の生活を的確に把握することは不可能であると主張した［Ward 1985（1965）：42］．この見方は「多くの場合民族誌家は，『ひとつの部族』なる文化的実体が存在するにちがいないという公理に導かれて，そうした『部族』をさがし求めているにすぎない」［リーチ 1987：331］とするリーチの立場と重なるものである．このように，ウォードは，レヴィ＝ストロースが「意識モデル」を「理想のパターン」または「規範」としたのに対して，すべての社会が単一の社会体系構造で成り立つとしてこのモデルを用いると，誤りが生じることを指摘し，レヴィ＝ストロースへの批判を行った［Ward 1985（1965）：60］．
　ウォードの論考のもう一つの特色は，水上居民が水上生活を捨て陸に上がり「陸上人」のように振る舞うことで「陸上人」に同化するとしたことである［Ward 1985（1965）：55-58］．「陸上人」のように振る舞うこと，すなわち「客観的」な文化や特色が「陸上人」と同じになれば，水上居民は陸上人に同化するという立場に立っている．水上居民に対するかつての「異民族」視は，崇拝用の木製の人形，イヤリングなどの越族的文化要素に基づくとする考え方も含め，「客観的」な文化や特色が，「直接モデル」あるいは「内部観察者のモデル」という意識モデルを支えているという立場に立っている．
　今日では，ウォードによるこれら三つのモデルの提示は，外部観察者によるものではなく，自己意識に着目した点が大きく評価される［シンジルト 2003：305］．無論それはリーチやモアマンらによって示唆されていたことではあるが，対象者の語りに目を向けた研究への道をさらに拡げたものとして評価できる[2]．

またウォードが「伝統的であると信じられているモデル」の存在に高い価値を認めることによって，多様な「自家製モデル」に基づく文化的差異が存在しても「漢族」たりうると説明したことは，後の研究，特に「漢族」およびその周辺の民族研究に大きな影響を与えた．様々な異質な文化を持つ人々，言い換えれば様々な「自家製モデル」を持つ人々が，そのような文化的差異を持ちつつも同じく「漢族」であることには，矛盾しない原理が存在することを説明したとして，その後の研究においてウォードはしばしば引用される．例えば，王崧興は，「『理想的伝統モデル（伝統的であると信じられているモデル）』を意識していれば，極端な例として，たとえ少数民族がかれらの『直接モデル（自家製モデル）』によって日々の生活を営んでいても，漢民族の範疇とみなされてもおかしくない見方」[王崧興 1986：150] と指摘し，現在中国の政策上「少数民族」になっているグループすらも，「漢民族」に含まれうる原理としてウォードのモデル論を用いている．また，ウォードが「伝統的であると信じられているモデル」に該当するとしたものを，「Chineseness」「Chinese way」であるとする研究も見られる [Pasternak and Salaff 1993：254]．

　しかし，「伝統的であると信じられているモデル」とは何かを考えると，はっきりと「これが伝統」というものが存在するわけではない．例えば，滘西の人々に未亡人の再婚について質問しても，「『我々漢族』では再婚は禁止されない」という答えが返ってくるが，士大夫階層においては再婚は禁止されており，それが「伝統的な漢族」なのである [Ward 1985〔1965〕：42]．「伝統的であると信じられているモデル」は漠然としたものであり，実際には人によって，あるいは状況によって様々なものが「伝統的であると信じられているモデル」として語られる．それは瀬川が「『主観的伝統モデル（伝統的であると信じられているモデル）』とはいったいどのような内容をもつものなのか？　これについて Ward はあまり詳しく説明していない．これはある意味当然のことといえる．というのも，この『伝統モデル』はかなり抽象的で漠然としたものだからだ．水上居民たちにしてみれば，中国人・漢族としての『伝統モデル』

34

第 1 章　水上居民像の形成

の価値は認めるものの，その詳細な内容については熟知しておらず，だからこそそれを実践することもなく，かけ離れた生活をしているのである」［瀬川 1998：154］と述べていることからも覗える．この「伝統的であると信じられているモデル」の不明瞭さは，以下に述べるウォードによる香港での研究が行われた背景と関連する．

　香港では，ウォードの研究をはじめ戦後に多くの人類学的研究が行われた．その背景には，1949 年に中華人民共和国が成立し，西側の研究者は中国本土での調査が実際上困難になったことがある．中国本土での調査が困難になったため，1949 年以降，香港は台湾と並んで「残された中国」（the residual China）として，研究者の注目を集めるようになった［大橋 1997：112-113，芹澤 1998：147-148 他］．香港や台湾は，中国本土とは異なり研究者にとって調査可能な土地であり，「文革」等によって「伝統的」なものが徹底的に破壊された大陸に対して，政治的，社会的混乱に直接巻き込まれることはなかった．そのため研究者たちは「伝統的な中国」を香港，あるいは台湾に求めようとした．例えば，香港におけるリニージ研究の始祖フリードマンは次のように振り返っている．

　　人類学的な現地調査について言えば，リニージ組織およびそれと密接な関連をもつ諸問題に関する調査を行う機会はたくさんある．新界の農村社会研究のための基礎作業は，既にバーバラ・E・ウォード女史，ジョン・A・ブッラト女史，ジャック・ポッター教授，H・D・R・ベイカー氏，R・G・グローヴス氏らによって行われている．他の人類学者たちも彼らに続くであろう．だから，新界は英国の統治と現代における人口や経済生活の変化に晒されすぎたため，伝統的な中国の諸制度に関心をもつ人類学者にはもはや役に立たないなどという考えを払拭することに私は助力したい．もちろん，香港植民地に併合されて以来，新界は大きく変わった．それは単なる一九世紀の化石ではない．それが示す多くの「現代的問題」（特に過去一五年間の産業や農業の変革から生じたもの）は研究する価値のあるものであり，それらを無視

35

することは全く愚かなことであろう．しかし，古いリニージは未だに存在している．内部の権力も行使されており，土地も祖先の供託として保持されている．祠堂では祭祀儀礼が続けられている，等々．我々は中国の王朝時代に行われていたものを見ることができるが，それと同時に大事なことは，リニージがいかにして現代世界に適応しているかを理解する好機でもあるということだ［フリードマン 1987：5，下線筆者］．

　以上のように，フリードマンも，当時の香港新界が単なる「一九世紀の化石」ではないことは認識しているものの，「王朝時代」を垣間見ることができると考え，未だに存在している「古いリニージ」を研究することが可能であると考えた．「19 世紀の進化主義，20 世紀初頭の伝播主義，1920 年代から 50 年代に至るイギリスの構造機能主義，そして 60 年代 70 年代の構造主義といった通説的な文化人類学の編年体系によるとすれば，それぞれの時代において，親族研究はその中心を成す諸理論の構築に基本材料を提供してきた」［瀬川 1997：30］とされるように，親族研究は人類学の重要な研究テーマであった．フリードマンが中国でのリニージ研究を志す直前には，イギリス構造機能主義の第二世代にあたる，エヴァンズ＝プリチャードやフォーテスらがアフリカでの調査を行った．エヴァンズ＝プリチャードやフォーテスは，単系出自集団を中心にアフリカの「部族社会」を分析した．香港では特に，「未開社会」「部族社会」とされていたアフリカを調査地として研究が蓄積されていた「リニージ」が，「文明社会」である「中国」ではどうかという興味[3]に基づいて研究が始められたのである．フリードマン以降，香港においては，当時人類学の中心的研究課題であった親族研究が行われた．

　このように欧米人研究者による「1950 年代，60 年代の香港の民族誌」は「残された中国」としての部分にその焦点が絞られていた．なかでも，社会主義体制下では消え去ってしまうとすら考えられていた宗族という「リニージ」を主たる研究対象にしていたのである．香港を含む華南は，

「リニージ」が発達した地域である．そして，華南のリニージ発展の要因をフリードマン，ポッター（Potter），ベイカー（Baker）らは，土地の共同所有が成員の忠誠を保持するための紐帯となったためであると考えた．その中では，水上居民はリニージを持たない例外的な存在とされ，フリードマン以降の人類学者は水上居民には大きな関心を払うことはなかった．フリードマンはリニージの世代深度について考察する中で，水上居民居住地の資料を以下のように除外している．

　この地域（新界東部砂頭角地域）にはいる島々の資料は除外する．なぜなら，ここでは，農業集落を問題としているからである．生活の資を海から得ている村落（コミュニティ）の分析は別個の問題である［フリードマン 1987：25］．

フリードマンにとっては，リニージを持たない水上居民は研究対象にはならなかった．なぜならば，フリードマン自身明言はしていないものの，土地を持ち，リニージを持つものが「伝統的中国人」であるという認識が存在していたと思われるからである．志賀が，「これまで少なからぬ研究者が香港新界の農村に中国の伝統的な村落社会を見い出し」［志賀 1997：163］てきたとするように都市，あるいは漁村は「伝統的な中国」とは見なされてこなかった．芹澤も「人類学者は，農民経済や宗族組織など，中国大陸を連想させる『新界原居民』の伝統的な文化に注目して研究を行う傾向」［芹澤 1997：138］があったことを指摘している．
　香港の水上居民を研究したウォードの研究は「リニージ」を対象としたものではなかったが，そこに「残された中国」を求めていたことは，「伝統的と信じられるモデル」がすでに存在しない「士大夫」のモデルであるとしていることや，「科挙」の影響について論じている点から覗える．このように，調査者が「住民が『士大夫』が伝統を担っていると信じている」という視点を持っていることを前提としたため，調査において「士大夫」のモデルが重要になったと考えられる．

37

以上のように，「残された中国」を求めている姿勢は，フリードマンにもウォードにも共通する．こうした研究視角がウォードの「伝統的であると信じられるモデル」の誕生に貢献したのは間違いないだろう．

　フリードマン以降の研究においても，水上居民については，民族誌の導入部における調査地概要の説明に以下のような形で登場するか，もしくは，リニージを持っていないことが言及されるのみである．ポッターは以下のように述べている．

　　最近の移民流入が起こる前までは，新界には四つのエスニック・グループが存在した．即ち広東人（Penti）農民，客家農民，蛋家（boat people），そして鶴佬である．（中略）蛋家水上居民は太古からの南中国沿岸の住人であり，おそらく，漢族がこの地域に住む以前から住んでいた非漢族（non-Chinese）エスニック・グループの一つであろう．鶴佬もまた水上居民であり，もとは福建省からやってきた．しかし，彼らの一部は陸上に定住し，農業と漁業を兼業している．（中略）広東人はこの地域の支配的グループで，他のエスニック・グループを見下す傾向があり，客家との通婚は存在したけれども，最近まで水上居民との通婚は拒否していた［Potter 1968：11-12］．

　上記の文章からは，「蛋家」は，かつてはおそらく非漢族であったこと，鶴佬もまた水上居民であるが，陸上に居住しているものもいるとする認識が読みとれる．また，ポッターは，それぞれの集団に「エスニック・グループ」という用語を用いている．

　香港新界北部の宗族村落である新田および，新田から英国への出稼ぎ者に関する調査を 1969 年から 1971 年に行ったワトソンは，その著書『移民と宗族』［1995（1975）］の中で，以下のように述べている．

　　戦後，香港に中国全土からの新来の人々がどっと押し寄せるまでは，新界には三つの異なったエスニック・グループが住んでいた．すなわ

ち，広東人，客家，そして船上生活者である．広東語を話す「本地」（「地元民」の意，しばしば「プーンティ」（Punti）と表記される）は，大まかには唐代（7から10世紀）までに広東地方の支配を掌握した北方系中国人の開拓者の末裔であると信じられている．客家（「客の民」の意）は別の言葉を話し，優勢な本地グループよりは遅れてやってきた．客家は後にやってきたので，新界の中でも比較的劣った丘陵地に住み着いた．船上生活者は，他の優勢なグループの支配地の周縁部のニッチに身をおくことにより，この競争の激しい社会環境を生き延びてきた．船上生活者は，その名が示す通り，香港の台風よけの船溜まりに群がっているジャンクや小舟の上で生涯の大半を過ごす漁民たちである．このカーストにも似たマイノリティについて一般に信じられているところとは反対に，船上生活者は広東語を話し，その文化はこの地域の本地農民のそれに似ている．しかしながら，陸上に住む中国人たちは彼らを別個なエスニック・グループとみなしており，何世紀にもわたって差別してきた．船上生活者はこの地域のこれまでの政治・経済の歴史の中で，消極的な役割しか果たし得なかったのである．これら三つのエスニック・グループが，新界の「原住民」人口を構成している［ワトソン 1995：13］．

　新界内陸部の上水（Sheung shui）を調査したベイカー（Baker）の民族誌には，新界の人口統計の紹介で水上の人口にも言及されるものの，エスニック・グループとしては，以下に示すように「蜑家」は言及されない．

　　この地域（新界）には二つのグループが住んでいる（中略）．大きい方のグループは広東語話者で，本地（Punti）と呼ばれている．（中略）よい農地の大部分はこれら本地人の手に帰しており，他方，もう一つのグループである客家（Hakka）は，少々のよい土地，およびより標高の高い，痩せた土地を占有している［Baker 1968：2-3］．

フリードマン以後の，香港での主要な研究課題は「残された中国」に
おけるリニージであった．それらの研究は「フリードマン・パラダイム」
と呼ばれる流れを形成した．そこでは，リニージを持たない水上居民は，
研究分析の枠外に置かれた．

　それに加えて，水上居民がリニージを持たないことが，リニージ研究
に影響を与えたこともある．華南のリニージ発展の要因をフリードマン，
ポッター，ベイカーらは土地の共同所有が成員の忠誠を保持するため
の紐帯となったためだと考えたが，その説を補強する材料として，アン
ダーソンは土地をもたない水上居民にはリニージがないことを挙げてい
る [4] [Anderson 1970]．アンダーソンにとって新界は「残された中国」で
あり，それぞれの「エスニック・グループ」が，「残された中国」の構成
要素であるという前提も不動であったため，水上居民もリニージ研究の
流れの上で考えることが可能であったと指摘できる．

　以上の考察を基に，香港人類学における水上居民像の形成について整
理してみたい．香港社会の人類学における水上居民像は，ウォードの研
究が出発点となって形成されたものである．戦後，欧米人人類学者はリ
ニージや「残された中国」を求めて香港へやってきた．外部からの観察者
である彼らにとって，水上居民は文化的にも「中国人」であった．ウォー
ドのいう「伝統的であると信じられるモデル」は，「士大夫」のモデルで
あったが，実際には「士大夫」は過去の存在である．科挙に関しても，
清末に廃止されてからすでに半世紀の時が経過していた．

　ここから，「伝統的であると信じられるモデル」の形成には欧米人研
究者の中国イメージ [5] が大きな影響を与えていたことが覗える．このよ
うな「伝統的であると信じられるモデル」に基づいた「Chinese」という
枠組の設定が，「漢族である水上居民」という像の形成に大きな意味を
もった．同時に，それは研究の動機にのみ原因があるのではなく，香港
という場の特殊性も大きく影響していると考えられる．香港が 19 世紀
に英国の植民地となって以来，20 世紀前半までの間，香港社会には統治
階級として社会に君臨したイギリス人と，植民地エリート中国人，非エ

40

第 1 章　水上居民像の形成

リート住民の間に明確なヒエラルキーが存在していた［日野 1997：197］.
そうした状況においては，ウォードら人類学者を含めた，西洋という絶
対的他者との対比で，「Chinese」の一体性が強調されるのが香港の社会
的文脈であったといえ，こうしたことがウォードの「伝統的であると信
じられるモデル」の大枠を決定していたとも考えられる．こうした枠組
みの中では，研究者の目は「漢族住民」にばかり向き，回族，チワン族，
ヤオ族等の「少数民族」系移住者，出稼ぎ者が現実には生活しているに
も関わらず，人類学の研究上の議論に上ることはなかった[6]．彼らの存
在がエスニシティの議論上有効性をもつほどに顕在化することは 1950 年
代，60 年代にはまずなかったし，その後今日に至るまでほとんどなかっ
たとすらいえる[7]．また，沼崎一郎はそれまで「残された中国」に注目
が集まってきた影響で，1997 年の段階ですら香港のインド人社会につい
ての研究はほとんどないと指摘しており［沼崎 1997：231］，香港におい
て「Chinese」以外の研究は総じて等閑視されてきたといえよう[8]．

　また，ウォードは「自己意識」に着目したものの，それを支えるもの
は「客観的文化基準」とした．そのため，「伝統的であると信じられるモ
デル」の共有により，それぞれが漢族であると理解されたものの，同時
にその中でそれぞれ異なる文化を持った「エスニック・グループ」が存
在することが，現地概況の前提として描かれることとなった．そのため，
民族誌の冒頭で「新界には広東人，客家，水上居民がいる」というよう
に，それぞれの「エスニック・グループ」の存在は，前提条件として記
されたのである．

第 2 節　「民族」概念の展開
　中国での「民族」とは如何なる意味を持っているのであろうか．松本
ますみは漢語の「民族（minzu）」は大別して二つの意味があると指摘す
る．第一は，［国民（nation）］や［市民（citizen, citoyen）］に当たるもの
で，具体的な用法としては，中国国籍を持つものは「中華民族」とされ
る．第二には，少数民族を指すものであり，「民族問題」「民族政策」「民

41

族団結」「民族学」「民族法」「民族幹部」などのように用いられる［松本ますみ 1999：3-5］．シンジルトはその二つに加え，国家の認定を受けた公定の「民族」，つまり漢族と少数民族計 56 の民族を指す場合もあると指摘する［シンジルト 2003：38］．本節では，このような中国の「民族」概念がもつ多義性がどのように誕生し，その意味がどう変化していたのかという問題を検討する．また，「民族」には「民系」「支系」あるいは「族群」などの下位分類がある．それらと「民族」との関係も考察する．

　水上居民あるいは「疍民」は，「民族」であるとする意見が存在する一方，「漢族の一部」である「族群」とする説明がされる場合もあり，時代や言及する人間の立場によって様々な水上居民像が描かれている．中国における「民族」とその下位集団に関する問題を整理しておくことは，民国期以降，民族識別工作を経て現在に至るまでの間に描かれた，様々な水上居民像を考察する上で必要である．

1-2-1　清末から民国期の「民族」

　アヘン戦争で敗北した後，中国は清仏戦争や日清戦争など，列強の進出に直面していた．和製漢語の「民族」が日本から中国へいつ，誰の手によって伝わったかについては諸説がありはっきりしない．ただし，「民族」という言葉が日本から中国へ伝わったこと，時期が 19 世紀末頃であることは多くの研究者によって認められている［横山 1997：176，黄光学 1995：2-3，韓錦春，李毅夫 1996：102-105，辻田 1996etc］．清末に流行した厳復による「社会ダーウィニズム（社会進化論）」の影響を受け日本から「民族」という言葉を輸入した梁啓超ら［松本ますみ 1999：46-47］は，世界的なナショナリズムの思潮と，中国に迫る列強の脅威の中で，国家統合の理念を「民族」を使って語る必要を感じ，それを語る有効性を認識した［横山 1997：176］．

　さらに梁啓超や革命派が，第 1 章で紹介したような日本の「民族論」，すなわち「日本民族」は共通の祖先（皇室）をもち，血縁関係にあるという議論の影響を受けたことも見逃せない［松本ますみ 1999：50］．「民

族」が共通の祖先をもつという日本の「民族論」に基づいて，黄帝の子孫が中国人であるという観念が広まったのもこの頃である．

　孫文ら革命を目指す者にとって，とりあえずの目標は清朝の打倒であった．革命派である同盟会では，清朝皇帝をもふくみうる「中華」ではなく，「満」と「漢」とを明確に区別する「民族」意識がかなり明確に存在していたのである［横山 1997：182，松本ますみ 1999：64-68］．この段階では「漢種のみが中国人」であった．

　清朝打倒に立ち上がった後，孫文は 1912 年 1 月 1 日に「漢_{かん}」「満_{まん}」「蒙_{もう}」「回_{かい}」「藏_{ぞう}」の五族共和を公式に声明した［松本ますみ 1999：82-83］．この五族共和とは，五つの「民族」が平等に国家を構成していることを宣言するものであったのだろうか．横山廣子は，孫文の「五族共和」は，国家統合のためのきわめて政治的な発言であり，内陸の国家周縁部にあって，歴史的あるいは文化的に，また勢力的にも特別な政治的対処を必要とする蒙，回，藏の三族と，打倒した清朝の満族との良好な関係を維持するための語りにほかならないとする［横山 1997：183］．蒙，回，藏および満族が中華民国へ参加しなければ，孫文が理想とする国家統合は不可能な状況であった．

　1911 年 10 月 10 日の武昌蜂起以後，各地では独立への動きが起こっていた．同年 12 月 1 日には，外モンゴルでボグド・ハーンが独立を宣言している．モンゴル側にとって，大清帝国とは「中華帝国」ではなく，とりもなおさず満洲皇帝の支配体制であり，また清朝との関係は満洲皇帝との関係でのみ理解していたため，外モンゴルは清朝が崩壊すると独立へと進んだ［中見 1994：102］．内モンゴルの王公は，無条件に中華民国に参加するのではなく，自治権や王公の特権保存を条件として突きつけていた［松本ますみ 1999：85-87］．チベットもインドに亡命していたダライ・ラマが 1913 年に帰還すると「独立宣言[9]」を発表するような状態であった［毛里 1998：12-13］．時代は下るものの，新疆では「東トルキスタン共和国」が 1933 年と 1944 年の二度にわたり建国され［毛里 1998：210，新免 2001］，東北部では清朝最後の皇帝溥儀が日本に担がれて 1932

年に「満洲国」を建国する．さらに，中見によると，内モンゴルのバボージャブを利用して，日本が袁世凱の追い落としを企てたこともあった［中見 2001：124-125］．「満洲国」の建国やバボージャブの利用にみられるように，これらの動きの背後には，日本をはじめ中国への進出を狙う国々の思惑が存在した．

　「国家」の分裂によって列強の進出を助長するという事態を招かぬように，「蒙」「回」「藏」「満」に対する配慮を表明することは，孫文の目指す国家統合には不可欠であった．松本ますみは，「五族共和」について「漢」とは独立を宣言した 17 省からなる漢族の地（17 世紀半ばには既に省制が完成していた中国本部），「満」とは満族の故地東北地方，「蒙古」とは蒙古族の地の内蒙古と外蒙古，「回」とは回教徒（ここではウイグル人）が住む新彊地域，「藏」とはチベット地域を指す地理的概念であるといい，「五族共和論」とは，中華民国が旧清朝の領域と主権の正当なる継承者であることを宣言しているものとまで指摘する［松本ますみ 1999：83］．

　1920 年に孫文は，「民族」は「五族」に留まらないと初めて表明するが，その時点においても，究極的には諸民族を漢族に同化して「中華民族」を形成するという国家統合を考えていた［横山 1997：183］．日本から輸入された「国民」＝「民族」の思考を孫文が変えることはなかった．松本の言葉を借りると孫文の五族共和とは「漢族以外の四族を漢族に同化させた単一中華民族を創出し，統一共和国家を作ることを目指していた」［松本ますみ 1999：85］のである．

　漢族以外の「五族」は，主に中国北部や西部の「民族」である．それでは南部の「民族」は，民国期にはどのように認識されていたのだろうか．革命派は，清朝打倒を目指していた時期にすでに，満洲（と蒙古）以外のグループは漢人に同化・吸収されているという認識であり，辛亥革命以後の孫文も含め，一貫して「苗」「夷」などに対しては，同化させるべき集団としか認識していなかった［松本ますみ 1999：68］．『陽春県志』によると，民国期には瑤族住民は迫害を受けるのを恐れて「漢族」とし

て報告したため，民国期の人口統計書では全県人口構成が漢族だけ[10]に
なっている［陽春市地方史志办公室 1996：923］．服装などの風俗習慣に
対する国民党の同化政策も，いくつか存在した．ある地方では，1930年
代半ば頃に国民党当局がプイ族やミャオ族などの非漢族の服装を改める
ことを強要した［塚田 1998：66, 2001：283］．また，1940年代半ば頃にも，
国民党当局が，抗日戦争を戦うとともに，国民党を中心として「中華民
族」としての国民統合を目指す政策をとりはじめた．その際に漢族中心
主義に基づいて非漢民族の服飾や習俗に対する変革が実施された［塚田
1998：68, 2001：283］．このような政策はかなり強引に行われたようであ
り，例えば，張兆和によると，苗族（ミャオ）地域では「村人，特に女性は，定期
市に出かけた時などに民族衣装を「漢族式」に変えるように強いられる
など，国民党の部隊から虐待を受けた」［張兆和 1999：334］という．こ
のよう民国期には，「中華民族」という「国民」の形成を目標に，南部の
「民族」に対して同化が強制された[11]．

1-2-2　中国共産党の民族政策と民族識別工作

　上述のように，国民党は強硬な国民統合政策を採用した．しかし，国
民党の強硬な政策は失敗に終わったものが多い．例えば，内モンゴル内
地化の強行がモンゴル人ナショナリストの国民党への反発を呼び，それ
が民族自治を提示する中国共産党系の運動に糾合され，1947年に王爺廟
（現ウランホト）自治政府が内モンゴルに成立した［毛里 1998：27-28］．
このように共産党は国民党の政策と対照的な民族政策を打ち出し，支持
を拡大していった．
　ただし，共産党の民族政策も一貫していたわけではない．中国共産党
は当初，民族の自決権とソ連のような連邦制を想定していた．中華ソビ
エト期1931年11月の「憲法大綱」（江西憲法）が，最も民族綱領がラ
ディカルであったとされる［毛里 1998：34, 松本ますみ 1999：188-189］．
そこでは，「自決権」や「連邦制」を次のように規定している．

中華ソビエト政権は中国領域内の少数民族の自決権を認め，各弱小民族が中国から離脱して自ら独立国家を樹立する権利を認める．蒙・回・藏・苗・黎・高麗人などおよそ中国領内に居住するものは，中華ソビエト連邦に加入しまたはそれから離脱し，もしくは自己の自治区域を樹立する完全な自決権をもつ（訳は毛里 1998：34 による）．

「中華ソビエト連邦」からの離脱権を「少数民族」に認め，しかもその対象は「蒙」「回」「藏」など北方の「民族」だけではなく，「苗」「黎」なども含んでいる．このように中国共産党は「蒙」「回」「苗」などの「民族」勢力を味方につけるため，国民党よりも「民族」側に有利な条件を提示した．ところが，抗日戦争を終えて建国期になると，共産党は，「連邦制」ではなく「統一された共和国」を志向し，民族の「自決権」は「自治権」に変わった．新中国の枠組みは，1949 年 9 月の人民政治協商会議で採択された共同綱領によって決められた［毛里 1998：41］．その共同綱領では「民族政策」を次のように確定した．

中国人民政治協商会議共同綱領 1949 年 9 月 29 日
第 6 章　民族政策
第 50 条　中華人民共和国領域内の各民族は一律平等であって，団結互助を実行し，帝国主義および各民族内部の人民の共通の敵に反対し，中華人民共和国が各民族友愛合作の大家庭となるようにする．大民族主義および狭隘な民族主義に反対し，民族間の偏見・圧迫および各民族の団結を分裂させる行為を禁止する．
第 51 条　各少数民族が集合居住する地区では，民族の区域的自治を実行し，民族集合居住の人口の多少および区域の大小によって，それぞれ各種民族の自治機関を設立しなければならない．およそ各民族が雑居する地方および民族自治区域においては，各民族はその他の政権機関中にすべて相当数の代表を有しなければならない．
第 52 条　中華人民共和国領域内の各少数民族は，すべて統一的な国

第 1 章　水上居民像の形成

家の軍事制度にしたがって，人民解放軍に参加し，地方人民公安部隊
を組織する権利を有する．

　　第 53 条　中華人民共和国領域内の各少数民族は，すべてその言語・
文字を発展させ，その風俗習慣および宗教上の信仰を保持しまたは改
革する自由を有する．人民政府は各少数民族の人民大衆がその政治・
経済・文化・教育の建設事業を発展させることを援助しなければならな
い．（『新中国資料集成』第二巻，p596，訳は安藤 1995：69-70 による）

　「民族」問題における中華人民共和国政府の基本目標は①国家の領域
的統合，②辺境の対外安全保障，③忠誠心をもつ均質な「人民」の形成
であった［毛里 1998：45］．中華人民共和国は，外モンゴル，沿海州な
どを除いて清朝の版図をほぼ継承しようとした．広大な清朝の領土を継
承しようとした点においては国民党とほぼ共通している．連邦制による
分離，独立権の認定はこの目標に反するものとなる．毛里和子はこの中
国共産党の「連邦制」から「統一された共和国」へ，「自決権」から「自
治権」への政策転換を「自決権・連邦制は正統権力に対抗していた中共
（中国共産党）が理念として，宣伝スローガンとして提起していたもの
だったこと，民族構成や分布がソ連とは決定的に異なること，新中国は
帝国主義からの侵略に抵抗するナショナリズムをバネに誕生，成長し，
その求心的ナショナリズムが伝統的な「大一統」観念と容易に結びつい
たこと，などでこの転換を説明することができる」［毛里 1998：44］と
している．

　上述のように「民族」の民族「自決権」は否定されたが「自治権」は
認められた．しかし，「自治権」を行使して区域自治などを実行するため
には，まず初めに，どこにどの様な「民族」が何人いるのかを確定する
必要があった．これを「民族識別工作」と呼ぶ．費孝通は「民族識別工
作」の目的を以下のように述べている．

　　解放以後，我々の党と政府は民族識別工作を十分重視してきた．党

47

の民族政策を真剣に実行するためには，我が国にどのような民族がいるかをはっきりさせる必要がある．例えば，各級権力機関に民族の平等を実現するためには，各級人民代表大会にどのような民族が何人の代表を出さねばならないのか；民族区域自治を実行し，民族自治地方を設立するとき，どの地方がどの民族の集住地域であるかをはっきりさせねばならない［費 1994（1980）：328］．

このように民族政策を実行するために「民族」を規定する必要があった．しかし，中国は面積も広く，人口も多いため，「民族」の規定は簡単には実行できなかった．そこで，「民族」を自己申告させたところ，以下のような状況が発生した．

解放後，中国共産党の指導の下，中華人民共和国内に民族平等が実現した．長期にわたり抑圧されていた多くの少数民族が，次から次へと彼らの民族区分を公開し，自分の民族名を提出した．これは党の民族政策の勝利であり，少数民族の自覚の表現である．1953 年には，報告登記された民族名称は 400 余りになった．これらの 400 余りの自分たちで報告した民族名称は，全て単一の民族の名称なのであろうか．これらの民族名の中には，多くの，その民族の居住している地名や，民族内部の支系の名称，同一民族の自称と他称，多くの異なる漢語訳の名称が含まれていた［費 1994（1980）：327］．

この時代に，水上居民の中にも少数民族として申告した例があった．広東省陸豊県甲子の「后船蜑民」は，1950 年 7 月の戸籍調査に民族名を「蒙族」として記入した［広東省民族研究所編 2001：69］．また，費孝通は，漢人のなかには，漢族としての特徴を保留しながらも，自分が漢人であることを知らず，その土地の他の人から呼ばれる他の名称を自己の民族名称として申告し，少数民族の中に入れられてしまった者もあることを紹介し，その例として雲南の蔗園人，広東の蜑民を挙げている［費

1994（1980）：328].

　しかし，全国で自己申告された名称は400余と多すぎて政策実行には支障があった．そこで，「科学的」な「民族識別工作」により「民族」を識別，確定させていくこととなったのである．費孝通は次のように振り返っている．

　　それ（民族識別工作）は1953年に始まり，30年ほどかかって，1982年に一段落を告げた．識別をした後にさらに現地の民族の人々と協議して同意を得て，初めて中央による審査決定を経て公布することができた．1954年には38の少数民族が，1965年には15の少数民族が，1982年にはさらに二つの少数民族がそれぞれ認められ，今日までに55の少数民族が認められている．漢族を加えると，中国というこの多民族国家は合わせて56の民族を有している［費1997：466].

　こうして，現時点で55の少数民族と漢族の合計56の「民族」が確定されている．では「民族」をどのように確定させていったのであろうか．中国の「民族識別工作」はソ連でのスターリンの民族の定義に従ったとされている．スターリンによる民族定義とは「歴史的に形成されてきたところの，共通の言語・共通の地域・共通の経済生活を持ち，共通の文化において表現される共通の心理素質（状態）をもった，人々の堅固な共同体である」［費1997：467］とされる．つまり，スターリンがいう民族の四つの特性とは，共通の言語・共通の地域・共通の経済生活・共通の文化において表現される共通の心理要素を指す．

　しかしながら，中国の「民族」は「四つの特性」ですべて解決できるわけではなかった．毛里和子は中国では，「四つの特性」を柔軟に考えていたことを指摘している［毛里1998：68].具体的には，行政上の利便が優先されたことが指摘される．ハレル（郝瑞）は識別工作によって設定された「彝族」について，「民族識別は，最初は当然四つの民族特性に依拠していた．しかし事実上，その他の要素，自己認識や行政管理上の

利便なども考慮する．もし行政管理の利便あるいは，民族の四つの特性が一致したならば，自己認識問題は軽視された」[郝瑞 2000：3] と述べ，行政上の利便も識別に大きな影響を与えたことを指摘している．

　行政上の利便を理由に挙げるもののほか，漢族の持っていたカテゴリーに基づいて識別されたという指摘もある．中国において「民族」を識別する際には，ハレルが「（彝族）カテゴリーを創造あるいは擁護しようとするものはまず『歴史』を書かねばならない」[Harrell 1995：66] と述べているように，「歴史」が重視される．「歴史」に書かれている様々な「民族」カテゴリーは，おしなべて「漢族」が認識していたカテゴリーと重なっている．例えば，「傣族」とは，「タイ・ルー」や「タイ・ヤ」など「タイ」という自称を持つ集団だけでなく，*Baiyi*（「白衣」「白夷」「擺夷」）と漢族に長い間呼ばれてきた人々を指すことになった [Hsieh 1995：317] ものである．「哈尼族」も，漢族側の「窩尼[12]（ウォニ）」というカテゴリーを土台にして，まず範疇作りが行われたことが指摘されている [稲村 2002：36-39]．「彝族」に関しても，スターリンの民族の定義は厳密な方法で用いられたわけではなく，むしろ，革命以前の学者たちが書いた著作や中国人にとっての民俗カテゴリーの中に，既に大部分存在していた特徴を正当化し，強化するために用いられたとされ，革命以前から漢族によって書かれてきた「歴史」中のカテゴリーが「民族」とされたのである [Harrell 1995：66]．

　こうして，鈴木正崇が「結果的には，当事者の主観は反映されず，調査者の判断による「客観的」な共通性が識別の基準とされ，内部の細かな差異は考慮されないで，外部から規定されるままに民族が確定された」[鈴木正崇 1993：223] と述べているような主として外部からの「民族」規定がなされた．

　そのためグラッドニーは，回族を研究するなかで，"ethnic nationalism" と "ethnic national identity という語を用いることを主張し，簡単に "ethnic identity" という語を使用すべきではないとし（Gladney：1991, 1998），「回族」というカテゴリーは主として国家政策によって規定され，そのこと

と文化あるいは社会経済的側面との相互作用により各地域の回族アイデ
ンティティが成立しているからと説明する．このグラッドニーの研究も
また，中国の「民族」に対する国家政策の影響が大変に大きいことを示
している．

　しかし，このように外部から創造された「民族」であっても，当事者た
ちが「民族」を利用している側面もある．その例として，観光資源とし
ての「民族」あるいは「民族文化」の利用が挙げられる．馬建釗が「中
国の少数民族は，歴史的な理由から，その多くは交通が不便で，情報が
過疎，気候，地形も厳しい辺境地区に住んでおり，農工業の基盤は薄弱
で，文化教育事業も遅れ，地域経済の発展を阻害している」[馬 2002：
130] と述べているように，少数民族が居住している地域は概して経済発
展が進んでおらず，その基盤も整備されているとはいいがたい．そのた
め，国家の側が少数民族観光に着目している．その理由は①地域（経済）
格差の縮小，②国民形成の促進 [曽 2001：88] である．

　鈴木正崇によると，広西の金秀大瑶山では，かつてはヤオ（瑶）族の
うち「過山瑶」と呼ばれる「盤瑶<ruby>パンヤオ</ruby>」と「山子瑶<ruby>シャンズヤオ</ruby>」が，自分たちの祖先で
ある盤瓠を祝うために収穫後に村や家を単位にばらばらの日時に盤王節
の祭りを行っていた．それが近年では，五種類のヤオ（瑶）族（「過山
瑶」である「盤瑶」と「山子瑶」に加えて「坳瑶」，「茶山瑶<ruby>チャシャンヤオ</ruby>」，「花蘭瑶<ruby>ホアランヤオ</ruby>」
も）が集まり，旧暦十月十六日に日付を固定してその祭りを行うことで
「民族」の団結を誇示しようとさえするようになっている．その背後には，
行政当局の働きかけが覗えるという [鈴木正崇 1993：226-227]．このよ
うな，「支系 [13]」の差異を無視した「民族文化」の創造は多く報告され
ている [鈴木正崇 1993, 1998，曽 1998：64-67，瀬川 2002a, 2002b]．

　「民族文化」の創造に対する見方は立場によって異なる．少数民族の
エリートの中には観光を「民族」の自己表象の場として推進する人もい
れば，観光開発において経済利潤のみを追求する人もいる [曽 2001：98]．
観光は「民族意識」を高揚させるだけでなく，ある部分を肥大化させ，そ
れを外部に見せることで人々に刺激を与え，その反応がまた民族内部に

還元されるという相互作用の動きを生み出し，民族のあり方を大きく変えていこうとしている［鈴木正崇 1998：181］．しかし，村人にとっての切なる願いは自分の生活が豊かになることであり，村が発展することである［曽 2001：102］ため，利益に結びつくとみなされれば，地元の文化とは異なった「民族文化」の創造も行われることがある．

中国の「少数民族」は，漢族に比べ産児制限が緩やかである．また，教育や就職で優遇措置が与えられるなどの特別待遇もある［鈴木正崇 1993：224 他］．謝継昌は，「傣族」は政府の認識に基づいたカテゴリーであるにもかかわらず，大学入試など，状況によって「傣族」であることが利用されており，「傣族」は「民族」が何らかの目的のために選択的に用いられているとする用具論的アプローチが当てはまる「エスニック・グループ」であるという［Hsieh 1995：320］．これは，「傣族」のみならず，そのほかの中国の「民族」にも当てはまる重要な指摘である．

中国政府は，エスニック・グループ自身からの要求を受け入れて，1981年から 85 年まで民族籍の回復や変更を積極的に進めた［毛里 1998：126］．その結果，「土家族」「満族」などの人口は二倍以上になった［若林 1996：249-257，横山 1997：4-5，毛里 1998：126，山崎 2001：48］．これは，それまで差別や偏見を恐れて「漢族」と申告していた者が「少数民族」を選んだと中国国内では説明されるが，実際には上述した優遇政策による影響が大きい．認定されなかったが，水上居民を「少数民族」として認定してほしいと願う動きもあった［王 1994：256］．従って，中国の「民族」が極めて状況的，ある意味で政治的なものであるという毛里の示唆［毛里 1998：128］は大変説得力のあるものといえる．

「漢族」から「少数民族」に変更するのみでなく，「少数民族」から別の「少数民族」への変更を求める動きもあった．雲南省の楚雄彝族自治州に住む「里潑人」は「彝族」から「俚傈族」への変更を求めた．これは，変更が認められれば，「彝族」の自治州の中に「俚傈族」の自治県や民族郷を作ることができ，「彝族」より大きい優遇措置が得られるからだという［松本光太郎 1995：40-41］．

また，両親の民族籍が異なる場合，生まれた子供はそのいずれかを選択することが可能であるため，優遇措置のある「ヤオ族」を選んだものの，漢族の多い都市で育ったため「ヤオ語を話せないヤオ族」になっている人も増えている［瀬川 2002b：196-197］．このように，使用言語や文化的特徴から遊離した「民族」は，謝が指摘するように［Hsieh 1995：320］，用具論的アプローチが当てはまる「エスニック・グループ」である．

　ただし，全てのエスニック・グループが「少数民族」としての認定を求めるわけではない．例えば，海南島の「臨高人」において，「臨高族」，あるいは「壮族」としての認定を求める動きが80年代頃に高まったが，広州在住の「臨高人」幹部や知識人を中心とした反対によって，「少数民族」としての認定は行われなかった［松本光太郎 1996］．このように，あえて「少数民族」にはならず，「漢族」であることを選択する場合もあるため，政策的利益の追求が「民族」選択理由の全てではないことも確認できる．

1-2-3　「民系」「支系」と「族群」

　中国では「民族」の下位集団を指す語として，民国期以降「民系」と「支系」が，そして90年代からは「族群」という言葉も使用されている．とくに「民系」は慣用的に漢族の下位集団を指す場合に使用され，「支系」は少数民族の下位集団を指す場合に使われてきた．ここでは，それらの語が登場した背景と学術用語として「族群」が採用されるようになった過程をみていく．

　前節で論じたように，中国では，国家が「民族」の正当性を主張するため，「民族」が決定してからは「民族」の下位単位による違いは顧みられない傾向があり，下位単位を軽視あるいは無視した「民族」アイデンティティの形成が促されている側面があった．しかし，こうした政策および現象が存在するからといって，下位単位による違いが全て消滅するわけではない．特に近年そうした「民族」の下位概念に焦点を絞った研

究が再び出現し始めている.

　中国では主に漢族の下位集団を指す語として「民系」を使ってきた.
この「民系」という言葉は羅香林の造語である. 造語されたのは民国期
であり,「民族識別工作」以前である. 羅香林は客家出身の研究者で『客
家研究導論』(1933) を著し, 客家は「異民族」ではなく「漢族」である
ことを主張した人物である. 羅香林は『客家研究導論』以前の客家の系
統, 起源論を以下の四つに分類している.

　　①客家は苗蠻の別支であるという説.
　　②客家は越族の後裔であるという説.
　　③客家は系統不明だが, 漢族と同種ではないという説.
　　④客家は純粋漢族であるという説.
　　［羅香林 1992 (1933)：12-14］

　①から③のように客家も「疍民」と同様, 異民族であるとしばしばい
われていた. 羅香林は, 客家は「漢族」であり, 同時に様々な特徴を持
つグループであることを説明したかったのである. 羅香林は「民系」に
ついて,「『民系』という言葉は, 民族内の種々の支派を解釈するために
私個人が新しく創りだしたものである」［羅香林 1992 (1933)：24 註 1］
と述べている.

　瀬川昌久は羅香林が造語した「民系」に注目し,「系」の内包する問題
について以下のように指摘した.

　　彼は『客家研究導論』のなかでこの語を「是我個人新造出来用以解
　釈民裡頭種種支派」と説明している. 漢民族全体の下位集団を指す語
　として, 既存の適切な表現がないために彼自身新しく造語しているわ
　けであるが, 注目すべきは彼がこれを「系」として捉えようとしている
　点である. つまり, 彼はこれら「民系」を, 共通の起源に発し, 永続
　的に再生産されてゆく系統としてイメージしていることがわかる. こ

54

こではそれは言わば lineage の系譜にもアナロガスなものとして把えられている［瀬川 1986：136］.

「共通の起源に発し，永続的に再生産されてゆく系統」という意識は，羅香林，あるいは客家研究のみの問題ではない．このような意識は，近年再び出現し始めたものを含め「民系」という言葉が使用されるたびに繰り返し表現されるものである.

福建省内の漢族の下位集団に注目した研究である陳支平の『福建六大民系』（2000）もその例として挙げることができる．陳支平は福建の六大民系として，「福州人」「興化人」「閩南人」「閩北人」「客家人」「龍岩人」の六つを挙げている．民族識別工作によって「漢族」とされたはずの水上居民は，「民系」の一つとしては数えられておらず，「漢人民系と少数民族血縁文化融合」の章で登場する．「漢人民系と少数民族血縁文化融合」の章では傅衣凌の「福建省の特殊な部落の中では，畲と蜑が二大集団であって，この両族がまず越より出て，後に今の三省が接する区域に流れ分布し，広東省東部に入り，山にすむ者と，水にすむ者の違いによって二つに分かれたのであって，実はもともと一つである」という説などを引き，「蜑」（のちに「疍」）が異民族の出自をもつことを主張している［陳支平 2000：177］．しかも，「畲族」は民族識別工作によって「少数民族」として認定されているにもかかわらず，「漢化は蜑族のほうが畲族よりも遅かった」［陳支平 2000：174］とする．民族識別工作によって水上居民が「漢族」とされた現状について陳は「水上疍民は歴史上から消失し，完全に福建の漢族と一体となった．ここから政府の民族政策が一つの部族をどう発展させるのかに重要な意義をもっていることがわかる」［陳支平 2000：181］と述べており，現在は民族政策の結果漢族であるが，識別以前の「水上疍民」は「漢族」ではないという認識が覗える.

前述のように「系」の概念は「共通の起源に発し，永続的に再生産されてゆく系統」という意識に基づいたものである．その概念から隋唐代

の「蜑」と宋代以後の「蜑」「蜑」「蜑」を血縁関係のある同集団として捉えるという思考が誕生する．このような，"「疍民」の「祖先」は「漢族」ではない"とする解釈により，「疍民」を「民系」とする記述が避けられていると考えられる．

　漢族の下位集団を「民系」と呼ぶのに対し，「少数民族」の下位集団は「支系」と呼ばれる．「支系」は，雲南省，貴州省，広西壮族自治区などに住む「壮族」「彝族」「哈尼族」「傣族」「白族」「苗族」「瑶族」などの「民族」に多い［黄光学 1995：208-231］．「民系」と同様，「支系」という言葉にも，「共通の起源がある」という認識が存在する．稲村務は，字句から考えると，「支系」という概念はある「民族」についてそれらがいくつかの大きなリネージにわかれているという漢族のモデルをひきずっていると指摘している［稲村 2002：184］．しかし同時に稲村は，それは主に漢族側の見方であり，「（民族識別工作によってできあがった）「民族」には当然それ以前に日常的な感覚で呼び，呼ばれてきた集団認識があって，それらが「支系」と呼ばれているのであるから，それ自体に斉一的な論理性があるとは考えられない」［稲村 2002：184］とも述べている．「支系」は，その字句の意味とは裏腹に，多様な集団を一つの「民族」とした結果，ひろく使われるようになった語句であるといえる．

　「漢族」には「民系」を用い，「少数民族」には「支系」を用いるという慣用的な使い分けもあった．しかし，「漢族」と「少数民族」になぜ別々の語句を用いる必要があるのかについて適切な説明はない．広西民族学院の徐傑舜は，「客家」に「支系」を用いたところ全て「民系」に書き換えられ，なぜ漢族の下位集団にのみそのような相違が発生するのかを，書き換えを主張した客家研究者と討論したという［徐傑舜 1999：12］．

　実際「民系」「支系」を学術用語として用いると多くの不都合が生じることも事実である．そのため下位集団に対して「族群」という術語（＝英訳 ethnic-group）が使用され始めた．「族群」は初め台湾で使われ，近年大陸でも使用されるようになっている．徐傑舜は以下のように述べて

いる．

　再三の考察を経て，多くの学者の意見を集め，我々は以下のように
決定した．国際学術界の規範と接続し，共同の言葉を使用する必要が
あるため，必ず「民系」「支系」という標準定義のない言葉の使用は放
棄し，国際人類学界の慣用である「族群」を使用しなければならない
のである［徐傑舜 1999：12］．

　徐傑舜は，学術用語として問題の多い「民系」「支系」ではなく，「族
群」を使用することを提唱している．しかし，「族群」という語の導入が
そのまま「民系」という語の使用停止にはつながらない場合がある．例え
ば前述の陳支平は，台湾では「族群」が使われ中国では「民系」が使わ
れてきたのであって，同じものを指すという認識である［陳支平 2000：
5］．そこには徐傑舜が指摘するような，「民系」あるいは「支系」という
言葉への問題意識は見られない．
　また，黄淑娉の書いた『広東族群区域文化研究』（1999）中に「広東漢
族三大民系的文化特点」という章がある．ここでいう三大民系とは「広
府民系」「客家民系」「潮汕民系」のことを指す．同じ章の中で「水上居
民（疍家）文化」という節もあるが，ここでは「民系」という言葉は使
われない．黄淑娉も「疍民」が現在は「漢族」であっても，祖先は「漢
族」ではないと認識しているようである．
　このように「民系」「支系」には学術用語としては問題が多い．しか
し，祖先が「漢族」でないと考えられている「水上居民」「疍民」には
「民系」はあまり使われないなど，「民系」が使用される集団と使用され
ない集団が存在することに注目したとき，「民系」という言葉の中国独自
の学術用語としての存在意義は重要であると考えられる．

1-2-4　「民族」と「族群」

　前項で論じたように，「民族」の下位分類を「族群」とする動きが存在

する．しかし，「族群」とは英語の「ethnic group」の訳であることを考えると，「民族」は「ethnic group」ではないのかという疑問が浮かぶ．本項ではこの点について，中国の研究者の議論を参照しながら検討してみたい．

中国の「民族」と「ethnic group」が必ずしも一致しないことについて，中山大学の黄淑娉は以下のように述べている．

人類学者と民俗学者は歴史の発展過程中にあらわれた異なる形態の民族共同体に対して異なる名称を与えたが，それをここでは大まかに「民族」を称する．「民族」は「族群」を使って称してもよいが，ただし，西洋で用いられる「ethnic group」と我々が称するところの「民族」は同じではない．解放後，我が国は民族識別研究を経て 56 の民族の民族成分と族称を確定させ，国家は法律形式を用い規定を作り，彼らに民族平等と民族区域自治の権利を充分享受させ，社会主義現代化建設を進め，各民族の共同発展繁栄を実現した．アメリカ合衆国のような西洋国家では「ethnic group」を「民族」に対応させることはしない．ハーバードアメリカエスニック・グループ百科全書にはアメリカ合衆国の 106 の「ethnic group」の項目が収められているが，アメリカ合衆国政府はそれらの「ethnic group」を「民族」に当てることはしない．このような意味から，西洋の「ethnic group」と我が国の「民族」は同じではない［黄淑娉 1999：182］．

国家が「民族識別研究」を実行し，56 の「民族」を確定させたことがアメリカなどとの大きな違いであるということである．序章で論じたように，アメリカの「ethnic group」はアメリカ国内の黒人やユダヤ人などを対象に論じられた問題であり，中国の「民族」とは当然社会的背景が異なる．この点について徐傑舜は以下のような説明を与えている．

「族群」概念の含んでいる意味を明確にすると，我々は次のような結

論を取り出せる．すなわち，「族群」は我が国の学術界で長期にわたり使用してきた伝統的「民族」概念とは完全には一致しない概念である．両者の間の根本的な区別は「民族」には憲法上賦与された権利と義務をもつ人々の法律原理上の本物の共同体の地位であり，根本的に言えば「民族」は第一に政治的概念であるが，「族群」は人々の共同体の憲法の束縛を受けない自然な存在であり，根本的に言えば「族群」は第一に文化的，社会的概念である［徐傑舜 1999：18］．

徐傑舜は，「民族」は政治的，法的概念であるが，「族群」は文化的，社会的概念であるとしている．この違いを英訳にどう反映させるのかについては中山大学の周大鳴が次のような提案をしている．

　「民族」には中国で付与された新しい内容が含まれており，欧文で相応しい訳語がないので，中国語のピンイン"*Minzu*"を用いることを提案している者もいる．ステファン＝ハレルも適訳がないため，英文中に中国語の音訳"*Minzu*"を残している．筆者（周大鳴）もまた，"*Minzu*"を法定の 56 の民族に用い，学術用語としての「族群」は，チベット族のなかの康巴，安多人，漢族中の客家や広東人などのような，涵盖[14]民族や次級群体に用いるのというのが良い提案だと考える［周大鳴 2002：8］．

政治的概念である「民族」の訳には「*Minzu*」を，「族群」すなわち「ethnic group」を下位分類に使うことを提唱している．このような議論からは「民族」とは「ethnic group」ではないという結論になりそうであるが，中国ではそのような結論は出されない．英訳において「*Minzu*」と「ethnic group」を使い分けることを提唱する周大鳴も，「民族」が「ethnic group」であることは否定しない．

　「民族」英文訳の nationality にはもともと「少数民族」の意味が含ま

れており，とりもなおさず，漢族以外の民族とする．…「族群」は一つの「民族」としてもよいし，漢族中の客家人，閩南人，広府人などのように，一つの「民族」中の下位集団としてもよい．「民族」という語にはこのような内容を含む方法がない［周大鳴 1997：138-139].

「民族」では下位集団を指し示すことができないとは述べつつも，「民族」も「族群」であるとする．孫九霞も以下のように「民族」とその下位集団双方に「族群」を使用できると述べている．

比較的広い範囲の意味で（「族群」という言葉を）定義し使用する．すなわち我が国の「民族」と同じ意味で使うことも可能であり，また，例えば客家人，広府人，潮州人などのような，民族の下位集団を指して使うことも可能である［孫九霞 1998：25].

「民系」「支系」の使用をやめ，「族群」を使用することを提唱している徐傑舜も「民族」も「ethnic group」であると以下のように述べている．

「族群」が指す範囲は大きくも小さくもすることが可能であり，大は12億人近い漢族のような「民族」を指し，小は蛋民のような特殊生活方式を保持するグループを指すことも可能であり，「族群」概念の柔軟性と操作可能性が表現されている［徐傑舜 1999：18-19]

以上のように，「民族」は「ethnic group」といい切れない側面があることを認識していながら，国家の定めた 56 の「民族」が「ethnic group」ではないという中国の研究者は皆無である．「族群」を使用する研究者たちの多くは，政治的に定められた「民族」の枠組みでは捉えきれない事象を扱おうという意図で「族群」を使用していると思われる．しかし中国では，「傾向としては族群論者が使う族群は，公定民族の下位単位を指す方向にある．しかし，彼らも国家の諸政策上重要不可欠な公定民族

を無視することができない．そのために，政治的『民族』と文化的『族群』の分離を目指すが『民族』と『族群』関係の曖昧さは残る」[シンジルト 2003：54-55] のである．

国家としては，「民族」には根拠が無く，単に政治的に決定されているというわけにはいかない．中国政府にとって，「民族識別工作」は，「科学的」に行われた正しいものでなくてはならない[15]．「民族」は「ethnic group」と完全に同じではないとは発言できても，「民族」は「ethnic group」ではないという語りは，中国国内では許されないのである．

元々「族群」は中国独自の意味をもち，国際学術界との対話をしにくい「民族」，あるいは「民系」「支系」というタームにかえて，欧米を中心とした学術界の国際基準に準じたものとして登場した用語であった．しかし，結果として「族群」というタームの導入は，集団枠組みを取り外すエスニシティ論とは異なり，むしろ「民族」内部において特定の文化を持つ人々を集団として強調することになった．近年，ethnic group の訳語は「族群」と定められつつあるが，ethnicity の中国語訳が未だに定まらないことがそれを如実に物語っている．「族群性」「族性」といった造語を用いてエスニシティを説明しようとする学者もいるが，そうした造語が根付いているとはいえず，「族群」という語がエスニック・グループの訳語であると同時にエスニシティの訳語としても用いられていることがしばしば見受けられる．

もちろん厳密に一語一語の定義を訳し分けようとする場合には，エスニシティとエスニック・グループは中国においても異なるものとなる．例えば，『当代西方社会学人類学新辞典』には，ethnic group の訳語としては「族群」が，ethnicity の訳語として「族裔（ズーイー）」という語が紹介されている [黄平主編 2003：214-216]．また，外国語文献を原義に忠実に訳そうとした場合も，エスニシティとエスニック・グループは使い分けられる．例えば，ハレルの「Ethnicity and kin Terms Amang Two Kinds of Yi」（下線部は筆者）という論文は，「両類彝族中的族群性与親属称謂」（下線筆者）と翻訳されている．また，瀬川昌久の『族譜－華南漢族の宗族・風

水・移居』［瀬川 1996］の中国語版においては，訳者の銭杭は直接的な中国語訳がないため，同書の論述における具体的な内容を考慮し著者と相談を重ねた結果，本文中のエスニシティに限って，「族源」という単語を当てると説明している［瀬川 1999：11］.

しかし，エスニシティとエスニック・グループを訳し分けない論著も多い．例えば，黄淑娉編『広東族群与区域文化研究（下線部筆者）』の英文タイトルは『Research on Guangdong Regional Ethnicity（下線部筆者）』となっている．また，納日碧力戈『現代背景下的族群建構』［2000］においては「ethnic group と ethnicity という概念を『族群』と訳す方法は，主に台湾や香港の学者の影響を受けて，台湾から中国大陸に入ってきた［納日碧力戈 2000：121］」と述べられており，ethnic group と ethnicity の双方が「族群」と訳されている [16] ことがわかる.

欧米のエスニシティ理論を積極的に中国に紹介してきた北京大学の馬戎も，英語文献において頻出される術語 ethnic group は中国語では族群と訳が統一されているが，ethnicity は具体的なエスニック・グループを指すのに用いるべきでないのにもかかわらず，通常「族群（族群性，少数民族性とすることもある）」と訳されてしまうと指摘している［馬戎 2004a：54］.この馬戎の著書においても本文中では ethnic group を「族群」，ethnicity を「族群性」を訳し分けているが，その著書［馬戎 2004a］『民族社会学 [17] ―社会学的族群関係研究』の英訳タイトルが『Socioligy of Ethnicity：Sociological Study of Ethnic Relation』であることから見ても，「族群性」は本のタイトルにするほどの市民権を得ていないことが覗える.

このように，忠実に翻訳することを目指して「族群性」，あるいは「族裔」「族源」といった語を創出して説明する場合もあるが，どの語も中国語として社会生活上はもちろん，学術会においても定着しているとはいいがたい.

本書は，集団枠組みを前提とするエスニック・グループと区別する意味をもつエスニシティを用いており，中国での多くの「族群」論とは立場を異にする．しかしながら，「族群」という言葉を用いることで，「民

族」とはされなかった様々な集団の文化を研究し，描くことができるようになったことは指摘しておきたい．ただし，特に近年はそうした研究を権威付けの根拠として利用し，観光資源として用いようとする動きもでてきた．そうした展開については，第2章で論じたい．

第3節　中国における水上居民研究―「疍」から水上居民へ

1-3-1　民国期の水上居民研究

　中国において，知識人は学術研究によって社会の発展に尽くすべきと考えられており，民俗研究もまたそうした土壌の上に育まれてきた［cf 子安 2008］．直江広治の言葉を借りると，中国における民俗研究は辛亥革命に連なる一つの革命運動として始まった．「民衆日用の話し言葉をもってしなければならぬ」とする，いわゆる新文学建設の運動とともに，さらにこの運動を社会変革にまで押し拡げて，個人の権利が尊重されるようなデモクラティフィックな社会を建設せんとする意図が含まれていた．そのような事情により，中国民俗学は北京大学を中心とした民謡研究から出発した［直江 1967：241-244］．

　その後，国民革命の根拠地であった広東に民国13（1924）年に設置された国立中山大学には，北伐の開始などがあって，革命の同情者でもあった北大（北京大学）の進歩的な教授が移ってきて民俗学が南方に花開くことになったのである［直江 1967：255］．結果，自然の成り行きとして，広州あるいはその周辺の「疍民」の歌謡の調査も多く行われることとなった．「疍民」の歌謡については，民国18（1929）年中山大学の『民俗』第76期疍戸特集号で羅香林が「疍家」と題した巻頭論文において「疍家は豊富な詩歌の情緒をもつ民族である．彼らは水上に棲息し・・・」［羅香林 1929：1］と述べて，彼等の歌謡への関心を示した．以下『民俗』第76期疍戸特集号には，亦夢「汕尾新港疍民的婚俗」，謝雲聲「福州疍戸的歌調」，清水「疍歌」という論文が掲載されている．また後に，呉家柱「兩陽疍民生活與歌謡」［呉家柱 1936］が『民俗』に掲載された．

　主に歌謡などへの関心から書かれたこれらの報告，あるいは同時期の

その他の報告のなかで、「疍民」あるいは「疍戸」とはどのような定義がされているのだろうか．上記の羅香林は、「疍家は豊富な詩歌の情緒をもつ民族である」[羅香林 1929：1]（下線筆者）として「民族」であるとしている．黄雲波は「廣州疍族雑談」において「広州海浜では、人民は民族関係により、あるいは生計を立てる上での利便により、海上に家居するものが極めて多い．この艇を以て家と為す輩を故名に曰く疍家という」[黄雲波 1928：1290]（下線筆者）として「民族関係」によって海上に住んでいるものもいると指摘している．呉家柱は「わが国の種族は異常に繁雑で、中国本部の漢族の他に雲南貴州一帯に羅、羅苗子、擺夷、両広湖南一帯の瑶民、広西の童人およびインドシナ半島各種土民、東南沿海の疍家等の民族がある[18]」[呉家柱 1936：213] と述べ、「種族」「民族」として「疍家」を現在の少数民族とともに位置づけている．翁國梁は「福建省内には、幾種かの特異な民族がいる．一つは「疍戸」、次に「畬民」、そして「蠻婆[19]」である」[翁 1929：1] として「疍戸」を客家とともに、現在少数民族である「畬民」と同じく特異な「民族」であると述べている．劉松青は「福州疍戸調査記」において「疍戸は閩粤の特殊民族・・・」としながら「疍民と閩人は種類の区別はないといっても、彼等の間には実際顕著な隔たりがある」[劉松青 1926：121] として「種類」の区別はないが、「民族」ではあり、閩人（福建人）との間に実際には大きな隔たりが存在するとしている．このように、民国期には「民族」あるいは「種」として「疍民」「疍戸」が位置づけられていた．

　中国の民族学には、歴史文献を重視し、「民族」の起源などを論じる特色がある [祁慶富 1998：161]．「疍民」についても、民国期にその起源を論じるものが多く現れた．のちに陳序経が分類した仕方に従えば、(1)「疍民」の体格とその舟の形態より説明する（【表 1-1】参照）、(2)「疍」の字よりその起源を解釈する（【表 1-2】参照）、(3)「疍民」は何かの動物を起源とする（【表 1-3】参照）、(4)「疍民」はどこかのある地方より来たものとする（【表 1-4】参照）、(5)「疍民」ある時代から始まったものとする（【表 1-5】参照）、(6)「疍民」はある種の民族あるいはその支

第1章　水上居民像の形成

表 1-1　「蜑民」の体格とその舟の形態より説明する（陳序経 1946：2-3 より作成）

	箇所	説明
①	体格	「蜑民」は舟で生活しているので足を使うことが少なく，移動に臀部を使うから蜑婦の臀部はまるくておおきい→蜑婦の臀部は蜑（卵）のようである．
②	舟の形態	「蜑民」の舟は蜑（卵）を半分にした形だから．

表 1-2　「蜑」の字よりその起源を解釈する（陳序経 1946：4-12 より作成）

	起源	典拠
①	「蜑家」は「艇家」の転音	許予一「蜑家考」
②	蜑はもと但	『淮南子』，呉高梓「福州蜑民調査」
③	蜑は但と同じ	劉錫蕃『嶺表紀蠻』
④	蜑は蔓の俗字	鈕樹玉『説文新附考證』
⑤	福建蜑戸は科題，曲蹄と俗称→科題の字義考察	羅香林「唐代蜑族考」，呉高梓「福州蜑民調査」
⑥	蜑は鯤（古代の伝説中の大魚）の転音	周覺『章氏新方言的補編』
⑦	蛇竜の転音	劉大白「（鍾敬文「蜑歌序」の）付記」

表 1-3　「蜑民」は何かの動物を起源とする（陳序経 1946：12-16 より作成）

	種類	典拠
①	竜	南海鄺露『赤雅』，『図書集成広州雑録』，顧寧人『天下群國病書』他
②	蛇	顧寧人『天下群國利病書　潮州志』，『図書集成潮州雑録』
③	鯨鯢	屈大均『広東新語』，李調元『南越雑記』
④	獺	屈大均『広東新語』，周去非『嶺外代答』
⑤	鮫	鄧淳『嶺南叢述』，屈大均『広東新語』，鄺露『赤雅』他

表 1-4　「蜑民」はどこかのある地方より来たものとする
　　　　（陳序経 1946：16-21 より作成）

	地方	理由
①	福建	海豊一帯の「蜑民」が福建語を話す
②	広東	洪水伝説
③	南雄	「蜑民」自身の口承伝承，梁氏族譜
④	海島（台湾，海南）	「蜑民」自身の口承伝承

流から始まったものとする（【表 1-6】参照），以上六つの方法論が存在した［陳序経 1946：1-44］．

　このように「蜑民」の起源については諸説あり，荒唐無稽なものも多いが，そういったものを除いてもこれという決め手はない．そこで，より綿密な調査が起源を追求する上でも必要であるとされるようになった．

　民国期の本格的な「蜑民」の調査報告には，広州における陳序経『蜑

表 1-5 「蜑民」ある時代から始まったものとする
（陳序経 1946：21-29 より作成）

	時代	理由
①	明朝末期	李自成残党が海へ
②	元朝滅亡時	北方へ逃げられなかった蒙古人，色目人が海へ
③	南宋滅亡時	南宋の遺民が海へ
④	東晋	東晋の海賊孫恩の一党・盧循の後裔が海へ
⑤	秦	越人（西甌）の後裔が海へ
⑥	春秋，大昔	范蠡の子孫，黄帝の子孫

表 1-6 「蜑民」の起源はある種の民族またはその支流にあるとする
（陳序経 1946：29-40 より作成）

	「蜑民」の起源	典拠
①	色目人	口承伝承
②	蒙古人	盛叙功『福建一瞥』，口承伝承（福建に多数）
③	もともと漢族	白月旁『民國地誌種族篇』，『梁氏家譜』，（5）の①③④⑥他
④	客家	口承伝承
⑤	蠻族	常璩『華陽國志』，『隋書南蠻傳』，各省府縣志，他多数
⑥	苗族（広義の）	王桐齡「中國民族之研究」
⑦	林邑蛮	『図書集成，廣州府部彙考，廣州俗考三六』，『隋書　四夷列伝』
⑧	馬人（馬伏波の後裔）	『図書集成』，毛奇齡『西河合集蠻司合誌』
⑨	鳥蛮	陶宗儀『輟耕録』
⑩	越人のながれ	顧炎武『天下群國利病書』，（羅香林「唐代蜑族考」）他
⑪	傜族	雍正七年解放蜑民的諭，「木蜑」と「莫傜」の関連，他

民的研究』［陳序経 1946］，伍鋭麟『三水蜑民調査』［伍 1971（1948）］，広東省番禺県，同東莞県での調査を記録した何格恩『蜑民調査報告』［何格恩 1944］などがある．陳序経，何格恩，伍鋭麟らの調査報告では，無論歌謡についても報告されているが，より包括的な調査が行われている．そのなかで本書が注目するのは「水上居民」でない「蜑民」の存在である．

　伍鋭麟の『三水蜑民調査』では調査地の「蜑民」，総勢 191 家庭 593 人の職業を大きく［1］旅客輸送船　［2］船宿　［3］販売雑貨　[4] 補魚［5］耕田　［6］陸上商業の六つに分類し，耕田，陸上商業について【表1-7】のように説明している．

　全体に占める割合としては少ないものの，【表 1-7】に見られるように

第 1 章　水上居民像の形成

表 1-7　「疍民」の耕田と陸上商業 [伍 1971 (1948)：19-21] より作成

職業	説明
耕田	疍民には水上での営みに従事する以外に，陸に上り耕作をしている家が 10 余あり，その田畑は普通各家 5 〜 6 畝 [20] で，10 畝を超える家は大変少ない.
陸上商業	疍民が陸上で商業を経営している家は合計 16 家である. 酒米雑貨が 6 家，祖先祭祀代理が 2 家，果物，土洋雑貨，代税，雲呑麺食，瓜菜，鮮魚が各 1 家，商店資本は皆大きくない・・・.

陸上で生活する「疍民」の姿を確認できる. 三水に関しては陳序経も『疍民的研究』において，「(三水縣河口鎮では) 数千人の人口中，大半は水面に居住している. 水面に居住しているのはすべて疍民であり，同時に，陸上居住している住民も，多くは疍民である」[陳序経 1946：108-109]と述べており，陸で生活する「疍民」がいるという認識が示されている.

　陳序経の調査では，中国古文献の記述にもとづいて，当時の「疍民」の生活の検証を試みた結果，中国人の生活とさほどかけ離れてはいないとされた [小川 1969：26] が，調査対象の「疍民」がどのような基準で「疍民」とされているのかについては，触れられていない. 水上ではなく陸上に生活する「疍民」が存在するという陳序経らの認識は，「疍民」を「種」，あるいは「民族」であるとする認識が背後にあるものと推測できよう.

　何格恩の『疍民調査報告』(1944) の主要関心は，沙田で「疍民」が営む農業の方法等にあった. 珠江デルタの沙田 (珠江の上流部である) は，西江・北江・東江の河流によって運ばれてきた泥砂が河口に堆積して形成された砂坦に造成されたもので，腐蝕質に富む肥沃な水田である [西川 1981：94].『疍民調査報告』の各調査地概要や，住民の来歴は【表1-8】のようになっている.

　【表 1-8】の記述から，沙田の開墾，耕作に従事する小作農は「疍民」であると認識されていたことがわかる. そして，それはおそらく何格恩のみならず，当時幅広く共有されていた認識だとも考えられる. 日本人が書いたと思われる『疍民調査報告』「序 [21]」にも「沙田農業ハ全ク疍民ノ独壇場デアル」とある.

67

表 1-8　『疍民調査報告』各調査地概要あるいは住民の来歴

	調査地	調査地概要あるいは住民の来歴
①	番禺縣第三区洛渓村	住民は疍民の登陸者で農業を生業とする.
②	東莞縣萬頃砂	(住民は)沙田成立時に付近の水上疍民を開墾，耕作に小作人として召募され・・・.
③	番禺縣第三区南浦村	古老が伝え聞くところによれば，明代景泰間（1450-1457）に疍民が陸に上り堆積砂地に居住し・・・.
④	番禺縣第一区隴枕郷	沙田の多くは，土砂の堆積した土地に，疍民が集まり開墾した・・・.

［何格恩 1944 より作成］

　西川喜久子によれば，沙田の造成は古くから行われているが，清初まではある程度砂坦の陸地化が進んでから工築を加えていたのに対し，乾隆期（1735-1795）頃からは，積極的に人工的に砂坦を作って沙田を造成した．その工事の労働力に貧民「疍戸」が雇われたが，彼らはまた耕作農民でもあった．道光 18（1838）年から 19（1839）年にかけて築堤が行われた東莞縣萬頃砂（何格恩の調査地の一つ【表 1-8】②）では，報墾者＝所有権と囲築権は温預順堂（温氏の祠堂であろうか）にあり，温承釣が一族から工事の指揮等を任されており，疍戸の首領格である郭進祥が手勢を率いて工事を請け負った［西川 1981：94-104］．ここから，陸上がりから約百年が経過しても「疍民」は「疍民」のままであることが覗える．

　このように「疍民」は「種」あるいは「民族」であるとする見方は根強いものの，「疍民」という名称は侮蔑的な意味を含むとされ，「水上居民」という名称に変更が開始されたのも民国期である．民国 21（1932）年，広州市政府が設立した調査人口委員会が発表した「告水上居民書」の内容は以下の通りである．

　親愛なる水居市民，本市はこのたび大規模人口調査を実施し，10 月23 日陸上で実施した．陸居の市民は既に調査が完了し，11 月 2 日，水居の人口調査を開始する．人口調査の意義は本会が既に宣伝しており，大衆の了解を得ている．しかし，我々はさらに水上居民に配慮と認識をする必要があり，このたびの人口調査は，人民の利益を計り，地方自

治の完成のためにするものである．我々は，もし政府の調査人が税を取りに来るなどの誤解があるならば，それは凡人が自分で不安に思っているのである．人民は人口調査の後，市籍（都市戸籍）を獲得でき，市籍（都市戸籍）があれば，市民の資格を有し，政府の一切の法律保護を受けることができ，市民の一切の権利を獲得するに到るのである．水上の市民たち！さあ！忠実に人口調査を届け，あなたたちの法律保障と市民の権利を獲得しましょう［陳序経 1946：103-104］．

　この文章では「疍民」の二文字を避け，「水上居民」あるいは「水上の市民」という表現を用いている．ここから過去の蔑視態度の除去に努める政府の立場が覗える［陳序経 1946：104］．また第一の目的が人口調査であったとしても，人口調査への協力が，参政権その他の権利の取得につながるため，水上居民が陸上民と平等になる契機を作ろうとしたこともわかる．ただし，次節で述べるように，新中国建国後にも数度にわたって「疍」と呼ぶことを禁止しているように，「水上居民」という名称に即座に変わったわけではなかったようである．

1-3-2　民族識別工作と『広東疍民社会調査』
1　政府の漁民に関する認識
　中華人民共和国建国直後の華南において，中華民国の政権党であった国民党の勢力が最後まで残っていたのは海南島をはじめとする沿岸島嶼部である．周知の通り，中華人民共和国が成立したのは 1949 年 10 月 1日であり，本書第 3 章以降の舞台である汕尾鎮もそれからほどない同年 10 月 17 日には「解放」されている．それに対して汕尾から程近い亀齢島が解放されたのは 1949 年 12 月であり，海南島の解放は 1950 年 5 月まで待たねばならなかった．こうした戦いにおいては，沿海部に住む漁民の協力を必要とした．例えば，1950 年春には，広東省沿岸の漁民漁工 2000艘ほどが中国人民解放軍の海南島の解放闘争のための渡海を支援したという［広東省地方志編纂委員会 2004：26］．

69

また，1950 年 6 月には朝鮮戦争が勃発し，中華人民共和国も同年 10
月には義勇軍を朝鮮半島に送った．こうした国際情勢の中で，共産党政
府は，沿海部において国民党や外国の勢力の侵入を防ぎ，国防を固める
必要性を感じていた．そのために，沿海部に分布する「漁民」を味方に
しておく必要が当時盛んに叫ばれた．

　以下に引用するのは，1950 年 9 月 26 日の南方日報社論である．この
記事は漁民政策を記録したものとして，広東省档案館にも保存されてい
るものである．

「漁民工作を必ずうまくおこなわねばならない」（1950 年 9 月 26 日南
方日報 [22] 社論）

　海南島解放戦役の前後，漁民に船の補償や緊急救済を行い，漁民の
生活を安定させた後，さらに 70 億元を投じ，漁民の生産の回復と発
展を図った．国家財政の苦しい今日でも，積極的に漁民の生活改善を
図っており，人民政府が漁民工作を重視しているのは明らかである．

　広東沿海は 2500 キロに及ぶ海岸線と幾多の島嶼があり，数十万以上
の漁民が生活をしている．彼らは長期にわたる封建主義と帝国主義の
搾取の結果，代々極貧に陥っていた．解放以後，海南島や沿海離島に
は国民党残党が逃げ込み，帝国主義者が大陸への反攻破壊活動の基地
としていた．（略）海南島と沿岸離島を解放した後も，生産は回復せず，
漁民は組織化されず散漫な状態で，帝国主義者やその手下の特務が入
りこんでかく乱するには便利な状況であり，これでは国防を固めるこ
とが出来ない．

　　　（略）

　漁民の団体を組織し，水上政権を建立した後，漁民への宣伝教育工
作をしなければならない．（略）

　このように，「漁民」に援助を行い，その生活を安定させた後に組織化
していくことで，国民党などの勢力の侵入を防ぎ，国防を固めることが

必要であると述べられている.

　この社論だけでなく，漁民を味方にして国防を固めるべきであるという記事は，当時の南方日報にたびたび掲載されている．例えば，1951年8月8日社論「漁民を動員し，沿海反封建闘争を展開せよ」の中にも「漁民は最も迫害されてきた労働人民であり，また，ひとつの生産大軍であり，国防上重要な力をもつ，我々は必ず彼らの解放を助け，農民や労働者の解放を助けるのと同様に，彼らの解放を助けなければならない」とあり，「沿海工作」の目標として，「封建排除」「発展生産」と並び「国防強化」が挙げられている.

　このように，国民党勢力との戦い，朝鮮戦争などの対外的緊張に直面していた1950年代初頭の中国にあっては，広東省政府にとって，「漁民」問題は沿海の治安，国防上の問題と密接に関連したものであったといえよう.

　このような認識の中で，「民族」的問題として対「漁民」政策が行われていくのである.

2　民族識別調査の実施

　こうして，1952年から蜑民に対する民族識別調査が行われた．1953年に出された民族識別の報告資料の一つである中央民族学院研究部の「関於蜑民状況[23]」の中に，「(三)蜑民与運輸，漁業と国防の関係」という項目がある．そこには，明代に倭寇を防ぐのに蜑民が活躍したことや，鄭成功も蜑民を活用し抗清扶明を行ったこと，アヘン戦争でも国防に活躍したことなどが記されている．こうした歴史上での蜑民の活躍を記したうえで，「上述の蜑民愛国優良伝統が体現しているように，将来台湾解放のための渡海戦になったとき，沿海部の蜑民群衆が必ず勇敢な先鋒部隊となるであろう」と記されており，前節で確認した通り，当時の国内外の情勢を鑑みて，沿海漁民問題は，治安，国防上の問題と関連するものとして政府関係者に認識されていたといえよう.

　広東における蜑民社会調査の調査期間は1952年12月14日から1953

71

年3月14日であり，1953年に『蛋民問題参考資料』3冊（「陽江沿岸及中山港口沙田蛋民社会調査」「粤東蛋民社会調査」「粤北蛋民社会調査」）として報告書が内部刊行された．以下では，その後2001年に『広東民蛋社会調査』として発行され公開されたものを主としつつ，広東省档案館所蔵の資料のうち，一部閲覧可能であったものも資料として用いる．

　この『広東蛋民社会調査』の内容は，「蛋民」は「漢族」であるとする現在の民族政策と齟齬があるため，前書きに次のように記されている．

　　この三冊の資料は記されてからすでに半世紀が経過し，状況がとても大きく変化しているため，内容に若干の説明が必要である．第一に当時の蛋民社会調査は民族識別調査組織の一つであるので，資料中蛋民は少数民族として記述されている．しかし科学的識別を経て，蛋民はすでに漢族の一つのグループ（群体）として正式に確定されている．第二に個別の数字等の不確かな部分もあるが，調べて訂正する術がないので，そのままにしてある．第三に「スターリン大哥（兄）」など現代には適切でない表現もある．以上，原則上は改めていないので，読者，研究者の皆様はご留意ください［広東省民族研究所編2001：1-2］.

　この前言からも，この調査は「蛋民」を「少数民族」と想定して行われたことがわかる．本文中でも「少数民族」としての「蛋民」が描かれている．そのわかりやすい例として，「蛋民とその他少数民族は同様に，歴来反動階級の圧迫と虐殺をうけ…」［広東省民族研究所編2001：18］といったものや，「蛋」と「漢」の対置をした「蛋漢経済関係」［広東省民族研究所編2001：32, 149］といった表現が挙げられよう．また「蛋民」による自治区設立の要求なども記載されている［広東省民族研究所編2001：58］.
　このように民族識別工作が実施される前，あるいは実施中「少数民族」として想定されていた「蛋民」ではあるが，実際に現地社会ではどのよ

うな「分類」がされていたのであろうか．ここでは，識別後の民族政策の影響を受ける以前の各地域社会における水上居民の自称，他称を検討したい．そのために民族識別工作に際しての報告書である『広東蜑民社会調査』の記述から分析する．

『広東蜑民社会調査』には様々な呼称が記されている．「蜑民」あるいは「水上居民」「水上人」とはいっても単一の集団として一つの名称のみ与えられていたわけではない．まず活動範囲での区別があった．広東省の陽江沿岸では，それぞれに特徴をもった「淡水蜑民」と「咸水[24)蜑民」［広東省民族研究所 2001：200-6］という区別が存在した．

また使用言語を基準とした区別もあった．粤東（広東省東部，陸豊，海豊，恵陽など）では「后船蜑民」（福建語を話す）と「白話（広東語）の蜑民」の区別［広東省民族研究所 2001：67］があった．このことは『広東蜑民社会調査』とは別の資料においても記載されており，海豊において「后船仔」と白話を話す「深水漁民」があったとされる［楊他 1996：1］）．可児弘明も，香港において広東語系の言語を話す「蜑家」と福建語系の言語を話す「鶴佬」が区別されることを指摘している［可児 1970：58-66］．

さらに，【表 1-9】にあるように，水上居民への他称には多くの陸上からの蔑称が存在する．

【表 1-9】には，亀，獺，鶏などの動物と同一視するものや，鬼や死といった文字をつけて蔑むものなどが多くみられる．恵陽県の「四行仔」というのは，「陸上人は，金，木，水，火，土，の五行だが，水上に住む「蜑民」には土がないため」［広東省民族研究所 2001：82］である．また「剃十字」というのは，林耕によれば，本来脇の方をコソコソ歩くべき「蜑民」が大道の真中を歩いていたりしたら，誰でもいいから捉えて罰することができ，その見分けに便利なように頭の頂上に頭髪を十字形に剃り落とさせたという言い伝えがある［林耕 1939：397］．

一方，中国南部の水上居民全般には自称はあまり確認できないが，順徳県で「水上人（自称）」［広東省民族研究所 2001：13］としているもの

表 1-9　水上居民への蔑称

地名	蔑称およびその出典
広東省陽江沿岸	「蜑家佬」［広東省民族研究所 2001：7］
広東省順徳県	「亀巣梁（梁姓の「蜑民」を指して）」［広東省民族研究所 2001：7］
陽江，中山，順徳各県	「蜑家佬」「蜑家婆」［広東省民族研究所 2001：15］
広東省沿海一帯	「獺仔」「蜑家獺」「密毛」「水底鴨」［広東省民族研究所 2001：15］
沙田地区	「紅脚鶏」「轟轟佬」［広東省民族研究所 2001：15］
広東省陸豊県碣石	「蜑家仔」「死蜑家」「后船人」「后船鬼」「后船婆」「元番種」［広東省民族研究所 2001：82］
広東省陸豊県甲子	「蜑家仔」「死蜑家」「后船人」「后船鬼」「后船婆」「元番種」「尾魈」［広東省民族研究所 2001：82］
広東省海豊県汕尾，同県新港	「后船」「蜑家」「元番種」「死魈尾仔」「魈尾仔」「塡海仔」［広東省民族研究所 2001：82］
広東省恵陽県	「蜑家獺」「蜑家」「后船」「大脚甲」「阿甲佬」「大㑱仔」「阿甲哥」「潮陽仔」「四行仔」［広東省民族研究所 2001：82］
広東省曲江県，清遠県	「蜑家佬」「獺仔」「大㑱仔」「水蟹」「石鬼仔（水鬼）」「蜑家鶏」［広東省民族研究所 2001：140］
福建省	「曲蹄」「科題」［林耕 1939：399，劉松青 1926：123，翁 1929：1 可児 1970：58］
韓江 [25] 一帯	「剃十字」［林耕 1939：397］
両陽 [26]	「剃十字」［呉 1936：214］

など「水上人」あるいは「水上居民」などという例はいくつかある．ただし，それは陸上から調査に来ている調査者に対して「我々」は「水上人」であると答えたにすぎず，普段から「水上人」としての強い意識が存在するかどうかは疑問である．

　費孝通は「民族識別工作」を後日振り返り次のように述べている．

　　少数民族地区に移住した漢人のなかには，漢族としての特徴を保留しながらも，自分が漢人である事を知らず，その土地の他の人から呼ばれる他の名称を自己の民族名称として申告し，少数民族の中に入れられてしまったものもある．例えば雲南の蔗園人，広東の蜑民などである［費 1994（1980）：328］．

　費孝通は，「蜑民」はもともと「漢族」であったとしている．この見解は「民族識別工作」の結果に忠実に過去を振り返ったものと考えられる．

統一された自称がないのみでなく，陸上からも様々な呼称で呼ばれていたこと，独自の言語を持たないことを考えれば，「疍民」あるいは「水上居民」が独立した一つの「民族」ではなく「漢族」の一部とされたことは納得できる．しかし，本章第節 2 節で論じたように，他の「民族」も識別工作以前には統一された自称を持っていない場合があり，言語も指標にできない「民族」も存在する．黄光学編の『中国的民族識別』では，以下のように「疍民」は，もとは少数民族だが漢族に同化したとされる．

　　1955 年[27]に派遣された畬民，疍民識別調査小組は広東等を調査した．疍民はもともとは少数民族であったが，長いときを経て漢族に自然と同化し，民族の特徴を少しずつ失い，民族間の関係は十分に密接であって，民族の自我意識も薄い．このため再び漢族の中から疍民を単独の民族として分ける必要がないのである [施 1995：291]．

　その結論としては，第 1 章で述べたように，疍民は少数民族ではなく，漢族ということになった．それらに加えて，当時の報告書には政策上の課題として，「疍民」が被差別民であること，搾取され貧困に陥っていること，教育等の立ち遅れが目立つことなどが挙げられ，彼らは広範囲に分布し，人口も多数であることも述べられている．

　残念ながら，水上居民の識別に関する詳しい経緯は，他の「少数民族」として認定された民族と異なり公になっていない．そこで，ここでは「疍民」と同様福建省，広東省を中心に居住し，同時期に調査等が行われていながら，「疍民」とは異なり「少数民族」であると認定された「畬族」と比較しながら考察をすすめたい．

　民族識別工作以後は「疍民」は「漢族」，「畬民」は少数民族となった．しかし，識別工作以前の段階では，民族識別の基準となる言語，民族意識などの点において「疍民」と「畬族」に大きな差はないと思われる．以下に「畬族」についての調査から共通点を挙げてみよう．

表 1-10 「畬族」の自称

地名	自称および出典
広東省恵陽県，海豊県	「畬民」「賀爹」[福建省編輯組 1986：23]「粤瑤」[黄光学 1994：183]
広東省増城県，博羅県	「賀爹」または「瑶人」「瑶族」[福建省編輯組 1986：23]「粤瑤」[黄光学 1994：183]
福建省寧徳県	「苗族」「瑶族」「成人」「城人」[福建省編輯組 1986：91]
福建省羅源県，霞浦県	「山客」「苗族」[福建省編輯組 1986：118, 179]
福建省福安県，江西省鉛山県，貴渓県，興国県，浙江省景寧県	「山客」[福建省編輯組 1986：3, 134, 196, 251]

　共通点として，風俗習慣において漢族との共通点が多いことが挙げられる．特に言語は「畬語」という「民族」独自の言語（シナ-チベット語族ミャオヤオ語派プヌ語系とされる）は存在するものの，「畬族」の大多数は「客家語」を話す［瀬川 2001：294］．「客家」は現在「漢族」とされており，「客家語」を話すということは漢族と同じ言語を話すということである．

　民族意識に関してはどうであろうか．「畬族」の人々も識別後の今日では明確に「畬族」としての自己意識がある．ただし解放前，即ち民族識別工作が行われる以前は曖昧であったという．広東省豊順・潮安・饒平県の「畬族」には「畬族」としての民族意識は無く，自分達が何族であるかはっきりわからないものが多かったという［福建省編輯組 1986：49］．一般に「畬族」は漢族からの他称で，自称は様々であったようである．まず自称には【表 1-10】のようなものがある．

　【表 1-10】からは，現在は「畬族」とされる人々も，自分達で「我々は畬である」と主張することは，解放前はあまりなかったことが覗える．この点は「蜑民」と共通する．ただし，このように自称がたくさん存在することは，「水上人」という自称しか記録されていない「蜑民」と異なる点でもある．いずれにしても，「畬族」としての民族意識は解放前には希薄であったことは確認できよう．

　さらに，「蜑民」に対して蔑称が多数存在したように，「畬族」に対する蔑称も多数ある【表 1-11】．

第 1 章　水上居民像の形成

表 1-11　「畬族」に対する蔑称

地名	蔑称および出典
広東省恵陽県，海豊県	「㺞[28]畬客」「畬客仔」「狗頭王派」「死畬」「畬婆」「畬崽仔」「狗頭王子孫」[福建省編輯組 1986：38]
広東省増城県，博羅県	「死人瑶山仔」「死山瑶婆」
浙江省景寧県	「畬客婆」「畬客牯」「畬客骨」「小姓人」[福建省編輯組 1986：3,]
福建省寧徳県	「老畬客」「臭畬仔」「畬姆」「畬婆」「蛇人」「邪人」「死畬人」[福建省編輯組 1986：92]

　上記【表 1-11】にある「狗頭王派」「狗頭王子孫」の「狗」というの
は，「畬族」あるいは「瑶族」が祖先として崇めている存在であり，彼
らは華南では例外的に犬を食べないことから名付けられたものであろう.
ただし，全体としては「疍民」と同様に，動物の名前や「死」などの文
字を使って蔑んでいるといえる.

　以上のように，民族識別工作前の「畬族」と「疍民」には共通点が多
くみられる．その最たるものとして，「畬族」と「疍民」という名称が，
一部を除いてともに他称であり自称ではないということが挙げられよう.
従って，自意識も希薄であったということができる.

　ただし，「畬族」には，その一部でしか話されていないとはいえ「畬
語」なるものが存在したのに対し，「疍民」には独自の言語が存在しな
かった．このことが「民族識別工作」の結果が「疍民」と「畬族」で大
きく異なる原因であったと推察できよう．「民族識別工作」のなかで重視
されたとされるスターリンによるという民族定義においても，共通の言
語や自意識は重視されたものである.

　だが，歴史文献上，あるいは民国期の状況を考えても「疍民」の「民
族識別工作」が行われた 1950 年代に「疍民」は漢族であるという説が
有力だったとはいいがたい．「民族識別工作」においては，「名はその主
に従う」という原則を掲げてはいても，自己申告通りの「民族」を認め
ることができず，実際には行政上の利便や，漢族の持っていったカテゴ
リーによって識別される場合が多いことは，すでに本章第 2 節で述べた.
「疍民」の識別に関してもそのような状況が推測される.

77

「蜑民」に関しては，漢族のもっていた「蜑」というカテゴリーの存在が民族識別調査開始の前提であった．この調査は 1952 年 12 月から 1953 年 3 月まで行われ，彼らが少数民族であるか否かについて，広東東部潮汕一帯に派遣された第一分隊は少数民族とすることができるとし，広東西部に派遣された第二分隊は正反対の結論を出したという．決定は一時先延ばしになったが，その後中央統戦部が「蜑民」自身の意見を受け入れ，陸地居住を助け陸上居民と同等の待遇を享受できるようにしたという [何国強 2005：17].

　民国期に『蜑民的研究』を発表した社会学，民族学の大家である陳序径は，新中国建国後の政協第 2 回全国委員会第 2 次会議で次のように述べている（人民日報 1957 年 3 月 14 日に掲載）.

　　私個人の意見としては，彼ら（福建，広東，広西の水上居民＝蜑民）を少数民族として遇しても，問題ないと思う．だが，彼らを少数民族にする，しないは主要な問題ではない．大事なのは，経済上も，教育上も極めて遅れているので，特別な配慮が必要であるということである [陳序経 2004：128]

　つまり，陳序経は民族として認定するかどうかよりも，優遇政策が必要と認識していた．そこで，共産党政府は水上居民に対し，少数民族とはしないが，少数民族への配慮の精神をもった政策で特殊問題の解決を図った [詹 2004]．なお，広東省の隣省福建省の省都福州市における識別工作時の学者の意見として，[陳碧笙 1954] がある．陳は水上居民は福州において「科題」などとよばれており，地元では自称はおろか他称でも「蜑」とされたことはないことを指摘した．さらに，歴史文献上，中国内陸部に存在していたとされる「蜒」「巴蜒」等と広東，福建の水上居民は同一民族とはしがたいこと，起源としては古越族が水上生活を始めたのが起源かもしれないが，中原漢族や地上の古越族と最終的には混合し，都市住民の一部となっており，我々の知りえる時代においては，言

語, 生活, 文化のどの方面にも顕著な民族的特徴がみられないとする．また，水上居民は被差別民ではあったが，それは民族差別ではなく，階級的差別であったことなどを指摘した．そして結論として，福州の水上居民を蜑とすることはできないし，少数民族とすることも妥当ではないという意見を述べている［陳碧笙 1954］．

　こうして，「蜑民」あるいは水上居民は，「民族」としては認定されなかったが，社会経済的に劣位におかれた援助すべき階級として認識されたのである．それを受けて被差別民であって，経済的にも弱い立場におかれていた「水上居民」「漁民」の課題を解決するために，いくつかの政策が実行された．こうした政策の実施は彼らの生活を大きく変えた．それにしたがって水上居民像も大きな影響を受けて再編されていくこととなる．これについては次章で詳述する．

おわりに─水上居民像の形成

　本章の最後に，香港人類学の中で形成された水上居民像と，中国における人類学的研究において形成されてきた水上居民像を比較，検討し，次章以降で水上居民のエスニシティを考察するための基盤としたい．

　香港人類学における水上居民像は，ウォードの研究が出発点となって形成された．第二次大戦後，冷戦という状況下で「閉ざされた中国」へは行けなかったウォードを含めた欧米人人類学者は，リニージや「残された中国」を求めて香港へやってきた．

　外部からの観察者である彼らにとって，水上居民は文化的に「中国人」であることが前提であった．ウォードのいう「伝統的であると信じられるモデル」は，「士大夫」のモデルであった．しかし，実際には「士大夫」も「科挙」も過去の存在であった．ウォードが調査を行ったのは1950年代であり，清朝期では無いのである．

　また，香港という社会的場の特殊性も大きな意味を持った．香港においては，西洋という絶対的他者との対比で，Chinese の一体性が強調される社会的文脈が存在し，それがウォードの水上居民論を規定している背

景ともなった．以上の理由により，香港における欧米人研究者のChineseイメージが「伝統的であると信じられるモデル」の形成に大きな影響を与えていたことが指摘される．このような「伝統的であると信じられるモデル」を信じている「Chinese」という枠組の設定が，「漢族である水上居民」という像の形成に大きな意味をもった．この水上居民像は，多くの中国人研究者が「水上居民はもともと『蜑』である」と認識し，自分たち「漢族」とは本来異なるものとして作成した水上居民像とは異なるものである．

　しかし，ウォードは「自己意識」に着目したにも関わらず，それを支えるものは「客観的文化基準」とした．そのため，「伝統的であると信じられるモデル」の共有により，それぞれが漢族であると理解されたものの，同時に，その中でそれぞれ異なる文化を持った「エスニック・グループ」が存在することが，現地概況の前提として描かれることとなった．例えば，「新界には広東人，客家，水上居民がいる」というように，各「エスニック・グループ」の存在は所与の前提条件として各民族誌の冒頭に記されたのである．このような描かれ方は「『蜑』は水上で暮らしている」という中国文献の水上居民像とある意味で同一のものであった．水上居民と陸上居民に間には，実際には，どのような境界があるのか，あるいはないのか，それはどの様に形成，消滅するのかといった問題は，この時点では検討されず，あたかも客観的な文化内容の差異が各グループの差異であるかのように記述されることとなった．

　中国における水上居民研究は，文献に記載された「蜑」の存在から出発したと考えられる．民国期には，「蜑」は，「種」または「民族」であるとされた．水上居民は，陸に上がって百年以上が経過しても「蜑」であると研究者に認識されたのである．

　中華人民共和国成立後には，民族政策実行のために民族識別工作が行われた．民族識別工作とは，「民族」は国内に幾つあるのか，誰がどの「民族」であるのかを確定させる作業であった．識別工作はスターリンの定義などを用いて，「科学的」に行われたとされる．しかし，実際に

80

は「民族」は，漢族が以前から有していたカテゴリーにより決定される
場合も多く，行政上の利便が優先されたものであった．

　多くの創造された「民族」は，しばしばその内部に多くの文化的差異
を抱え込んでいた．そのため，「民族文化」を創出する事例も登場してい
る．また，「民族」内部の多様性を認識しつつも，「少数民族」に与えら
れる特典を利用するという用具論的「民族」としての側面も指摘される．
近年は，「民族」の下位分類に焦点を置いた研究も登場している．下位分
類を指す術語は「民系」「支系」から「族群」へ変わりつつある．

　ここで再び，水上居民についての議論に戻す．水上居民は民族識別工
作の結果「漢族」の一部であるとされた．各地の水上居民には様々な呼
称が存在し，陽江における「淡水蜑民」「咸水蜑民」の区別など，集団
としても各地の水上居民は多様であった．また，水上居民独自の言語も
存在していなかったため，「漢族」とされたようである．だが，「畬」族
なども，各地に多様な呼称が存在し，政府による識別工作時には独立し
た「民族」である根拠となった独自言語も，ほとんどの「畬」族の間で
存在していなかったことを考えると，水上居民が「漢族」になった理由
を，純粋に客観的な指標によるものであると断定することはできない．

　こうして水上居民は漢族とはされたものの，社会的経済的問題を抱え
ているとも認識され，それらを解決するための政策が打ち出されること
となった．水上居民に水上居住をさせなくなった陸上がりをはじめ，こ
うした政策はそれ以降の水上居民像の再編へ大きな影響を及ぼした．そ
の一方，「族群」として水上居民が学術によって紹介されることも多く，
こうした研究も水上居民像を作り上げる上で不可欠なものとなっている．
次章では，これらの問題について検討する．

第 1 章の注

1) レヴィ-ストロースは「社会構造」について説明するなかで，構造分析の際には当該住民自身が構成した（文化的に作られた）モデルである「意識モデル」と観察者（人類学者）が作り上げた（発見した）モデルである無意識モデルを区別して考えなければならないとしている［レヴィ＝ストロース 1972：306-308］.

2) ただし，木内裕子も指摘しているように，エスニシティを考える際には，人々の自己認識を考察するだけでは不十分であり，周囲からどのように認識されるのかにも着目する必要がある［木内 1988］. 従って，ウォードが，水上居民の自己意識に着目したがゆえに，陸上がりをするなどして，漁民の主観的モデルと直接モデルが一致する状況になれば同化が可能であると考えた点，つまり，自己意識だけの変化で同化がなされるとした点は批判されるべきであろう.

3) しかし，結局「宗族」は「宗族」であってリニージともクランともいいがたい（リニージともクランともいえる）［瀬川 1991］とされ，親族自体の普遍性への疑問を伴いつつ，「リニージ」の研究は下火となる.

4) この説は，土地をあまり持たない移民母村における宗族の発達を指摘したワトソンによって否定された［ワトソン 1995］.

5) 欧米人研究者の中国イメージには，エーバーハルト（Ebarhard, W）［エーバーハルト 1987（1968）］に代表されるように，中国をいくつかの異なる文化の複合体と見る見方もあるが，香港研究においては，そうした視点が顕在化することはなかった．なお，エーバーハルトの学説に関しては大林太良が詳しい紹介と評価を行っている［大林 1995a, 1995b］.

6) 末成道男編『中国文化人類学解題［末成 1995］』の目次でも「漢族研究」の項目は，１中国本土，２香港，３台湾，４華僑・華人とあるが，「少数民族研究」の項目は，１中国本土，２台湾という項目しかないことからも，香港などにも存在していたであろう「少数民族」系住民が等閑視されたことが伺える.

7) 第 2 章で紹介するグールディンの 1970 年代香港在住広東人からみたモデルにおいては，ネイションレベルでの「Chinese」の下位レベルとして Nationality レベルでの Han と Non Chinese という形の分類が想定されている．しかし，彼の論文の実際の記述，分析はそのもう一段階以上下位の北部中国か華南か，あるいは客家か広東人かといったところに主眼が置かれており，Non Chinese の存在についての考察はほとんどない［Guldin 1997（1984）］.

8) グールーディンの 1970 年代香港在住広東人からみたモデルにおいては，インド系住民「阿差（ah cha）」も「Chinese」の枠外の他者として想定されている．ただし，主眼は香港での「Chinese」内部のエスニシティの重層性，状況依存性を指摘することにあり，「阿差（ah cha）」は，鬼佬（西洋人），日本人とならぶ「Chinese」に対する絶対的他者として併置されるのみである［Guldin 1997（1984）］.

9) ただし，国際的に発せられておらず，外モンゴル以外，この宣言を受け入れてチベットを国として扱ったところはないため，「独立宣言」といえるかどうかは微妙なところである［毛里 1998：13］.

10) ただし，中華人共和国成立後においても，陽春県のヤオ族が民族籍の回復を願い出て，許可され始めたのは解放後約 30 年を経た 1979 年から（陽春市地方史志办

公室 2000：923）と比較的時期が遅い．よって，単純に「民国期」と「解放後」
に分けて考えることはできない．

11）ダイアモンドは「民国期には，政府の政策によって，生活様式やアイデンティ
ティが危機に陥る恐れが「ミャオ（苗）」，「イ（夷）」などの人々には存在した」
［Diamond 1995：106］と指摘している．生活様式が改変させられる危機にあった
のは確かであるが，アイデンティティに関しては不明である．もともと「ミャオ
（苗）」「イ（夷）」というアイデンティティが住民の間に存在していたかどうかは
疑わしい．

12）「窩尼」というのは蔑称であるため，1954年以降，自称「Haqniq」から「哈尼」
とされた．ただし，後に「哈尼族」とされた人々の自称が全て「Haqniq」であっ
たわけではない［稲村2002］．

13）サブグループのこと．詳しくは37頁から40頁にて後述．

14）ここでは，「民族」に含まれる集団の意

15）近年，馬戎はこのように政治的に決定し固定化され，諸権利が付与されている現
代中国における「民族」の「脱政治化」「文化化」を提唱し［馬戎2004］波紋が
広がっている［cf木村2012］

16）この本の本文中では，「国民国家のネイションビルディングに際し，国民国家はエ
スニック・グループの境界を打破し，統一された政治体制と領土主権の下，均質
な経済，市場，言語および国家のシンボルを中心とした文化的モデルを打ち立て
ることを要求していた．これは国民性（citizenship）を以って族群性（ethnicity）
と交替させる，すなわち個人の自覚で共同体の動きを変え，強制的な帰属を自由
選択による帰属意識に超越させる過程である」［納日碧力戈2000：28］という箇
所でのみ「族群性」が登場する．この本のその他の部分ではエスニシティもエス
ニック・グループも「族群」とされている．

17）中国の大学では「民族社会学」という授業が1980年代に始まった．中国では長く，
「族群」は「民族」とされていたため，こういうテーマ名になったという．馬戎
著『民族社会学―社会学的族群関係研究』［馬戎2004］は北京大学の大学院生の
「民族社会学」授業のテキストとして，欧米の「族群社会学」の成果と研究方法
を紹介するために編纂してあったテキストに新たな内容を加えて編纂されたも
のである［馬戎2004　前言2-3］．なお，この本は大学院生を対象としており分
量が多いため，学部生などを対象とした簡易版として『民族社会学導論』［馬戎
2005］がある．

18）識別工作後，基本的には，羅は「イ（彝）族」，羅苗子は「ミャオ（苗）族」，擺
夷は「タイ（傣）族」，瑤民は「ヤオ（瑤）族」一部「ショウ（畲）族」，童人は
「チワン（壮）族」とされた．ただし，識別以前のカテゴリーと識別後の「民族」
は，完全には一致しない．

19）「蠻婆」は客家の女性

20）中国の1畝は6.667アール，または1/15ヘクタール

21）序文の1ページ目に「廣東大学何格恩教授氏ハ疍民研究ノ碩學デアル」などと書
かれており，何格恩本人が書いたものでないことは明白である．

22）1949年創刊．共産党広東省委員会の機関紙．

23）広東省档案館档案246-1-10号

24）咸水とは塩水，あるいは海水の意
25）河川名．源は福建省長汀県の北の観音嶺．広東省東部の潮州を経て汕頭から海に
注ぐ．
26）広東省陽春県，陽江県の二県を指す
27）ママ．『広東蜑民社会調査』によれば，派遣期間は 1952 年 12 月 14 日から 53 年
3 月 14 日までである［広東省民族研究所 2001：：前言］
28）「膃」は腐っているという意味．

第 2 章 水上居民像の再編

はじめに―1970 年代以降の水上居民

　本章では，1970 年代以降の研究において，水上居民像がどのように描かれてきたのかを検討する．前章で確認したように，フリードマン以降，父系リニージを主たる問題関心として展開していた香港における人類学研究であるが，1970 年代以降は各エスニック・グループを対象とした研究も行われるようになった．本章第 1 節では，1970 年代以降の研究において水上居民像がどのように描かれるようになってきたかを，ウォードらが共有していた研究枠組と対比させつつ議論していく．

　また，続く第 2 節では，民族識別工作後の中国における水上居民の位置づけを研究者の言説や「県誌」などから検討する．前章で述べたように，中国において水上居民は「漢族」であるとされたため，少数民族研究とは異なり，識別時の調査報告，あるいは，その後の少数民族「社会歴史調査」のような研究書が 2000 年代に至るまで世に出されることはなかった．しかし，文革期を終え，改革開放がすすむとともに，人類学や民俗学といった分野において漢族内の「族群」の研究が行われるようになった．また，各「県誌」「市誌」などの新版の地方志[1]の発行も相次いでいる．そうした研究のなかでも，漢族の下位集団を指す場合にのみ用いられる「民系」が水上居民に対しては使用されないなど，水上居民はかつて「異民族」であったとする認識が完全に消滅したわけではない．本章ではこうした多様な姿を見せる中国の水上居民像を明らかにしていく．「県誌」での記事をはじめ研究者の言説から水上居民の位置づけを分析することは，陸上側から描かれる水上居民像の一端を明らかにできる為，有意義なものである．以上の議論を踏まえて，水上居民像がどのように再編されてきたのかを検討するのが本章の目的である．

第1節　香港での展開―エスニシティの多様性

　前章で論じたように，ウォードらの「残された中国」を求める試みによって「Chinese」という枠組が設定され，その研究が開始された．ところが，実際に現地に入った研究者が目にしたものは，各グループ間の文化的多様性であった．各グループは「言語集団」（方言集団）つまり言語を基に分類されている場合もあるし，「祖籍地」に基づく集団でもあった．それに加えて「水上」「陸上」という居住地に基づいた分類も香港社会では大きな意味を持っていた．また，一人の人間が状況によって複数の集団に帰属意識を持つことも可能であった．香港社会で，それらの集団がどのような原理で分類されているのか，どの様に使い分けているのかについては，1970年代以降になってはじめて焦点を絞った研究がなされることになる．そこで本節では，可児弘明やその後の1980年代以降の研究者にみられる研究視角を，ウォードの研究視角と比較しながら検討する．

　ウォードらとほぼ同時期に香港の水上居民調査を行った可児弘明は，『香港の水上居民―中国社会史の断面―』［1970］をはじめ，多くの優れた著作を残している．それらは日本語によるものだけではなく，英語による「A General Survey of The Boat People in Hong Kong」［Kani 1967］や，その巻末の中国語の要旨「香港艇家的研究」などもあり，その後の研究に多くの影響を残した．可児の水上居民研究の特色の一つは，ウォードらと同様に，水上居民文化を漢文化あるいは嶺南文化の一部として扱った点にある．可児はそれ以前の水上居民研究を以下のように振り返っている．

　　従来における水上社会の研究態度は，ややもすると水上社会を全体社会からもぎ離して，ひたすら船上住居をはじめとする異質な面のみを追った結果，世間的な興味本位のモデルがとりあげられてきた．［可児 1970：180］

　上記のような問題意識を持っていた可児は，『香港の水上居民』の第7

章「嶺南の部分文化と全体文化」［可児 1970：177-202］等において，様々な角度から部分文化として水上居民の文化を考察している．『香港の水上居民』の副題を「中国社会史の断面」としていることからも，可児のその意図が覗える．

また，1980 年代に，香港長洲島において水上居民の調査を行った渡邊欣雄は以下のように述べている．

　　我々の調査研究は，可児弘明（1970）やワード［Ward, B, E. 1985］らの水上居民社会の研究にとうてい及ばないが，少なくともそれら先駆的な研究が提示してきた最大のものは，水上居民の文化をして漢文化全体の特徴を知るということであり，本研究がめざすべき意義もまたそこにある［渡邊 1990：140］．

このように，ウォード（ワード）や可児が漢文化全体を視野に入れていたことを評価しながら，自らの研究の目的をもそれに重ねている．

さらに，可児自身がどこまで意図していたのかは不明であるが，『香港の水上居民』には香港社会の様々な事象についての記述，考察がなされており，その点も以下のように評価されている．

　　この小さな本で扱われているのは水上居民に限らず香港社会全般にかかわることであり，広東語の英語借用語彙，生業としての漁業，それを支える社会組織，信仰，「海上の華僑」論など，今日の香港を知るうえでも示唆に富むさまざまな事象についての記述がある［芹澤 1999：245］．

このように，可児の水上居民研究は，漢文化，嶺南文化，あるいは香港文化の一部として，水上居民を描いた点に特色がある．また，可児は文献に数多く登場する「蜑」をすべて同一の集団と見なす考え方に極めて慎重であった．可児はまず，揚子江中・上流にいたとされる「蜑」と，

沿海に住む「蜑」とは，別の集団であることを以下のように述べている．

　わが国では中国南方の船上生活者を「蜑民」と総称し，「蜑民」がし
ばしば中国人と別個の民族集団をあらわすと信じられてきたが，船上
生活者の「蜑民」と大陸内陸部にいた異民族の「蜑」とは無関係なも
のとして考えるのが本筋なのである［可児 1970：13］

　なお，内陸にいたとされる「蜑」と沿海の「蜑」が別の集団であると
いう見解は桑田六朗も提示している．桑田六郎は「宋代以前の蠻蜑は多
くは穴居野処の民族で水上居民の意は含まれず宋代以降に嶺南の特異な
風物である水上生活をなすものにこの字が用ゐられる様になった」［桑
田 1944：441］として，宋代以前の「蜑」は「水上居民」を指していない
ことを述べている．可児弘明も「蜑」の意味は宋代に変化したという桑
田六郎のこの見解を支持している［可児 1970：10-13］．また何格恩もこの
見解と同様に「蜑」には広狭二義があり，広義の「蜑」は「蛮」と同義
で，古代の南蛮中の幾つかの同じでない種族を包括するものであり，狭
義の「蜑」が南方少数民族の一つである両広，福建の水上居民を指すと
している［何格恩 1959］．
　可児はさらに，沿海の「蜑」についてもそれが一つの集団，あるいは
「民族」であることを否定する．まず，香港という狭い地域に限定しても
「蜑家」と「鶴佬（福佬）」，「牙帯」ガダイ（タチウオの意）の区別があ
る．「蜑家」とは，広東方言を常用する船上生活者のことであり，「鶴佬」
「牙帯」とは潮州方言話者を含めた福建方言を常用する船上生活者のこと
であるとする［可児 1970：58］．
　そのため，「水上社会の調査は常に共通の属性を追うとともに，方言の
ちがう船上生活者ごとにパネルを設定して調べあげていく必要がある」
［可児 1970：59］とも指摘している．また可児は，「蜑」や最近用いられ
るようになった「水居市民」「水上居民」「水上人」「水上人家」などに
関して，いずれもそういった単一の社会集団があったわけではないと述

べている.「仮にそう呼ぶのは,陸上,水上という相対的な集団概念を人
為的につくりだした結果であって,船上生活者の存在を明確にさせよう
とするあくまで研究過程での操作にすぎない.だからちょうど統計学で
扱う性別集団,年齢集団,職業集団と同じような疑似集団であると理解
すればよいのである」[可児 1970：59]と主張している.この点は,思念
された「エスニシティ」を研究する本書の枠組みに近い.可児もまた,水
上居民に対して「エスニック・グループ」という語を用いない.ここに,
可児とウォード以後の欧米人人類学者の相違点を見出すことができる.

　さらに可児は「差別される存在」としての水上居民という視点も持っ
ていた.可児は旧中国社会における船上生活者への身分差別として,陸
上との通婚禁止や陸上居住の禁止「官三民四疍五」[2]という俚諺などを
挙げている[可児 1970：29].可児は賤視の根底を探る緒口として以下
の五点を挙げている.

　　(1) 国家権力あるいは社会秩序に対する背反者としての疍戸
　　(2) 漢人の夏夷思想
　　(3) 疍戸の娼優業
　　(4) 農業だけを生産の中心とみる漢人の農本主義的思想
　　(5) 疍戸の非定着的な生産と生業形態
　　[可児 1993：317]

　以上の考察により可児は,水上居民は差別されていただけで,本来漢
族であるとした.可児は漢族である水上居民が水上生活を始めた背景を,
「海上華僑論」という仮説で説明している.すなわち,福建,広東では,
漢族が北方から流入し人口が集積されたにもかかわらず,可耕地が少な
いため,生活のためには耕地を諦め海へ出る必要があった.海へ出た一
つは華僑であり,もう一つが水上居民であるとする説である.この論は,
船上生活者の分布が華僑の故郷とほぼ一致していることを背景としてい
る.

次に, 1980 年代の香港人類学の動向を見てみよう. フリードマン以降の「リニージ・パラダイム」において, 主要研究題材として扱われなかった漢族の下位集団の問題を正面から取り上げたのが F. ブレイク [Blake 1981] である. ブレイクは漢族の下位集団を「エスニック・グループ」とし, それらの関係および関係の変化を 1971 年から新界東部のマーケットタウンである西貢において調査した.

　西貢でも広東語を話す水上居民は「疍家」とされる. この地域では全体に, 自分たちを「文明人」あるいは「more Chinese」なものと捉え, 他のグループを「野蛮人」とする傾向がある [Blake 1981：1].「more Chinese」とは, ウォードの「伝統的であると信じられるモデル」と同質であると考えられる.「疍家」以外の漢族から見た場合, なぜ「疍家」が軽蔑され, 漢族でないとされるのかについても, ブレイクは言及している. 陸上居民は「もし「疍家」にどこの出身か聞いても彼らは知らない」という [Blake 1981：67]. これは, 祖先の由緒を重んじる漢族にとっては重大な汚点である. また祖先祭祀の形態においても, 派手な木偶 [3] を使う. このような点が, 陸上居民から水上居民が「非漢族」, 少なくとも「非文明人」である「しるし」と見なされた [Blake 1981：93].

　ブレイクは, 各エスニック・グループの経済力などの変化によって, エスニック・グループ間の関係が変化することも指摘している. 例えば, 西貢での水上居民へのステレオタイプは二種類あり, 一方は「水上居民は貧しい」とするもので, かつての貧困を反映したものである. 他方,「水上居民は金持ち」というイメージもあり, これは, 1960 年代以降水上居民が経済力を持つに従って広まったものである [Blake 1981：68-69].

　さらに, 陸上居民たちは市場での水上居民の経済力の上昇に伴って, 水上居民の呼称に関する要求に従っているように見える. 特に水上居民と個人的関係を維持する陸上居民はより丁寧な呼称を使う傾向がある. かつて「疍家」と呼んでいたが, ある時期から「家酒佬」になり, 最近では「水上人」と呼ぶ人がいる.「水上人」は「街上人」(Towns people) との対の言葉と思われ,「街上人」と居住地は対極ではあるが, 上下関係

があるわけではなく，同等である．そのため，水上居民は「水上人」という名を主張している［Blake 1981：69］．また，ブレイクは，学校教育を受けた子供によって，その両親が「疍家」と発言しているのをたしなめられる場面を何度か目撃しており，ここから差別語の撤廃に教育が果たしている役割も覗い知ることができる．

　ブレイクは他の地域では報告が少ない福建系水上居民についても記述している．福建系水上居民は西貢において最も経済的ステータスが低い（自身もそう考える）．福建系水上居民は自身を「鶴佬（ホクロウ）」か「水上人」として認識するが，それは状況によって使い分けられる．使用言語で区別するときには「鶴佬」を使う．陸上人と区別するときには「水上人」を用いる．自分たち自身を広東系水上居民と区別する時には「我々は鶴佬水上人である．彼らは本地だ」とする．また，時々広東系水上居民を「疍家」と呼ぶ［Blake 1981：73-74］．

　福建系水上居民も「我々はどこの生まれかわからない．どこかの水の上だろう…．私たちはおそらく平海出身だろうが，誰も確かなことはわからない」［Blake 1981：72］とあるインフォーマントが語っているように，「祖先」がどこから来たかは不明である場合が多い．

　また，潮州人，恵州人（海陸豊），鶴佬は共に福建系の言語を用いるグループである．そのため，本地や客家などから「鶴佬」とひとまとめにされることもある．しかし，潮州人や恵州人（海陸豊）は「鶴佬」とされることを嫌う．特に，潮州人は近年西貢で経済力をつけ，最下層の福建系水上居民と同カテゴリーに分類されるのを嫌っている［Blake 1981：72-73］．福建系水上居民にとっては，同じ福建系の言語を話す集団であっても，潮州人よりも恵州人のほうが言語，出身地，社会経済的地位などが近いと感じる．しかし，「我々は鶴佬であるにもかかわらず，恵州同郷会に参加できない．なぜなら生業が違うから．彼らは我々を助ける気がない．我々が水の上で働いているから」［Blake 1981：77］と福建系水上居民が語るように，言語ではなく，「陸上」と「水上」という指標が「突出点」として陸上の側によって強調される．

多くの陸上居民は，広東系水上居民と福建系水上居民を区別せず「蜑家」「水上人」とする．たまにすべての水上居民を「鶴佬」とすることもある［Blake 1981：73-74］．この事実は，「蜑」を一つの集団として捉えてきた，過去の文献および文献研究と共通する．

　「more Chinese」に価値を求める点において，過去の激しい蔑視があった時代と現在は共通している．一方で，政策の変化や経済力の上昇，陸地居住の開始などによって，蔑視は和いでいる．また，水上居民への教育の普及によって文字の書けない「非文明」人とされる要因が減少し，また他のグループに対して偏見を和らげる教育が行われることによっても，外部の偏見は弱くなってきた．

　グレゴリー・グールディンは，「広東人」から見た場合の「香港人」の分類を忠実にモデルとして取り上げた．そこでは，状況的，重層的なエスニック・アイデンティティの在り方が忠実に描かれている．例えば「広東人」という言葉は，「広東省」出身という省レベルの分類をする場合と，「広東人（広府人）」「客家」「潮州人」といった分類の際に用いるより狭義の意味で用いる場合がある．省籍で分類するのか，言語で分類するのかによって，同じ人間のカテゴリーも変化するのである．さらに省の下位区分，市や県のレベルで区分する場合もある［Guldin 1997（1984）］．グールディンは，モアマン以降指摘されてきた重層的，状況的アイデンティティの在り方を，香港の広東人の視点で改めて明示した．

　可児やブレイクらの研究によって，香港を含む華南においても存在が自明で永続的な「エスニック・グループ」は存在しないことが明らかにされた．そのため，下位集団の形成プロセスをエスニシティの観点から分析することを王と瀬川［1984］が試みた．これらの作業によって，「蜑」という一つの文字で表される人々が，祖先を同じくし，共通の文化的特徴をもつ一つの集団を表すという概念は事実としては否定され，相対化された．こうした点について，白鳥芳郎は以下のように述べている．

　　中国南部少数民族群を研究する場合，（中略）同じ名称で呼ばれてい

る民族集団の中にも，相互に非常に類似した特徴を有つものと，極端
な相異を見せているものとがあり，特に後者の場合，彼等がはたして
同系民族＝種族集団であるか否かの疑いを抱かせるものも少なくない．
これまで多くの研究者たちは，（中略）これらを恰も同一系統の民族＝
種族集団として取り扱っている場合が多い［白鳥 1965：73］．

　白鳥は，同じ文字を当てられたものが同じ「民族」であるとする考え
への警鐘を鳴らした．日本同様，中国でも同じ文字を当てられたものが
同じ「民族」であるとする考えを前提にしてきた．同じ漢字で表された
集団を血縁関係のある「民族＝種族集団」[4] として捉えてはならないとい
う指摘は重要である．その後，香港などでの調査が進展するにつれ，白
鳥のこの指摘は証明され，大きな意味を持つことになる．隋唐代におけ
る内陸部の「疍」と宋代以後の「疍」「蜑」を血縁関係のある同集団とし
て捉えることを否定し，沿海部の「疍」であっても，広東語を話す「疍
家」と福建語を話す「鶴佬」は異なるという可児の論考は，白鳥の指摘
と共通する．
　また，ブレイクやグールディンによって「客観的文化基準」への懐疑
が提示された．同じ福建系語を話していても，陸上の潮州人は，福建系
水上居民と同じ集団に分類されることを嫌う場合がある．語を同じくす
ることが集団の境界形成において，意味をなす場合と意味がない場合が
存在するのであり，集団境界の指標は選択されるものである．この考え
方は，ウォードの自己意識に注目しながらも，結局「客観的文化基準」
が自己意識を支えているとした考え方とは異なる．こうして，存在が自
明な「エスニック・グループ」を前提とした研究から，共通の社会体系
内での相互行為，関わり合いの中で発生する「エスニシティ」を読み取
る研究へと，その方向性はシフトすることになった．
　上述のように，「客観的文化基準」によってエスニック・グループが存
在しているという認識は，1970 年代以降改められることとなった．その
後は，「客観的文化基準」の有無あるいは遠近によってエスニック・グ

ループが存在しているのではなく，関わり合いの中で生まれるエスニシティを人々が読みとっているという立場での研究が始まった．

　例えば王と瀬川は，香港，台湾の漢族移民社会について「分派，対立のパターンは言語や文化関係の遠近に応じて決まるのではなく，その地域ごとの集団間の勢力関係に基づいて決定される」[王，瀬川 1984] と指摘した．

　香港長洲島においても，恵州系住民，潮州系住民，広州系住民が対立していた状況から，徐々に協力する場面が増えて，そのような関係の変化は，祀られる神の種類にも影響を与えた [田仲 1981：65-99, 1985：227-302，蔡 1987：90-105，Choi 1995：104-122]．蔡志祥によれば，長洲島は本来，漁業およびそれに関連する産業を中心に開発が進んだ島であり，少なくとも 20 世紀初頭においては，長洲島住民の大部分は水上居民であった [Choi 1995：105]．従って，古くからの長洲島の住人である恵州系住民の中にはかつて水上居民だった人々の子孫も含まれている．しかし，彼らは，現在陸地にて暮らしているため，水上で暮らす人々を差別，排除することもある．長洲島においては陸の恵州系住民が，儀礼において本来の使用方言の異なる潮州系住民，広州系住民との間よりも，現在の居住地の違いにより意味をもたせている場面があると考えられる．

第2節　民族識別工作後の水上居民

　本節では，民族識別工作後の中国において，水上居民がどのように位置付けされてきたのかを考察する．識別工作後に出版された『中国的民族識別』の「蜑民」に関する記述には，「1955 年に派遣された畲民，蜑民識別調査小組は広東等を調査した．蜑民はもともと少数民族であったが，長いときを経て漢族に自然に同化し，民族の特徴を少しずつ失い，民族間の関係は十分に密接で，民族自我意識も薄く，このため再び漢族の中から蜑民を単独の民族として分ける必要がないのである」[施 1995：291] とある．つまり，識別工作においては，「蜑民」は古くは少数民族であったとしつつも，現在は民族意識が薄いことを主な理由として少数

94

民族とは認定しなかった．これは，前章で論じたように共通の言語の欠如や民族意識の希薄さがその大きな理由であろう．

　こうして民族政策上，「蜑民」は過去において「少数民族」であったかもしれないが，現在は「漢族」であることが確定された．80年代以降に再開された学術活動においても，中国国内にはこの見解に沿った論が多数見受けられる．ただし，必ずしも全ての言説が公式見解に沿ったものになったというわけではない．水上居民が現在は「漢族」であることは表示しつつも，過去については微妙な表現をするもの，あるいは，過去「少数民族」とするのみで現在にはふれないものも存在する．以下では①過去においては「少数民族」，現在「漢族」とする公式見解にほぼ沿ったもの，②地方志にみられる微妙な表現，③水上居民は「漢族」ではないとするものの三つにわけて分析する．

①過去は「少数民族」であり，現在「漢族」であるという見解
　中山大学の張寿祺と黄新美は，「珠江口水上先民"蜑家"考」において考古遺跡・古文献・形質人類学・言語の四点から「蜑家」の起源を考察した．考古遺跡からは，先秦において魚介類を食べていた痕跡，杭上家屋，漁船の模型等が出土したことから，「蜑家」の「先祖」が珠江口に存在し，それらは南越の一支であろうと推測した．また古文献から，戦乱のたびに漢人が海上へ逃亡していることに着目し，「蜑民」のなかに「漢族」起源の人々が含まれているとしている．さらに形質人類学のデータから「蜑民」と「陸上居民」とは形質学的にとても近いということも加えている．言語の面からも考察を加え，「蜑民」も「漢族」と同様広州周辺では広州語，潮州では潮州語のように「漢族」の言語を用いることを指摘している．このように張寿祺と黄新美は，水上居民，「蜑民」の先祖は南越の一支（少数民族）であるが，現在は「漢族」であるという見解を様々な観点から「論証」している［張寿祺，黄新美 1988］．さらに「蜑」の文字は「艇」から来たもので蔑称ではないという説を付け加えることで，蔑視を和らげようとする意図がみられる．「蜑」の文字は必ずし

も蔑称ではないとする説は竹村卓二も提起している.

　たとえば蔑称の代表的文字としてしばしば槍玉に上がる「蠻（蛮）」にしてからが，一説によると，南方の異民族のあいだでは「蠱」という毒虫を使って妖術を操る者が多いところから，「虫」をあて，それに南方の原住民に対する古い総称「マン」の語音に近似する「䜌」を添えたものだという．もしこの説が肯綮にあたるとすれば，「蠻」という字の由来について，「南方の原住民を“虫けら同然に蔑視した”あらわれ」とする後世の解釈は，少なくとも元来の字源としては的はずれとなり，本来はその地域の原住民の特異な習俗にちなんだ名称ということになろう．同様に「蜑」（福建・広東沿岸の水上生活民の旧称）とか「閩」（古代「越族」の一派）についても，あながちこれを蔑称と決めつける必要はなく，両者ともに「龍蛇の子孫」と伝えられる，古いトーテミズムによって十分説明がつくのではなかろうか［竹村 1983：334-337］.

　字源についての考察は本書の目的ではないので，上記の説が妥当であるか否かの議論はここでは差し控える．ただし，仮に本来の文字に蔑視する意味がなくとも，過去には実際に蔑称と認識されて使われていたのであるから，現在では蔑称の意味をもつ文字と考えるのが妥当であろう．
　欧陽宗は「水上居民の起源に関する過去の文献研究諸説のどれが正しいかはっきりしない」［欧陽 1998：98］としながらも，「少なくとも蜑民の先祖は漢族ではなく南方少数民族から出たものであるが，一朝一夕で成立したのではなく，幾たびもの大規模な人口移動と融合で成立したもの」［欧陽 1998：99-100］とし，また，「明清以後，漢族と交流が増加し密接な関係になって漢族文化の影響が大きくなり，『蜑民』の文化的特徴は薄くなり，漢族と融合が進んだ［欧陽 1998：119］」と説明している．
　蒋炳釗は「蜑民は中国歴史上の少数民族である」［蒋 1998：89］と明言し，「近現代に至り，漢文化の影響を受け，また歴代漢族統治階級の蔑

みを受け，『蜑民』は自らを漢族と認識するようになった」と述べている．

　陳摩人は，『略論蜑民的歴史及其風習』において『隋書　南蛮伝』『太平寰宇記』『天下郡国利病書』など過去の文献に表れる「蜑」の歴史と習俗の独自性を簡単に述べたのち，最後に以下の文で結んでいる．

　　中華人民共和国建国後，「蜑民」の民族成分は，調査を経て，また「蜑民」代表人物の意見を繰り返し求め，国務院の同意を得た後，「蜑民」は漢族中の一つの群体と認定され，新中国の民族大家庭の中で特殊待遇と配慮を享受している［陳摩人 2000：314］.

　陳摩人のものはこの最後の一文が無ければ，民国期のものと記述内容にあまり大きな違いはない．公式見解に従わねばならないために最後の一文をつけてはいるものの，「蜑民」に対する視点は民国期以前のものと変わっていないかのような印象をうける．
　このように水上居民は，過去は「少数民族」であるが，現在は「漢族」であるという説明は，民族識別工作に深くかかわった中山大学の研究者らの中に多く見られる．ただし，陳摩人のように公式見解に従いつつも，過去の「蜑」の異質性に力点をおく説明もまた同時に存在している．

②地方志のなかの「水上居民」
　1990 年代に入って中国では多くの「地方志」が出版されるようになった．90 年代以降に出版された「地方志」は民国期以前のものと比べ，統計，革命関連記事などの存在に特色がある．『陽春県志』の「凡例」に「一，本志はマルクスレーニン主義に基づき，毛沢東思想の指導のもと，弁証唯物主義と歴史唯物主義の観点を運用し，編集を実行するに際しては，努めて思想性，科学性，資料性の統一をすること求めた」［陽春市地方志弁公室編 1996：5］とあるように，「地方志」には中国政府に近い立場の見解が書かれている．そこで本節では広東省の陽江県，番禺県，饒平県，陽春県という四県の「県志」を取り上げ，その中で，「水上居民」

がどのように記述されているのかを考察する.

A.『陽江県志』（2000）

　広東省陽江県は広東省西部，漠陽江が南海（南シナ海）に注ぐ場所に位置する．陽江県は面積3758.7平方キロメートル，人口は1987年時点で123万6723人である［陽江市地方志編纂委員会2000：1019-20］．かつて陽江県沿海の東平，閘坡，あるいは漠陽江上には「疍民」が数多く存在していた［広東省民族研究所2001：2他］．『陽江県志』「民族構成」の節では，全県には14の「民族」が存在し「漢族」115万4809人，「壮族」242人，「黎族」18人，「苗族」15人，「回族」13人，「侗族」12人，「瑶族」11人，「土家族」8人，「満族」8人，「彝族」2人，「傣族」，「水族」，「畲族」各1人，中国籍に加入した外国人8人がいると記されている［陽江市地方志編纂委員会2000：1021］．ここから「疍」が「少数民族」でないという理解がなされていることが確認できる．しかしながら，『陽江県志』の第40編社会に「瑶民　疍民」という章があり，その第1節が「瑶民」，第2節が「疍民」となっている［陽江市地方志編纂委員会2000：1031-1033］．そのため，『陽江県志』においては「疍」が「少数民族」ではないと理解されていると同時に，「疍」を少数民族の一つである「瑶」と併置している「瑶民　疍民」という章構成から，「疍」を少数民族と同類とする編纂者の「疍」認識が覗える．

　さらに，「『疍民』とは歴史上『疍民』と記載されていたもので，陽江での俗称は『疍家』『漁民』であり，建国後は『漁民』『水上居民』と称す」［陽江市地方志編纂委員会2000：1032］という表現や，「漁港区の『疍民』は均しく捕魚業に従事し，沿海捕魚で生計をたてるものは，先住民の子孫でも，地方漁民も区別がなかった．清代から民国時期にかけては，世俗には漁民は皆『疍家』と称し，内陸河川にいるものは『淡水疍家』と称した」［陽江市地方志編纂委員会2000：1032］という文章から，次の三点を指摘できる．それは，①少なくとも外側からの視点では，一般の「漁民」と「疍民」の区別が無かったこと．②「疍民」（の少なくと

98

も一部）は先住民の子孫であるという認識が存在したこと，③河川にいるものは『淡水蜑家』と呼んだことである．②からは，「漢族」一般とは由来の異なるものとして「蜑民」を認識していたと指摘できる．

B.『番禺県志』（1995）
　番禺県は珠江デルタに位置し，広州市の南隣に存在した県[5]である．番禺県ではかつて何格恩も調査しており［何格恩 1944］，「蜑民」の存在が古くから知られている土地である．『番禺県志』によれば，番禺県の「民族」は 99.88％が漢族とされ，民族の項目には「蜑民」あるいは水上居民は登場しない［番禺市地方志編纂委員会 1995：156］．これは現在「蜑民」は漢族とされるためであろう．しかし，住民の起源に関する「居民来源と集住地」の項目には，①南越族②蜑民③外来移民のように節が設けられている．しかも「南越族」に関する歴史書の記述は唐代くらいまでに消えてしまい，今日の県内の氏族，村庄に「南越」の痕跡を求めるのは難しいとあるので，現存の集団では「蜑民」のみが別カテゴリーとして語られている［番禺市地方志編纂委員会 1995：858］．

C.『饒平県志』（1994）
　饒平県は広東省東部に位置し，福建省に隣接する．総面積は 1670 平方キロメートル，人口は 1987 年末時点で 79 万 5787 人である［饒平県地方志編纂委員会 1994：184-185］．『饒平県志』においても「人口源流」の項と「民族構成」の項の「蜑」に関する説明に食い違いが存在する．「民族構成」では以下のように記述されている．

　　西周から前漢時期の饒平住民は百越族の一つとされ，唐宋時期の主な住民は瑤族，畬族，蜑民であった．唐宋以後，瑤，畬などの民族と蜑民は，中原から南下した漢人と少しずつ融合した．明清以後には，饒平の主要な住民は漢族となった［饒平県地方志編纂委員会 1994：186］．

99

「疍民」は「かつての百越族の一つ」とはされながらも，「民族構成」においては「民族識別工作」の結果に従い，「瑶」「畬」などが「民族」であるのに対し，「疍民」は「民族」とは区別されている．それに対して「人口源流」では以下のように説明されている．

　　西周から前漢時期，饒平の住民は百越族の一つとされる．その子孫は瑶，畬，疍等民族となり，漢魏から唐に至る時期の饒平の土着の人（原住民）である．ある畬族は福建省浙江省を経由して，またある畬族は再び福建省を経由し饒平に移住した．例えば，現在の饒洋鎮藍屋村の住民の先祖は福建龍渓に住み，後に大湖菁寮において分支し，明初に大湖菁寮から分支が入饒したように，疍族は現在の河洲，海山，東界，拓林などの沿海に多く集居し，畬族は現在の上饒，三饒，鳳凰，浮山，滓渓などの山地に多く集居している［饒平県地方志編纂委員会1994：174］．

　このように，百越族の子孫が「瑶」「畬」「疍」などの「民族」であるという認識が明確に記載されている．

D.『陽春県志』（1996）

　広東省陽春県は陽江県の北隣の県であり，陽江県から見て，漠陽江の上流に位置する．陽春県には漠陽江沿いに平地が存在し，その周囲を丘陵，山脈が囲んでいる．総面積は4057.7平方キロメートル，人口は1987年時点で87万6556人である［陽春市地方志弁公室編1996：71, 128］．『陽春県志』でも「民族」の項目には「疍民」あるいは水上居民は登場しない．ここでも「姓氏の源流」に関する章で，「漢民」とは別に陽春県の水上居民に関する概説と姓ごとの「源流」に関する伝承が記されている．それによると水上居民は，民国期には張，楊，阮，蔡，葉，黄，壮，郭の九姓があったが，現在では，張，林，楊，阮の四姓が多いという［陽春市地方志弁公室編1996：935］．それぞれの姓の移住経路は【表2-1】のよ

第2章　水上居民像の再編

表2-1　陽春県水上居民来歴（陽春市地方志弁公室編1996：935より作成）

姓	来歴
阮	阮劉宝が明隆慶2年（1568年），福建から広東南雄へ．万暦年間（1573-1619）に，その後裔が陽江県阮屋寨に．清順治年間（1866-1661）に阮振奇が水上で運輸船を経営，その後子孫は漠陽江流域で水上運輸業を営む．
林	福建莆田から崗尾を経て，明末清初に荔枝塘に定住．後裔が清乾隆年間（1736-1795）に漠陽江流域で水上運輸と漁業を営むようになる．
張	清康熙年間（1662-1722），南雄から流浪し陽春に至り，4人の子が各地に分居する．その中の第二子が頭堡荔枝塘に定住．嘉慶年間（1796-1820）に，家庭破産後に漠陽江流域にやってきて水上運輸業と漁業を営み繁栄し今にいたる．
蔡	明末清初に福建省から広東省へ．南雄珠璣巷から広東各地へ．清康熙年間（1662-1722），蔡向陽が恩平蔡屋岩へ，その子潤庭が陽江那竜河で水上運輸業と漁業を始め，後裔は漠陽江流域に沿って潭水，喬連，馬水，春城に至り，水上運輸と漁業を営み，繁栄し既に十代の歴史あり．

表2-2　陽春県陸上住民来歴（陽春市地方志弁公室編1996：931より作成）

姓	来歴
林	源は西河郡．商の時代，王を諫めた少師が，紀元前1123年に紂王に殺され，その子が長林に逃げた．周武王滅商により林姓を賜り，西河郡（現在の山西省離石県），戦国時代，その子孫は北方各地に散居．秦代に山東の望族となった．晋代元帝の南遷に随い，一部は福建莆田に移住した．南宋慶元6年（1200年），福建莆田を経由し県境の李屋河政朗に至り，現在は崗尾各地に分居している．林産華が明洪武年間（1368-1398年）に，肇慶高要富金郷から順陽都大铦湾桃源洞に至る．林孟端が明正統14年（1449年），福建汀州武平県石南村から太平都鳳南堡截塘村に至る．また明万暦年間（1573-1619年），恵周河仔口に至る；さらに明崇禎12年（1639年），南旺都黄惇等多支が到着．現在全県一八郷鎮に均しく林姓が居住し，計3万8880人，多くは秋水，春城，惇面等の郷に居住している．
張	源は清河郡．祖先は古代重要武器弓矢の発明者，張姓を賜り，部落は現在の山西太原一帯にあった．漢朝の世には清河郡（現在の河北省清河県東）に居した．後裔は全国各地に繁栄し，主に河南に集居し唐末に大量に福建省へ入った．醴国夫人冼氏幕府長史張融が南北朝梁，陳時代に陽春に至り定住し，漢人で最も早く県境に到達した姓氏の一つとなった．張念一が明正徳年間（1506-1521年）に，三甲堡那象（那井）に定居し，四世孫張廷維が明嘉靖33年（1554年），瑶を平定するのに功があり贊騎都尉を授かり，広西潯梧および台湾の総兵を命じられ，後裔は三甲那象，石橋等の地に居した．またほかの一支は，明崇禎年間（1628-1644年），南雄から三河坝を経て青山堡飯坑へ．張捷雲が清康熙14年（1675年），福建汀州寧化を経由し嘉応州（現在の梅州市）鎮平県徐郷双渓口を経て，現在の陽春堯堡河清垌に転じ，潭水各地に分居．その後，さらに多くの支流が入る．現在全県一八郷鎮に均しく張姓がおり，合計3万8443人，春城，春湾の人数が最大である．

うに書かれている．

　『陽春県志』に書かれている水上居民の林姓，張姓の移住経路は，同じ陽春県の陸上の林姓，張姓の来歴【表2-2】を簡略化したものである．南雄，莆田はともに文化水準の高い県として，宋代に広東，福建におい

101

て有名であった［牧野 1985：259］．牧野巽は南雄珠璣巷から広東各地へと移住したという伝承が，その真偽はさておき，広東本地の人々に広く共有されていると指摘している．福建莆田伝説も，海南島においては福建系の言語を話さない人々[6]にも共有されている伝説であり，有名な伝承といえる［牧野 1985］．識別工作前の調査報告においては，このような水上居民の移住経路の説話は「陸上漢族の模倣」とされた［広東省民族研究所 2001：9］．ところが，この『陽春県志』においては，内容的には陸上の漢族と差がないにもかかわらず，わざわざ別々に記載されているのである．このことは大変興味深い．

　現在中国の水上居民は「民族」としては「漢族」であるが，各県志とも姓氏，あるいは住民の「源流」の項では別カテゴリーとして記載している．それでは，陸上の漢族と「水上居民」は何をもって区別されているのであろうか．

　「水上居民」という呼称から考えるならば，居住または生業形態で区別されているように思われる．しかし，『陽春県志』の「水上居民」の概説には次のように記されている．「建国後，水陸の隔たりがなくなり，生活が融合し交流が頻繁になるにつれて，婚姻も自由になった．居民の族譜及び老人の言い伝えにより漢族とされる．明末清初に福建省から広東省へ入り，南雄珠璣巷を経て県境に至り，漠陽江の水上に住み着く．1987年統計では水上居民は 2077 戸 1 万 571 人，（そのうち陸上に家を建て定住しているのが 776 戸），水運公司戸数の 43.6%，全県人口の 1.21%を占める」［陽春市地方志弁公室編 1996：935 下線筆者］．この記述から，「陸に住む水上居民」の存在が確認でき，「水上居民」が単に「居住方法」が基準となり区別されたカテゴリーではないと考えられる．また，水運会社戸数の 43.6%が「水上居民」であるということは，残りの 56.4%にあたる人々は，同じ生業を営んでいても「水上居民」ではないということになる．よって，単に生業によって区別されているわけではない．「水上居民」は単に居住方法や生業で区別されているのではないことが読みとれるが，この点は民国期の調査において，水上居民でない「蜑民」が存

在したことと同様である.

　地方志編纂者にとって「水上居民」が現在「漢族」であることは既知の「事実」であり，それに従って記述していると考えられる．しかし，各県志とも姓氏，あるいは住民の「源流」の項では別カテゴリーとして記載されている．これは，過去は「少数民族」であるが，現在は「漢族」であるという公式見解に沿ったものとも考えられるが，同時に現在も「居住方法の違い」や「生業の違い」のみではない分類がされている．このあたりに地方志編纂者の中にある，かつての「漢族」と「蜑民」の境界の痕跡が見えると指摘できる.

　なお，瀬川は21世紀に入って行われた広東省内の民族成分の認定においても，地方の民族政策の現場にある者たちが行う作業では，歴史上の出自や系譜関係の確認に依拠するところが大きいこと，それが社会に内在した文化モデルであることを指摘しており［瀬川 2012a：14-17］，こうした地方志編纂者や民族政策を担う役人ら中国社会の知識人層，エリート層の文化的モデルとして，歴史上の出自や系譜関係が重要であることが指摘できよう.

③「水上居民」は「漢族」ではないとする記述＝公式見解に反するもの
　最後に挙げる例は公式見解に全く沿っておらず，「水上居民」は「漢族」ではないとする意見である．楊必勝らの『海豊方言研究』では海豊県での言語使用状況について次のように述べている.

　　海豊県は人口90万人（1988年に分離した汕尾市の人口含む）．そのうち，本県西南部鵞埠嶺に住む数十戸の畬族住民と沿海地区に住む一万人ほどの「蜑家族」漁民（俗称「后船仔」）以外，そのほか全ては漢族住民である．史書と旧県志の「海豊瑶蜑自昔有之」という記載と最近の考証によれば，今日山上に居住する畬族と沿海の「后船仔」は，おそらく秦が百越を平定する前の海豊先住民の子孫であろう．畬族は自己の言語を持つが，文字はなく，彼等が漢人と交際するときには当地

の漢語方言である「尖米話」を用いる．后船漁民は長期の沿海地区の漢人との雑居，通婚などにより少しずつ漢化した．彼らには自己の言語はなく，沿海住民が話す「福佬話」を（語彙，発音上微差はあるが）話す［楊必勝・他 1996：1，下線筆者］．

つまり，楊必勝らによると「疍家族」漁民（俗称「后船仔」）は「漢族住民」ではないことになる．楊必勝らも「疍民」が「漢族」とされていることを知らないはずはないのであるが，無意識に「疍民」を「非漢族」とする意識が表に出てしまったものであろう．ここには，かつて「夷」の中に含まれていた人々は「漢族」ではなく，その後裔もまた「漢族」ではないという考え方が反映されている．識別工作によって人々の意識が完全に変わったわけではないことを示唆している．

葉顕恩は，歴史文献と，1952 年から 1953 年の広東民委調査組による調査の資料（のちに公開されたものが［広東省民族研究所 2001]）により民族識別工作以前の「疍民」を分析し，『『疍家』と陸上漢人は種族と階級上の区別がある」［葉顕恩 1991：56］こと，「文化景観上からは，陸上漢人と同じでない一つの種族であることはとても容易に見てとれる」［葉顕恩 1991：56]，「1952 ～ 1953 年の広東民委調査組の調査時，多くの場所で"我們是水上人"という彼等相互が「認同感」を表明する自称を聞いた」［葉顕恩 1991：58］などと述べ，「疍民」が識別以前においては陸上漢族とははっきりと別の種族であったことを主張している．葉顕恩は「疍民」が現在「漢民族」であるか「少数民族」であるかどうかには触れていない．しかし，明清期の「疍民」が一つの種族であると主張するこの論文は本節①よりもより強く「疍民」と漢族との異質性を際立たせている．

以上のように 1950 年代の識別工作以後の中断を経たのち，80 年代以降における人文社会科学が復活しつつある中国では，水上居民に関する記述はその著者の立場によって相違がある．①は中山大学を中心として公式見解に沿うもの．②は地方志編纂者たちのように，公式見解は理解

しているが，自分たちの「蜑民」観があらわれるもの．③は「蜑民」を
「漢族」以外に分類してしまうものという大きく三つに分類できる．③の
ように民族識別工作後にも「蜑民」を「漢族」とみとめない言説は存在
する．

　また，漢族の「族群」について論じた黄淑娉は「現代社会の中での蜑
民の漢族との同化現象は歴史上の漢化の継続」［黄淑娉 1999：362］とし
て，「蜑民」の漢族への同化を漢族が幾多の集団を吸収しながら発達して
きた歴史の延長線上に置いている．ここから，水上居民について論じる
ことは，単に「水上居民」というカテゴリーについて論じるにとどまら
ず，華南の「漢族」の形成，あるいは現在のサブグループのあり方につ
いての議論につながることを示唆しているといえる．「水上居民」を巡る
言説からは，研究者をはじめ多くの人々が前提としている「系」の概念
に基づいた民族史観が垣間見える場合もあれば，「漢族」であり「水上居
民」でもあるというエスニシティの重層性や多様性が確認できる場合も
ある．

　ところで，前節で述べた香港人類学における，存在が自明な「エス
ニック・グループ」を前提とした研究から，共通の社会体系内での相互
行為，関わり合いの中で発生する「エスニシティ」を読み取る方向へと
研究への展開は，90 年代以降中国の研究者にも受け入れられることと
なった．その結果，華南における人類学や民族学およびその関連分野に
おけるエスニシティ研究においては，河合が客家研究を事例に「『民系』
から『族群』へ」とそのパラダイムシフトを表現したような動向［河合
2012b］は，水上居民研究に関しても存在している．

　例えば，劉志偉らの歴史人類学による研究でも，「蜑」は過去から連綿
と続いてきた固定されたカテゴリーではないことが明らかになっている．
劉志偉と蕭鳳霞はエスニック・グループのラベルは多種多様な文化資源
と権力の影響下で，複雑な歴史過程を経て出来上がった結果であるとす
る．漢と蜑というラベルが具体的な社会文化の歴史的変遷過程でどう変
容するのか，すなわち陸地に定着し宗族を形成したかつての蜑に対して，

どのようなラベルが貼られてきたのか，彼ら自身は「上岸」する過程でどう正統性を表したのかを考察している［劉志偉，蕭鳳霞 2004］.

　その他，張応強は档案資料の分析により，建国直後の1950年代，60年代の政策が汕尾の「疍民」意識を強めていったのではないかと指摘している［張応強 2003］. また，周玉蓉は，汕尾疍民民間信仰の研究によって，陸上に居住した疍民が村の廟などでの活動が「漁村」の地縁，血縁としての集団のつながりを強化し，疍民が地域の廟の祭祀活動に参与することで，エスニックバウンダリーも変動し「汕尾人」意識が生まれていると分析している［周玉蓉 2003, 2004］.

　さらに，藤川美代子は，福建省九龍河河口の元水上居民たちが，50年代以降の定住に伴って新たなコミュニティを形成し，改革開放後の90年に自分達の廟を作ったと報告している. また，廟を中心に行われる端午節の儀礼等，コミュニティへの所属意識の芽生えが確認されるという. ただし，それは一元的なアイデンティティではなく，重層的複数のアイデンティティの一つとして存在しているとも述べている［藤川 2010］.

　このように，各地域，各時代でのカテゴライズのあり方の変化を読み取ろうとする研究が90年代以降に登場した. 水上居民研究においてこうした研究が多くなされるようになったことから，「疍」と水上居民の研究史は中国における民族史とエスニック・グループ研究の変化の軌跡のモデルであるとする声もある［黄向春 2008］.

　また，各時代でのカテゴライズのあり方の分析を通して，水上居民を差異化しているものは結局何かという問いを立てる研究者も登場した. 何家祥は主として歴史文献の分析によって，「疍民差別」の原因と，その展開および消滅の過程を検証した上で，彼は疍民差別の原因は，漢族の農耕中心主義と，大漢族ショービニズムにあるとしている［何家祥 2005］.

　珠江デルタの水上居民の研究を行った長沼さやかも，劉志偉らの議論を参照しつつ，「水上居民とは，広東人の強烈な中華アイデンティティによって宗族社会を縁取りするために維持されてきたマイノリティ・グループである［長沼 2010：247］と結論づけており，何家祥と同様に陸

106

上のマジョリティである漢族，あるいはその中の広東人宗族成員が，自らの価値観によって水上居民を低位に位置づけてきたという視点で分析を行っている[7].

　水上居民，漁民というカテゴリーが「系」の意識に立脚した学術的記述を通じて生み出されてきたという点において，本書と何家祥や長沼の観点は同一である．また，かつては沙田での農耕が生業の中心であり，大宗族が発達した珠江デルタでの考察からは，長沼や何家祥のような結論が得られるのは自然であるのかもしれない．ただし，汕尾のような港町においては，マジョリティの生業も農業ではなく商業または漁業であり，宗族も存在はしているが規模の大きなものではない．従ってこのような地域において「漁民」というカテゴリーがどのように維持されたのかは改めて考察する必要がある．

おわりに―水上居民像の再編

　上述のように，「客観的文化基準」によってエスニック・グループが存在しているという認識は，1970年代以降改められることとなった．それにより，「客観的文化基準」の有無によって，エスニック・グループが存在しているのではなく，関わり合いの中で生まれるエスニシティを人々が読みとっているという立場での研究が始められた．

　一方で，文献などにおいて，言語や文化がほぼ同じであったとしても，過去に「疍」などの「異民族」とされたことと「系」の意識が絡んで水上居民を排除する記述も見られる．また，その両者と水上居民は「漢族」であるとする政策，あるいは見解が絡み合うことで，様々な記述が存在している[8]．そのため，人々が何に意味を持たせて互いの違いを見出すのかを注意深く観察する必要がある．分派や対立，あるいは疎外が起こる要因には様々なものがある．

　現在の中国では，水上居民は漢族とされている．中国政府は，彼らの社会的経済的問題の解決に力を注いできた．民族識別後，彼らは「少数民族」ではなくとも，階級闘争の中で「支援されるべき貧困層」と読み

かえられて援助されたといってよいであろう.

　それにも関わらず，水上居民についての研究者，あるいは県志の記述には様々な相違がある．そこには，「漢族」であると同時に水上居民であるという，エスニシティの多様性，重層性が垣間見られるものも存在している．あるいは，水上居民の祖先は「疍」という「異民族」であり，その子孫もまた，「漢族」とは異なるという認識が読み取れるものも存在する．この論法の形成には「系」の意識が強く影響し，こうした学術的記述によって，思念される差異の再生産が行われていると指摘できる.

　次章以降においては，これまでの議論を踏まえた上で，一地域に焦点を絞り，かつての水上居民にどういった政策が採られてきたのか，その結果水上居民と陸上居民との境界はどのように変化しているのかを考察する．具体的には，広東省汕尾市の市庁所在地で，港町である汕尾の「漁村」を分析対象とする．そしてまず，汕尾において現在「漁民」と呼ばれるかつての水上居民のたどってきた歴史を再構築することを試みる.

第 2 章の注

1) 中国共産党の指導の元，旧来の地方志の枠組みを批判し，新たな枠組みで編纂されており，社会主義新地方誌と呼ばれる［兼重 2008：89］．

2) 毎年旧暦 12 月に竈神が道教の至高神の許へ昇天するのを送る祀りを，官吏の家は 23 日に行い，一般良民は 24 日に行う．賤民視された「疍民」は官吏，良民に先をゆずり 25 日に竈神を祀るという意味である．竈神は道教の至高神に過去一年間その家族の善行，悪行をあますところなく報告し，また新しい年その家に下すべき吉凶禍福の運命をたずさえ大晦日の夜降りてくる［可児 1970：29］．

3) 木偶の現地での呼称は「公仔」（広東方言で人形を指す）．死んだ子供も木偶のモデルの対象になる（中国的伝統では未婚の死者は祖先に加えず）．また，水上生活者にも木偶をもつ集団と持たぬ集団がある．木偶は，死後百日または一か月半たったときに「公仔舗」で買ってくるものである．木偶を置く場所は，神棚ではなく船室に置き朝夕焼香する．旧暦一日と十五日には豚肉を供える［可児：1970］．

4) 「民族」＝「種族」という認識を白鳥も持っており，無意識に日本語の「民族」イメージをエスニシティに重ねている部分があり，その点は本書とはやや見解が異なる．

5) 2000 年に広州市に編入され番禺区となった．

6) 陽春県の住民の多くは広東語系の言語を話す．『陽春県志』には広東語系の「春中白話」を話す「水上居民」の中に福建から移住してきたと主張するものがいる［陽春市地方志弁公室編 1996：943］とあり，おそらくここで挙げられている林姓の人々は福建系の言語ではなく広東語系の言語を話していると思われる．

7) ただし，建国後の諸政策によって「疍民差別」は消滅したとする何家祥と，建国後の諸政策によって生活が変容しながらも，同時に陸上がりした水上人の村に特有のレンガ家屋など，水上と陸上の集団的境界を顕在化させることにもなったという長沼の視点は大きく異なる．

8) これを本書では「再編」と呼んでいる．再編されて一つの像が出来上がったという意味ではない．

第3章　調査地概況—広東における汕尾

はじめに—汕尾市と汕尾

　汕尾[1] の町は，広東省の省都広州から東へ約300キロメートル，広東省東部の経済特区汕頭から西へ約200キロメートルの位置にある小都市である．高速道路が整備された現在，高速バスを利用すれば広州からは約3時間，汕頭からは2時間ほどで到達できる．また，海豊県，陸豊市，陸河県等で構成される広東省汕尾市の行政上の中心でもある．とはいっても，それは現在の汕尾市が設置された1988年以後のことである．それ以前の汕尾の町（旧汕尾鎮）は海豊県に属する一漁港であり，旧海豊県の行政的文化的中心は海城鎮であった．2006年度の汕尾市の人口は約323万人，旧汕尾鎮およびその周辺諸村から形成された行政単位である汕尾市城区の人口は約37万人である［汕尾市年鑑編集委員会編2007］．

　汕尾市城区は，旧汕尾鎮に含まれる新港街道，香洲街道，鳳山街道の三街道および馬宮街道，紅草鎮，捷勝鎮，東涌鎮からなる【図3-1】．

　そのうち旧汕尾鎮にあたる現在の汕尾は，新港街道，香洲街道，鳳山街道から成り立っている．街道，鎮の下に村委員会と居民委員会が存在し，「漁民」の住む地区を管轄しているのは，新港街道である【図3-2】．新港街道は【表3-1】の諸村民委員会と居民委員会から成り立っており，2006年現在4万7900人の人口を有する（表3-1は2001年のデータ）．

　このうち，第4章以降で詳述する「漁民」の住む「漁村」は東風村と前進村であり，第7章に登場する「白話」漁民は紅衛村に所属している．また，同じく第7章に登場する「客家」の事例は新港村と芳栄村の住民の一部である．

　ここではまず，広東省の中での汕尾市の特徴を概観し，さらに主要調査地である港町汕尾の特色を述べる．

図 3-1 汕尾市城区

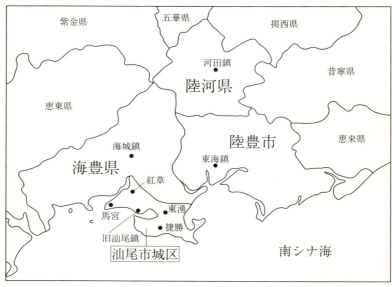

表 3-1 2001 年新港街道人口，戸数統計表

	戸数				人口数					
	合計	居民	漁民	農民	合計	男	女	居民	漁民	農民
合計	9501	4252	4114	1135	45090	23646	21444	18343	21253	5495
紅衛	980	220	760	/	4270	2182	2088	447	3823	/
東風	1710	/	1710	/	9480	4858	4622	/	9480	/
前進	1356	/	1356	/	6740	3686	3054	/	6740	/
芳栄	533	11	/	522	2570	1288	1282	15	/	2555
新港	518	5	/	513	2450	1240	1210	5	/	2445
海浜	738	660	53	25	3527	1832	1695	3054	338	135
新園	1025	1025	/	/	4007	2295	1712	4007	/	/
立新	1221	986	235	/	5263	2804	2459	4392	871	/
海港	1022	947	/	75	4995	2540	2455	4635	/	360
金海	398	398	/	/	1788	921	867	1788	/	/

［周玉蓉 2004：25 より作成］

第3章　調査地概況―広東における汕尾

図3-2　新港街道を中心とした汕尾市行政モデル図

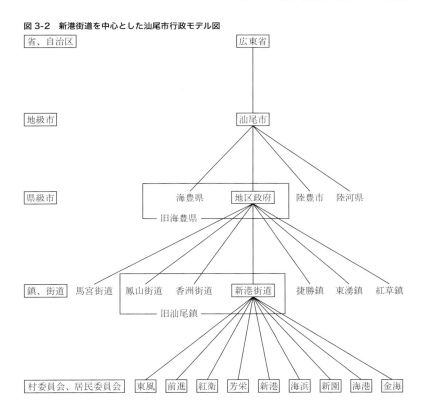

第1節　汕尾市について
3-1-1　汕尾市（海陸豊）の住民の使用言語とエスニック・グループについて

　統計資料によれば，汕尾市には35の民族が居住しているが，そのうち99.91％を漢族が占める．残りわずかを占める少数民族は，海豊県紅羅村に200人あまりの畲族が集住しているほか，都市や比較的裕福な農村に散居している．その多くは省外または省内他市から仕事もしくは婚姻によって汕尾市にやってきたものである［汕尾市年鑑編集委員会編2007：25］．

図 3-3　広東省における汕尾の位置 [周 2004：16 をもとに筆者作成]

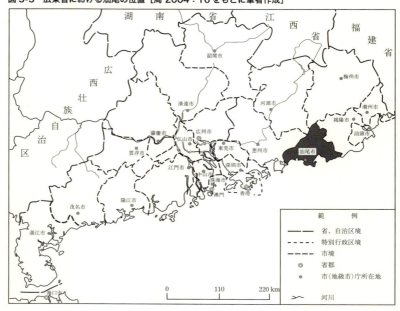

　このように，汕尾市の住民の大多数は漢族である．しかし，広東省を含む中国南部は同じ漢族とはいえども多様な方言が存在することで有名である．また，そうした言語，方言によって区分される「民系」または「族群」が存在するとされてきた．

　黄淑娉編『広東族群与区域文化研究』は広東省の住民を広府，客家，潮汕からなる「広東漢族三大民系」と「水上居民」および「少数民族」に分類してそれぞれの特徴について記述している[黄淑娉1999年]．また，葉春生等主編の『広東民俗大典』でも，広府，客家，福佬の「三大民系」と少数民族および漢族特殊社区（水上居民，鳳凰山，雷州半島）に分けて風俗習慣を紹介している [葉春生 2005]．

　三大民系のうち，広府とは，いわゆる広東語を母語とする人々であり，広州や香港のマジョリティである．客家とは梅州をはじめとした内陸の

114

第 3 章　調査地概況—広東における汕尾

表 3-2　汕尾市内の言語人口

海陸豊福佬話	約 260 万人
客家語	約 55 万人
白話（広東語）	約 2 万人
粘米（尖米）話	約 3 万人
軍話	約 1 万人
北方方言	約 2 万人

［汕尾年鑑編集委員会 2007：25］より作成

山間部を中心に居住し，客家語を話すとされる人々のグループである．ま
た，福佬あるいは潮汕とは，閩南語系の言葉を話す人々で，潮州や汕頭
をはじめ主に広東東部に居住している．海陸豊地域も，この閩南語系の
福佬話（海豊話，汕尾話などとも呼ばれる）を母語とする住民が多数を
占める．

　海陸豊人も，広東省における言語的マジョリティである広州の広東語
話者をはじめとした外部の人々からは，潮州人や汕頭人の一部としか思
われていないことも多い．そのことは前述の広東「三大民系」という分
類にも現れている．しかし，海陸豊出身移民が多く移り住んだ 1950 年
代から 80 年代の香港においては，海陸豊人は広東本地人，潮州人，客
家のいずれとも異なる別個なサブグループとして認識されていた［田仲
1981：698-699，瀬川 2002c：2］．また，海陸豊に住む多くの人々も，自
分たちと潮州，汕頭の人々との間には語彙やアクセントに違いがあるこ
とや，いくつかの異なる習慣が存在していることを認識している［志賀
2002］．筆者も X 家一家と深夜に犬鍋[2]を食べに出かけた際，X 氏は「汕
尾人は食べるのが好きだ．10 元儲けたら 8 元は食べる．汕頭人は金儲け
が好きだ．10 元儲けて 2 元しか食べない」と双方の習慣の違いを話して
いた．

　下記の表に示したように，市内にはマジョリティである福佬話話者の
ほかにいくつかの言語話者が存在する【表 3-2】．海陸豊地方の北部には
客家語を母語とする人々が，西部や沿岸には広東語系の言語を母語にす
る人々が存在する．

上記の漢語方言話者の他，海豊県紅羅村に集居する畬族約 200 人が畬語を使用している．

3-1-2　汕尾市の経済状況と移民

　汕尾市は，一部を除いて山がちな地形であり，大規模な水田を開発するには不向きな土地である．そのためサツマイモが特産で，かつては「番薯（サツマイモ）県」とよばれていたという．また，深圳などのような経済特区とは異なり，近年まで大規模な工場が立てられることも無かった．1993 年のレポートでは，1991 年当時汕尾市の経済力は珠江デルタの七分の一から八分の一程度に過ぎず，珠江デルタの代表都市である仏山市と比べた場合，汕尾市の一人当たり工業生産値はその 4.3％に過ぎなかった［周永生 1993］．こうした経済的に恵まれた条件にはなかったこの地からは，福建，あるいは広東の多くの地域同様，移民を多く送り出してきた．中でも，地理的な関係から，香港への移住者が多い．第 7 章でも触れるが，彼らは 80 年代の改革開放以後，その経済力を背景に故郷である汕尾で大きなプレゼンスを誇ってきた．しかし近年は中国本土の経済発展が目覚しく，香港ドルよりも人民元のほうが高い価値を持つようになったため，その影響力はかつてほどではない．しかしながら，未だになお無視できない影響力がある．このような移民や出稼ぎなどを通じて，香港，広州との結びつきも強く，広東語の TV 放送を視聴できることの影響もあって広東語を話すことのできる住民は多い．

　また，外地から出稼ぎに来た人々も存在し，彼らは汕尾においては普通語でコミュニケーションを図る．工場の誘致等がそれほど進んでいない汕尾では，珠江デルタのように，外来人口が原住人口に匹敵するほど多くなるということはない．だが，それでも統計上でも 2 万人の外来人口がおり，さらに統計に表れない外来出稼ぎ労働者も多くいることが予想されるため，社会的にある一定の位置を占めているといえる．第 7 章で議論するように，文化的他者として外地からの出稼ぎ労働者の存在は無視できない．さらに，若年層を中心に普通話も普及しつつある．公式

の統計文書によれば,「国家が普通語を強力に普及させたため,汕尾市民
の約八割が普通語を話すことが出来る」[汕尾年鑑編集委員会 2007：25]
とされている.

しかしながら,今日においても汕尾市において普通話は,他地域から
やってきた相手（方言が通じない相手）に使うのみで,日常的に使う言
葉ではない.地域のリンガフランカはあくまで福佬話である.とはいえ,
汕尾市には多数の言語を母語とする人々が存在しており,エスニシティ
研究を行う上で,調査地としてふさわしい地域であると考えた.そして,
何よりも本研究が対象とする,水上居民の後裔とされる人々が存在する
ことが,調査地として選定した理由である.また,後述するように,1950
年代の民族識別調査の際にも調査地とされており,当時の資料が存在す
ることも選定理由となった.次項では,汕尾市内の「水上居民」の概況
を説明する.

3-1-3　汕尾市の「水上居民」

ここでは,水上居民は公的な書物にどう描かれているのか,地方志の
記述を確認する.汕尾市誌は現在編纂作業中であり,まだ出版されてい
ない.そこで,汕尾市成立直前の 1988 年前後のデータに基づいて出版
された『海豊県誌』（2005 年）により,基本的な事項を確認してみよう.
なお,以下で述べる旧海豊県とは,現在の海豊県と汕尾城区を合わせた
区域を指す.

まず,『海豊県誌』の「民族構成」の項を確認すると「1982 年の人口普
査では,漢族が 99.97％を占める」[海豊県地方志編纂委員会 2005：174]
との記述があり,住民のほとんどが「民族」としては漢族であることが
書かれている.その上で,以下のような説明が加えられている.

本県の漢族人口中,沿海漁民人口は 38443 人で,総人口の 5.08 パー
セントである.漁民人口中の大多数は,過去に「蜑民」と呼ばれ,彼
らの祖先は福建,広東,浙江,広西などの省の各漁港から,漁期にあ

わせて流動してきたものである．本県の漁民の主要部分は汕尾の町の紅衛，新風，新蝦，東風，立新，前進の六つの漁業大隊と馬宮の深漁第一漁業大隊に分布しており，その他後門，小漠，遮浪などの港にも散居している［海豊県地方志編纂委員会 2005：174］．

過去に「疍民」とよばれた漁民についてわざわざ「民族」の項で説明している．また，この記述に続いて，以下のように関する記述がある．

畬族は本県では唯一，県内に集落があり群居している少数民族であり，かつては猺（けもの偏のママ）民と呼ばれ，鵞埠の「畬仔山」に集住していた［海豊県地方志編纂委員会 2005：174］．

なぜこのような構成になるのであろうか．この海豊県誌においても，前章までで見てきたような他の県，市と同様，民族の項のなかで，漁民についての説明がある．しかも，少数民族である畬族よりも前に記載されている．ここからは，県誌編纂者にとって，「漁民」は民族の項で字句を費やして触れるべきこととされているのが覗える．
　なお，「漁民」は汕尾市沿海の各港に存在するが，主として汕尾と馬宮の漁業大隊に所属していることが上記の記述からもわかる．従って，本研究では，汕尾の「漁民」を主たる対象に調査を行った．次節では，調査の舞台となった汕尾の歴史を簡単に記しておく．

第2節　漁港・汕尾について
3-2-1　漁港，貿易港としての汕尾港の歴史
　汕尾の町は，海豊県の県城である海城鎮から約 20 キロメートルの位置にある．唐や宋時代に疍民が品清湖一帯に住んでいたという．明の嘉靖年間に，小漁村が成立し，集落が砂浜（汕）の端にあったことにちなんで汕尾という [3]［海豊県地方志編纂委員会 2005：76］．
　乾隆二年（1737 年）に作成されたと伝わる「汕尾廟前街碑」という

第 3 章　調査地概況―広東における汕尾

碑が，旧市街にある関帝廟に存在する．そこには「汕尾一鎮，船楫雲屯，商旅雨集，亦海邑一大区会也」とあり，少なくとも清代の汕尾は，船や商人が多数あつまる一大拠点となっていたこと，および，町には関帝廟があったことが確認できる．なお，遷海令[4]があったこともあり，郊外にある旧石器時代の遺跡などを除けば，この碑が汕尾の町に存在する最も古い文化遺産の一つである．従って，汕尾は中国の都市の中では，比較的新しい，歴史の浅い町であるといえる．このことは，古い歴史的文物に価値を求めて観光開発を行う場合，不利な条件ともいえよう．

　汕尾が最も栄えたのは，清末から民国期にかけてである．アヘン戦争以降，汕尾は広東東部の交易港および物資の集散地となった．当時は香港，マカオ，広州から洋布（機械織りの木綿布），マッチ，白砂糖，小麦粉，その他生活日用品が汕尾に運ばれ国内各地に売られた．一方，汕尾港からは内陸部の豚肉，牛肉，鶏肉，鶏卵，桐油などが輸出された［汕尾市情調査組編 1994：16］

　1908 年に香港から汕尾への定期貨物船が就航すると，汕尾の塩業，漁業および交易はさらに発展し，広東東部の主要な交易港となっていった．さらに，1914 年からは香港へ客船も運航されるようになった［汕尾市情調査組編 1994：17］．

　1910 年代の様子は，日本でも次のように報告されている．

　汕尾港は汕頭香港の中間に於ける良港にして，海豊県下第一の商業地なり，港は三方山に囲繞せられ，港内深く且つ広きも，港口狭くして大船を入るる可からず，然れども港内には尚ほ風を遮るべき山あるを以て，西風の起る時を除きては安全に碇泊するを得べし，現今此の地を経て香港汕頭間を航する定期船あり，漁業頗る盛んにして塩魚を製すること，巨額に上るを以て，輸出品の大宗は塩魚となす，若し天気不良の日港内を眺めんか，大小の漁船はさしも広き港面を，悉く蔽うを見るべし．

　汕尾港の状況は以上の如くなれば，外国人の此処に目を注ぐもの亦

119

写真 3-1　現在の汕尾港　2006 年 2 月 1 日筆者撮影

少なからず，利に敏なる米国人の如きは，夙に此の地に来たり，教会，学校，病院等の設備を為し，孜々として経営に力むるあり［東亜同文会編 1917：246-248］．

さらに，1920 年代から 30 年代にかけて汕尾は交易で大変栄え，広州や汕頭からもさらに商人が集まり，「小香港」という称号もあったほどである．

また，1934 年には漁業区と定められ，福建，香港などの外地の漁船が汕尾に漁労や停泊に来るようになり，魚の多く獲れる秋には広東西部からの漁船を中心に港は大変にぎわった．こうした繁栄に伴い，近隣の「漁民」も付近に集まってきたと考えられている．

しかし，日中戦争が始まると海上が封鎖されてしまったため貿易もままならなくなり，1938 年には日本軍により爆撃を受けるなどの被害を受けた．1939 年には日本軍が対岸の新港に上陸し，汕尾港は陥落した．その結果，多くの商人が内陸に移住することになった．内陸へ避難しなかった香港や汕尾の商人は戦争中には外国の商船を借り，イギリスやポルトガル国旗を掲げて香港から汕尾へ物資を運んだ［汕尾市情調査組編

第3章　調査地概況—広東における汕尾

1994：17].

3-2-2　漁港汕尾の経済状況

　沿海部に位置する汕尾は，解放後も港町として発展してきた．港湾施設も年々充実し，深圳，広州へと通じる高速道路などのインフラの整備も進んでおり，数こそ多くないが香港資本の工場なども存在している．当初予定では 2010 年には深圳から厦門への高速鉄道も開通する予定であった [5]．このように内陸部と比較するとある程度の経済発展を遂げているとはいえ，珠江デルタ等に比べるとその経済状況は大きく遅れをとっているともいえる．

　いまひとつ発展の機会をつかめないでいる汕尾の経済を牽引してきたのは，香港との結びつきであった．どこの家にも香港に親族がいるとたびたびいわれ，第 8 章で登場する R 家のように，香港在住親族の仕送りが家庭の主な収入という場合も見られる．前述の汕尾にある香港資本の工場というのも，汕尾出身の香港在住企業家が故郷に建設したものである．

　また，市内において「商売」で成功したという人は，上記の企業家のように香港に移住した人か，「走私」つまり密輸で稼いだ人が多い．前述のように，20 世紀の半ば以降には，漁村を含めた海陸豊地域は香港への多くの移住者を出した．大躍進，文化大革命等の影響で経済的に混乱していた大陸と，その影響を直接には受けなかった香港との経済格差の増大もあって，70 年代以降，香港との間の「商売」をする人々の姿が目立つようになった．特に，79 年から 81 年にかけては「走私」と「外流」（密航）が大変流行した．記録に残っているものでは，この時期の密航漁船は 414 艘，香港へ密航した者が 9295 人，「走私」に参与した漁船は108 艘であったという．汕尾市沿海部の港町の遮浪の人民公社では 80%の労働力が漁業生産を放棄して「走私」活動に参与したため，漁獲高が急降下した．1980 年には漁獲高わずか 459 トンで，1978 年と比べ 85.1%減であったという．翌年以降は取り締まり強化や生産体制の改革でやや

安定したとはいうものの［鍾綿時 1991：359］，その後もこの傾向は続いたようである．

　香港に何度も行ったことがあるという XX 氏（40 代男性）の話では，

（香港に行くには申請が要る？）
「いや，隠れて行った．船の備品を買いに行く時は申請したりもする．数日待てば許可が出る．」
（香港には魚を売りに？）
「いや．『走私』だ．腕時計を．日本のものを香港で 50 元くらいで買うと，こちらでは 100 元くらいで売れた．」

　1980 年代はこのような状況であったという．また，近年多額の寄付をして汕尾郊外に廟を建設した LS 氏についても，本人は昔「商売をしていた」というが，村人によると「LS 氏はもう何十年も仕事はしていない．昔『走私』で儲けた」という．

　「走私」は当然不法行為であり，政府としては認められるものではない．しかし，漁村においては過去の「走私」は違法薬物等を扱ったのでなければ，必死に隠さなければならないほど悪いものであるという認識はないように思える．漁村の女性 XE 氏に彼女の夫の職業を尋ねると「船の仕事．漁じゃないよ．三～四年前は香港で『走私』をしていた」とあっさりと答えてくれた．また，村内部で公然の秘密であるだけでなく，この地域において香港との「走私」が盛んに行われたことは，広東省内ではかなり知られている．広州出身の広州 A 大学教員 F 氏は「汕尾は『走私』が盛ん．そして『走私』で儲けた金を媽祖につぎ込む」といい，湖南省出身で広州 B 大学教員 G 氏は「昔旅行社で働いていたので知っているが，汕尾といえば海鮮と『走私』．村ぐるみで『走私』をしていた」といっていた．

　改革開放当初は，前述の XX 氏が行っていたような腕時計，中古電化製品，古着など比較的低価格なものが中心であったが，後には高級タバ

第3章　調査地概況―広東における汕尾

写真3-2　道路沿いにある看板：断固として走私犯罪に打撃を与え，社会経済の健康的発展を促進しよう．2006年4月29日撮影．

コ，バイク，電化製品など高額のものが増えたという［汕尾市情調査組編1994：540］．

　ただし，1997年の香港返還を経て現在では，人民元の上昇と香港ドルの下落，大陸の物価上昇，往来自由化の進展などにより儲けが少なくなり，取締りも厳しいため，「走私」は盛んではなくなったという．【表3-3】を見ると，2006年に公安が検挙した「走私」案件は17件，価格230万元ほどであり［汕尾市年鑑編集委員会編2007：117］，以前と比べて著しく少なくなっていることがわかる．もちろん，公安が検挙した数が，実行数と正比例するという確たる証拠はないが，相対的に「走私」が少なくなっている可能性は十分示唆できよう．

　このように，その手段は合法，非合法を含め様々だが，漁民の中でも改革開放の時代の流れにのって成功した者が出現した．成功者たちは村の外に高級マンションを購入したり，後述のように廟に大金を寄付したりしている．

　香港への移住者と密輸は，汕尾と香港との繋がりの一端を示す事例というだけでなく，町の主たる経済活動であるともいえる．同市内のみならず，広東省内では広く認識されている街の最たる特徴といえるほどの

表 3-3　字よりその起源を解釈する（陳序経 1946：4-12 より作成）

年	件数	人数	没収金額（万元）
1979	241	1402	8
1980	3069	3834	1009
1981	2175	2979	1159
1982	193	377	41
1983	87	299	198
1984	72	304	574
1985	427	717	794
1986	329	1043	835
1987	220	851	1514
1988	323	476	5304
1989	305	673	11900
1990	322	1283	12397
1991	234	1098	21976
1992	113	553	27200
2006（参考）	17		230

［汕尾市情調査組編 1994：54］と［汕尾市年鑑編集委員会編 2007：117］をもとに
筆者作成

活動であった.

　一方で，漁業を営む漁民を取り巻く近年の環境は厳しい. 日本でも同様であるが，原油価格高騰に伴う経費の増大と，資源の減少に伴う水揚げ量の低下などに直面している. そして生活必需品等の物価は上がっているものの，魚価はさほど上がってはいない. そのため，近年は，漁業以外に従事する者が増えた. 特に 30 代以下の若年層はあまり漁業に従事したがらないという. 例えば，XA 氏が働いていた船（長さ 16 メートル，幅 3.5 メートルの小型延縄漁船）では，「漁民」の船長 XZ 氏（50 代）と，その次男（20 代）のほか，XA 氏（70 代）と，60 代，30 代の「漁民」各一人と，広東西部陽江の農村から来たという出稼ぎ労働者一人が乗船して出漁していた. XA 氏によると，XZ 氏次男は船上でも港でもサボってばかりで，出稼ぎの「陽江仔 [6]」のほうがよく働くという. また，最近では「漁民」でも商売をしているものもいるし，広州や深圳などに出稼ぎに行くか，汕尾市郊外にある工場で働くなどして現金収入を得ているものいる. XZ 氏長男も恵東で携帯電話売りをしているし，XA 氏の養子

写真 3-3（左），3-4（右）　再建が決まった関帝廟建設予定地．ただし，周囲の家屋の建っている土地の買収は予算が足りずに行われていない．共に 2006 年 12 月 14 日筆者撮影．

X 氏（実父も「漁民」）は汕尾で海産物売買等を行っている．

3-2-3　寺廟の復興

　香港との結びつきと並ぶ，汕尾の町のもう一つの特徴は，復興している寺廟の数である．筆者が汕尾の旧市街を 2005 年に初めて歩いたとき，最初に気づいたことはなんといっても寺廟の多さであった．数十メートル歩くと次の廟があり，また数十メート先には異なる廟があった．その多くは 80 年代以降再建されたもので，現在再建中のもの，再建を目指して準備中のものなども見受けられる．前述の広州出身の広州 A 大学教員 F 氏の「汕尾は『走私』が盛ん．そして『走私』で儲けた金を媽祖につぎ込む」という言葉は，「走私」が盛んというだけでなく，媽祖廟をはじめとした神廟が町で重視されているさまをも表した言葉といえよう．

　このように汕尾においては，廟の復興が盛んに行われている．筆者の滞在中も，また，その後も続いて行われているのである．また，神様の誕生日を祝う，神誕などでの活動も極めて盛んである．その資金の大部分は前節でのべたような「商売」で設けた人の寄付にかなり依存しているのも特徴的といえよう．

おわりに―調査地としての汕尾

　清代以降漁港として発展してきた汕尾では，その詳細については明らかではないものの，漁民，水上居民の存在が確認できる．なお，汕尾では 1950 年代に「蜑民識別調査」が行われており，当時の状況を知る手掛かりとなる資料が存在することも調査地選択の主たる理由である．それに加え，ここまで述べてきたように，汕尾の社会は，多様な言語，生業を内包している．汕尾市内には，山地に居住する畲族のほか，客家語など様々な漢語方言を話す人々が居住しており，住民の文化的バリエーションに富む広東省内においても，エスニシティ研究の適地であるといえよう．特に香港とのつながりが深く，香港との間の「商売」がなければ地域経済が成り立たないほどである．むろん，香港とのつながりが深い地域は広東省内には他にもあるが，地元汕尾の方言と香港の方言が大きく違うためにより香港人の存在がより際立って可視化されることになる．

　次章以降では，この汕尾の多様な住民の中でも，「漁民」を主たる対象として分析を行う．まずは，「漁民」が形成される過程を歴史的に再構成する．

第 3 章　調査地概況—広東における汕尾

第 3 章の注

1)　本書においては，単に「汕尾」と書いた場合，港町汕尾（旧汕尾鎮）のことを指す．旧海豊県と旧陸豊県を合わせた 1988 年以降の行政単位である汕尾市に関しては，「汕尾市」と表記する．

2)　夜食で食べる鍋の中では高級である．まれにしか食べない高級な海鮮等を除くと，鍋の価格は犬→羊→牛→鶏の順に高い．X 氏曰く，「汕尾では生活が中の上（あるいは上の下）より上でないと犬鍋は食べられない」．夜食の食べられる屋台やレストランは市内各地にあり，深夜 22 時くらいから客が入りだし，2 時過ぎまで営業している．

3)　いくつかの異説もある．

4)　清王朝が 1661 年に実施した政策．鄭成功を孤立させるため，広東省から山東省までの海岸線から 30 里（約 15 キロメートル）以内の地帯に住む全住民を強制的に内陸部に移住させ，沿岸部を無人化することを企図した政策．

5)　2013 年 12 月に開通した．

6)　陽江人という意味．やや蔑みのニュアンスを含む．なお，自身の得意な言語が異なるためか，XZ 氏とこの陽江人は主に普通語で，XA 氏と陽江人は主に白話でやり取りをしていた．

第4章　汕尾における「漁村」の成立

はじめに一漁業をしない「漁民」

　汕尾において「漁民（*hi min*[1]）」という言葉が意味するものは大きく分けて二つある．一つは字義通り漁業に従事する人という意味である．もう一つは，上述のかつての疍民，水上居民およびその後裔を指す言葉としての「漁民」である．汕尾の福佬語系元水上居民の自称は漁民（*hi min*）であり，他称としては，「漁民」の他，后［瓯］船仔（*au tsun a*）[2] あるいは疍家（*tang ke*），疍族（*tang tsok*）などがある．また，中海漁民（*doing hai hi min*）と呼ぶ場合もあり，これは後述の白話漁民を深海漁民と呼ぶのに対し，より水深の浅い海域で作業することが多いためである．広東語系の「漁民」は，広東省西部，あるいはマカオなど珠江デルタ河口部からやってきた人々とその後裔であり，自称は紅衛人，白話人，他称として，深海漁民，紅衛，まれに疍家，疍族ともされる［周玉蓉 2004：26］．汕尾における福佬語系「漁民」の現人口は約1万7000人，広東語系「漁民」が約1800人であるといわれている［黄漢忠 2004b：42］．

　先行研究においても，汕尾では，東風村と前進村という二つの行政村を「漁村」とよび，現在の汕尾で一般に「漁民」といえばここの住人を指すということは既に述べられている．例えば，周玉蓉は以下のように記述している．

　中海漁民，すなわちかつての"瓯船/后船"は疍民の主要なグループであり，現在の自称は「中海漁民」あるいは「漁民」であり，他のグループからも「漁民」と呼ばれる．大部分は新港街道の東風村と前進村に住み，この両村を合わせて「漁民新村」あるいは簡略して「漁村」とよぶ［周玉蓉 2004：26］．

こうした研究において汕尾の「漁村」は，「陸上がりした蜑民とその子孫が住む場所」ということになっている．しかし，筆者は調査に入る以前，現在差別語である「蜑民」は用いるべきではないと考えていた．『『水上居民』の研究がしたい」といって汕尾に到着した筆者が，汕尾市幹部に案内されたのもまさしくこの両村であった．市幹部にとっても，ここはかつての蜑民即ち「水上居民」が生活する場所なのである．

　その一方で，市幹部が連れてきた筆者を，現地で案内してくれた村委員会の書記は「もはや水上居民はいない」という．書記の言葉を待つまでもなく，すでに陸上がり開始から半世紀が経過し，「水上居民」の最大の特徴であった水上居住はなされなくなっている．また，これまで述べたように，水上居民は「民族」籍上も少数民族ではなく，漢族とされている．さらに現在では，漁業をやめて，他の職業に従事しているものすら存在している．こうしたことから，一見彼らを「漁民」と呼ぶ根拠はないかのようにも見える．

　しかし，それでもなお「漁村」あるいは「漁民」と呼ぶことがある．一つの例として，2010年7月に起こった，ある「漁民」の屋台主と「ヤクザ」の争いに端を発した事件を挙げてみよう．このときに「漁村」「漁民人」なるものが言及された．この事件の詳細な経過は不明だが，発端は屋台のみかじめ料をめぐるトラブルのようである．

　襲われた屋台の店主の父は近年まで漁をしており，文字通りの「漁民」であったが，今は既に引退している．店主本人は，40代であるが，これまでほとんど出漁はしたことはない．これまでは海産物の取引などをしてきたが，最近海沿いの広場横に夜間屋台を出し，炭焼きの海産物や野菜の他，ビール，コーラなどを提供する商売を始めた．働き手は本人と妻，ならびに彼らが雇っている親戚の男一人であった．この「漁民」がみかじめ料を払わなかったことで，ここでは「関帝廟」とも表記されている「ヤクザ」に襲撃され，それに「漁村人」「漁民」が抗議したというのが事件のあらましであるらしい．

　以下，インターネット掲示板でのやり取りを見てみよう．

第 4 章　汕尾における「漁村」の成立

（2010 年 11 月 10 日閲覧）

http：//zhidao.baidu.com/question/169114756.html?si=7）

質問

7 月 23 日に広東汕尾でまたヤクザが 100 人ほど武器を持って漁村の人を叩いたり切りつけたりしたと聞くが，本当にそんな事件があったのですか？

質問日時　2010 年 7 月 23 日 12 時 59 分

回答

回答者 1073638434

当然本当です．関帝廟は，人を侮り，多くの地方を制圧している．現在漁村を制圧しようとした．しかし，我々漁村人はバカではない．既に団結し立ち上がった．もし今回漁村が勝利したのなら，きっと多くの人が喜ぶであろう．漁民の人々よ，みんなで努力してがんばろう．

回答日時　2010 年 7 月 23 日 13 時 24 分

回答者靓靓密诀

7 月 23 日の夜，関帝廟の人がまた漁村をかく乱しにやってきた．一台の警察車両に多くの人をのせ，人を殺す準備をして・・・．漁村人と衝突し，数人を捕らえた．あとで漁村人に聞いた話では，もともと，買収されたものだ．

　いうまでもなく，漁村人民は全部出動し，関帝廟の人々は 24 階建ビルに逃げ込んだ．警察車両を取り囲み，携帯電話で車のナンバーなどを撮影した．そして，車は陸豊人が借りたものだと判明した．また運転免許証も持っていなかった．しかし，本物の警察車両で，これは関帝廟の金を受け取っていた．警察車両はだんだん多くなった．24 階建ビルに逃げ込んでどれくらい経ったかはわからないが，一発の銃弾がビルから下へと放たれ，若い青年の額をかすめた．そののち，彼らはさらに 2 両の車両で計 9 人を送り込んできた．彼らは路上で漁村人に

阻まれ，皆で彼らにどこのものか問い詰めた．中の一人が発砲しようとしたが，漁村人に取り押さえられた．彼らの繰り返しのかく乱を経て，最後に，正義が勝利した．

　　兄弟達よ，漁村人民よ立ち上がれ！

　　　　　　　　　　回答日時　2010 年 7 月 23 日 13 時 54 分

回答者参崴偘覗帥

　事件が発生したのは 7 月 17 日から 23 日明け方にかけてである．銃撃戦が起きたのは汕尾市漁村大街で，17 日夜関帝廟のヤクザが漁村に保護費を集めにやってきて，武器を持って漁村に侵入し暴力を振るい，死傷者がでて，関帝廟ヤクザの 2 名が捕まった．この時は政府の要人が仲介し，2 名のヤクザは公安とともに無傷で立ち去り，無能な政府はこの二人を釈放してしまった．関帝廟は汕尾政府の支持を得ているのだ．第二回は 19 日夜ヤクザが小型車や小型バスで二百人ほど武器を所持して漁村の庶民を追いまわし，漁村の庶民は防衛し，関帝廟の数人に傷を負わせた．第三回は 23 日朝 4 時，ヤクザは 500 名を集めて漁村に突撃し，そのうち 1 台の偽警察車両と二人の偽警官が見張りをして，漁村に多数の負傷者がでた．現在数十名の銃をもったヤクザと 1 台の偽警察車両，二人の偽警官が漁村内のホテルで包囲されており，政府から処理人員が派遣されるのを待っているが，今のところ現れてはいない．汕尾政府はヤクザに買収されているという話で，漁村の庶民達は汕尾市の公安を信用してはいない．我々は助かる方法がない．この発表を広東省政府か中央政府が見てくれることを希望する．汕尾政府はこの事件をなかったことにするだろう．現在ヤクザは今晩漁村人を全滅させるべく見張りに立っている．漁村もまた彼らと一戦する構えであり，命にかけて汗血を流して家を保つことを誓う．

　　　　　　　　　　回答日時　2010 年 7 月 23 日 14 時 27 分

回答者死該度百

　見てわかった．またも古くからの問題である．政府の支持があって
はじめてヤクザは存在しうる．

　　　　　　　　　　　　回答日時　2010 年 7 月 23 日 19 時 02 分

回答者熱心网友

　本当です．私はこの目で見た．海辺街で刀を持った人々が漁村を追
うのを．現在は 21 世紀であり，法治文明と和諧社会を建設するといっ
ているのに，なぜ汕尾ではこうした明らかにヤクザが関わる事件がた
びたび起こり，よもや汕尾政府は本当に彼らを管理する力がないのか，
本当に意味がわからない．お前らは一体なぜ刀を持って漁村人に切り
つけるのか，まさか弱いと思う相手に自分の強さを示すために行うの
ではあるまい．お前ら無知で野蛮な人間こそ汕尾の発展の足を引っ
張っているのだ．武器をもって敵と戦うのは，尊厳を守り平和を維持
するためだ．刀をもった人々よ，お前らは武器を持って何をするつも
りなのか．お前らの仕事は社会秩序をかく乱することなのか．現在漁
村の人々のみならず，汕尾市区の人々が非常にびくびくしている．そ
んな武器をもった人々を見たいと思うか．さらに汕尾政府，汕尾公安
は，どこにあるのか，いったいどこにあるのか．漁村人からすれば，
つつがなく暮らし，楽しく働ければそれでいいのに，今は彼ら自身の
身の安全すら保障されていない．武器を振るい人を傷つける人々が，
どうしてあんなにも凶暴でいられるのか．背後に保護者がいるのでは
ないか，政府人員が金銭で良心を売ったのではないか，お前らの良心
はどこへいったのか．漁村のこの暴力事件は汕尾の巷間の知るところ
になっているが，未だ主流メディアでは報道されていない．メディア
が真の元凶を発見して真相を報道し，汕尾と漁村の人民の安寧な生活
環境が取り戻されることを願う．

　　　　　　　　　　　　回答日時　2010 年 7 月 23 日 19 時 37 分

回答者 5542313

漁村頑張れ..
....
....
....
....
.... 打倒関帝廟，がんばれ！がんばれ！
漁民人よ団結して立ち上がれ

　　　　　　　　　回答日時　2010 年 7 月 23 日 20 時 56 分
　　　　　　　　　　　　　　　　　　　　（下線は筆者）

　主としてインターネットのニュースと掲示板からの情報でもあり，事件の詳細あるいは真偽についてここで論じることはしない．重要なのは，事件後インターネットの掲示板に，「漁村人」よ立ち上がれ，がんばれ「漁民人」などという書き込みがなされたことである．ここでいわれている「漁村人」「漁民人」とは，一体何であろうか．

　また，第 5 章で述べるように，すでに失われたともいえる「漁民文化」が現在も表象されようとしている．このように，一見すると街に同化し，陸上居民との間の境界がないようにも思える「漁民」「漁村」が，現代において表象，分類できるほどかつての痕跡，あるいは記憶が残っているのはなぜだろうか．そして，序論で述べたように，現在でも「漁民」が「少数民族」であると表明されたり，「少数民族のようなもの」とされたりするのは一体どういった背景によるものなのだろうか．

　本章では，「漁民」の社会組織および，そうした「漁民」に向けられるまなざしの変遷を描きながら，漁業をしない「漁民」というカテゴリーが成立していく理由を解明していく．具体的には，まず 1950 年代以降の広東省の「漁民」に対する諸政策を整理する．また，そうした政策に従って陸上がりや集団化が行われたことを中心に，汕尾の「漁村」の地

域史を紐解くことで「漁村」成立の過程を明らかにする.

第1節　広東省の水上居民，漁民への諸政策

　第1章で検討したように，水上居民は少数民族とはされなかったものの，社会的経済的な弱者であるとされた．そのため，1950年代以降，そうした課題を解決するための諸政策が実行された．ここでは，広東省で行われたそうした諸政策を紹介する．

4-1-1　名称の変更

　第1章で述べたように，民国期より，蛋家，蛋民は差別的表現であるので「水上人」「水上居民」と呼ぶ動きはあった［陳序経 1946：103-104］．その後改めて1950年11月9日の広州市第三回各界人民代表会議で，蛋家という呼称の禁止が決められた［周勤 2010：31］．また，1953年7月には重ねて「『蛋民』を『水上人民』に改称すること，ならびにその政治的地位に特別な配慮をすることに関して」という文書が出され，「蛋民」という呼称を用いることが禁止され，河川の蛋民は「水上居民」あるいは「水上人民」に，沿海の蛋民は「漁民」とするように通達された［詹 2004：94］．

4-1-2　自治区域の成立

　「広東蛋民社会調査」には，漁民問題を漁民自身の意見を反映させて解決させるため，自治区あるいは自己の政権を設立すべきだという意見が掲載されている［広東省民族研究所編 2001：58, 108-109］．『南方日報』の1953年9月3日付「広東沿海漁民区郷己成立」という記事によると，当時各地に漁民が集住し漁業を生業とする漁民区や漁民郷が設立されたことがわかる．珠海県，雷東県，南澳県の三漁業県が成立し，省都広州には珠江区が成立した．そのほか，省内には39の漁民区や鎮（その中には407の漁民郷が含まれる）と14の独立漁民郷が成立した．

4-1-3　水上学校，漁民学校の設立

　「広東水上人民教育簡況」[3]という文書のなかでは，「広東省には，黎，苗，瑶，畲，回，僮など人口 40 万あまりのほか，水上人民 70 万人あまりがおり，この水上人民は沿海沿江に居住し，俗称蜑民という」と紹介されている．また，「水上人民は長年差別を受けてきた」ことも述べられている．今後の政策への意見として「差別と自然環境のせいで，水上人民の文化教育は遅れている．恵陽では 9 割以上が文盲である．従って学校の計費を補助すべきである」との文書が政府から出されている．

　この文書においても水上居民は「少数民族のほか」ではあるが，少数民族同様の教育政策上の課題があると認識されていることがわかる．

　このような政策を受け，各地に漁民師弟を対象にした学校が建設された．例えば，南方日報 1953 年 9 月 2 日の「広州市積極改善水上居民的文化衛生生活」という記事によれば，広州の珠江区では，1950 年春に最初の水上学校が開校し，それ以降，現在（1953 年当時）珠江区に四つの水上小学校があり，この秋にもう一つ開校する．学生数は 2500 人，その他に成人夜間学校に 1200 人が通っているという．

　その後，1955 年までに広州市内で 8 校開校し，生徒数も 3095 人に増え，42% の就学年齢児童が就学した［詹 2004：98］．また，1950 年末までに広東省全省で 80 校の学校が建てられたという［詹 2004：98］．汕尾においても，漁村小学校が 1954 年に創立された．

4-1-4　陸上がりの推進

　「水上居民」を陸上に移住させ家を与える政策は，建国初期から行われてきた．よく言及されるのは，周恩来の指示により陸上がりが始まったとの指摘である．1954 年 6 月下旬にビルマを訪問した当時の周恩来総理は，6 月 30 日に広州へと戻ってきた．広州滞在中，黄沙，白鵞潭，沙面，天字埠頭など珠江沿いの小型船を視察したのち，「水上居民が長期にわたり小型船に住むのはよくないし，飲み水も不衛生であるため，彼らが陸上に定住するのを助けるべきである」と指示を出したことにより，

第4章 汕尾における「漁村」の成立

表 4-1 1974 年の陸あがり計画戸数

地名	海洋	淡水	合計
汕頭	300		300
恵陽	450	577	1027
仏山	450	375	825
江門	675	210	885
海南	112		112
肇慶		263	263
韶関		263	263
広州		75	75
全省	1987	1700	3750

広東省档案館档案 295-A1, 1-329-197「1974 年漁民上陸定居費用と材料補助に関する通知」より作成

陸上がりが進むようになったとするものである［周勤 2011：32-33］．実際には，1951 年 7 月にはすでに広東省第 1 回沿海工作会議にて，各県に対し，すぐに土地を指定して漁民新村の建設に着手するように決定されていた［詹 2004：98］．

その後，各地で徐々に陸上がりが進められた．省都である広州においては，1966 年までに 9474 戸 4 万 205 人（総数の 70％）の水上居民が陸に家を持つようになった［詹 2004：98］．また新会県においては，1966 年から 76 年に陸上がりが行われた［新会県地方志編纂委員会編 1995：521］．さらに三水県では，1966 年から 80 年に 61 万元の資金が投入され陸上がりがなされた［三水県地方志編纂委員会編 1995：315］．このように地域によって多少の年代の差はあるものの，政府による出資によって 60 年代，70 年代には各地で水上居民の陸上がりが進められた（参考【表 4-1】）．こうして大部分の水上居民は水上生活を終え，陸上に家屋をもつこととなった．

しかし，こうした事業はまだ完了しておらず，近年でも一部地域においては，水上居民の陸上がりが行われている．例えば，2004 年から 2007 年に省政府が一億元を投入し，全省で 1,510 戸を陸上がりさせ，陽春県では 2007 年に 640 戸が陸上がりしたとの報告がある［梁 2007：17］．また，2011 年 3 月 5 日付の『広州日報』において，広東省内陸の河源市で

137

800戸の船民が年末までに陸上がりするという記事などもあり，現在も政府の支援による陸上がりが地域によっては継続している．

4-1-5　戸籍管理

　農民や都市民と同様，漁民についても戸籍管理が行われている．漁業をするにあたり，船舶の登記番号，戸籍，船民証が揃わないと出漁できないようになり，1955年には海豊県で4645隻，漁業人口[4]として2万4746人が登録されている［海豊県地方志編纂委員会 2004：786］．このようにして，日本の漁協が持つような「漁業権」に相当するものはないものの，「漁民」戸籍でないと出漁できないこととなった．また，食料の供給なども，戸籍によって配分量が異なると定められた．例えば，1956年の「広東省農村糧食統購統銷細則」第16条に，農村の非農業人口には配給する穀物の基準が書かれている．小学校教師，農村の商店や手工業者，県以下の幹部は一人あたり毎月平均で米32斤（成人の場合），漁民，塩民，船民と，開墾開始から1年未満でまだ食料収穫がない移民には，平均45斤が配給されると定められている［「南方日報」1956年6月11日］．むろん，農民以外の肉体労働者に対して食料が多く配給されるのはカロリー消費から考えても適切であり，特に優遇であるというものではないのかもしれない．しかし，現在の漁民が過去を振り返って，「昔は政府に重視され，優遇されていた」と語る場合，食料配給による優遇を一つの根拠とするように，配給量の違いは「漁民」であるが故の利点として認識されていた．このように，少数民族籍とは性質が異なる点もあるが，「漁民」戸籍を持つもののみが漁業ができると規定されていることや，食料が多く配給されることなどは，地域社会内で「漁民」の輪郭を浮かび上がらせる上での一定の役割があったと考えられる．

4-1-6　階級分類

　広東西部の碣石，甲子，（汕尾）新港では，大型，中型漁船の多くは地主あるいは陸上の階級不明の漁船主が所有しており，「疍民」はわずかな

第 4 章　汕尾における「漁村」の成立

表 4-2　「蜑民」内部の階級成分（1）

	漁工（無産者）	網を持つ総舵手	小船主（独立生産者）	船主
闓坡	70%			
東平	16.76%		75%強	
韶関	18%		75%	7 %
清遠	11%		34%	50%

［広東民族研究所編 2001：20-21, 141-142］より筆者作成.

表 4-3　「蜑民」内部の階級成分（2）

	漁工（無産者）	網を持つ総舵手	小船主（独立生産者）	船主
碣石	436 戸		17 戸	
甲子	441 戸		38 戸	
新港	337 戸	153 戸	73 戸	
澳頭	147 人		4304 人	

［広東民族研究所編 2001：79-80］より筆者作成.

小型船舶しか保有していなかった［広東民俗研究所編 2001：74］．また，広東北部の韶関，清遠などの内陸河川に住む蜑民の民船の船主は独立生産者とされた．清遠の場合は統計の数字からは船主が多いように見えるが，民船の船主は独立生産者であるため，実際には韶関と同様に独立生産者が多数を占めると考えてよい．また蜑民の船主は作業員を雇うとはいっても，陸上の船主とは異なり，一家で労働に参加するとの記載もある［広東省民族研究所編：2001：142］．このように，大きな船の船主は陸上の地主が占め，「蜑民」が所有するのは小船のみであったようである．そのため，「蜑民」のほとんどは封建階級ではなく，無産階級，独立生産者とされた【表 4-2, 4-3 参照】．

　さらに，沙田地区においても，蜑民の内部には，わずかな地主がいるほか，富農が 3.56%，中農が 9.64%，貧雇農が 63.66% を占めていたという．しかも，蜑民地主は土地を少ししか持っていないか，土地を持たない「二路地主[5)]」が多かったという［広東民族研究所編 2001：21］．このように「蜑民」，漁民は，大宗族の形成主体であった地主のような「封建階級」ではなく，無産階級とされたことによって，中国政府による援

139

助を受けられたと考えられる．すなわち，漁民は「民族」ではなくとも，階級という指標で政府に読み替えられて優遇されたともいえる．

4-1-7 まとめ

建国当初水上居民は「少数民族」，あるいはそれに準ずる扱いを受けていた．また，漢族と決定されたのちも，無産階級として多大な援助を受けた．こうした原因により，「『少数民族』ではないが，『少数民族』のようなもの」といわれる状況ができあがったのである．農民あるいは都市民と比べて優遇されていたことにより，水上居民は新たな集団としてイメージが付与されることにもなった．

その一方で，こうした政策の一環として行われた陸上がりの推進によって，水上居民の最たる特徴である水上居住は行われなくなり，陸上住民との文化的差異が急速になくなっていくことにもなった．

第2節　生産体制の改革

新中国建国後，全国各地の農村において生産体制の集団化，社会主義化が行われた．それと同様に，広東の漁村においても，集団化が行われた．ここでは，広東省における漁業生産体制の変遷を概観する．

4-2-1 「漁区民主改革」(1953年)

1953年2月に沿海辺防工作委員会が成立し，867人の人員が工作隊を組織し，漁区改革の業務にあたった．それは，以下の4段階を経て行うという方針であった．

第一段階　漁民の生活困難の改善（資金援助，借金救済など）
第二段階　漁港を中心に，各地漁民の分布に基づき，生活習慣と生産
　　　　　性を考慮して，区郷を分け，政権を建てる．同時に党団組
　　　　　織，漁工会，漁協会，民兵等を組織し，漁民を組織化する．
第三段階　労資問題を解決し，漁民の情緒を安定させ，労働者には政

第4章　汕尾における「漁村」の成立

　　　　　策教育を行い，船主資本家には政策を指示し，将来の見込
　　　　　みを説明して，私有産権の確立と労資代表協商会議の召集，
　　　　　生産合同の締結，労使関係の緩和を図り，漁民の生産積極
　　　　　性を向上させる．
　第四段階　海権の紛糾を処理し，水，陸，漁，農の団結を強める．海
　　　　　権の紛糾は歴史上残されてきた問題であり，状況は複雑で
　　　　　ある．第三段階までの運動とあわせ，生産および団結に有
　　　　　利なように，もともとの習慣と（海域の）使用状況を尊重
　　　　　し，群衆路線の精神を貫徹して解決をはかる．

　こうした漁区民主改革は8か月を費やし，1953年末には基本的に終了
した［広東省档案館編 2009：262-263］．

4-2-2　合作化（1953-57年）

　広東省においては，1953年に互助組，1954年には合作社の設立を開始
した．『海豊水産志』の記述によれば，汕尾の漁民も積極的に入社した
という［鍾綿時 1991：39］．しかし，あまりに急激に進めたため，漁民
たちの不満が高まり「退社潮」を招き，1956年から57年にかけて多く
の漁民が退社したという．これに対しては，副業規制を緩めるなどの対
策が採られた．また，1956年に広東省は三包一奨（包工，包成本，包産
量，超産奨励）を21社の農村合作社で試行し，海豊県の漁民に関しても，
1956年10月漁民代表会議において，「三包責任制，労働に応じて分配の
徹底」が決定された．こうした一連の政策は，急進的な改革による失敗
に対して柔軟な対応をしつつも，合作社を作って漁民の組織化を推し進
めていたことがわかる．さらに，1956年の漁民代表会議で報酬を労働に
応じて分配することが徹底されるとの決定に至ったが，58年以降の大躍
進運動の最中にこの方針は取り消されてしまい，ほとんど実現すること
はなかった．

4-2-3 大躍進期 (1958–65 年)

　この時期には，多くの地方で漁業合作社と農業合作社を合併する「漁農合併」が起こった．そして漁業収入を開墾（干拓）費用として使用したり，漁業労働力をダム作りや開墾に投入したりしたという．特に1958年から60年にかけては，「共産風」が吹き，個人所有ではなくなった船や網は修理されず，漁獲量の大幅低下が見られた．また，漁業収入あるいは，漁民の労働力を農業へ投入し，開墾するなどして，食料自給を図った［鍾綿時 1991：40］．

　1990年代に書かれた文章によると，こうした「共産風」の影響で，漁民の生活は大変苦しくなった．そこで対策として，1962年には，「漁業生産発展に関する若干の政策問題の規定」（漁業20条）が制定された．ここでは，①農村人民公社と漁業人民公社の分離，生産大隊を決算単位とすること，②一定量（深海20%，浅海40%）は水産品を市場に売ってもよいこと，③漁業生産のコストを下げるため，木材，桐油，布を赤字価格で提供し，燃油を優待価格で提供すること，④漁民の負債の減免等が決められた．また生産隊が任務を完了したのち，それを越えた生産量を香港マカオで売り，漁業必需品と取り替えることを認める特殊政策の実施や，漁民一人に対し，深海45市斤[6)]，中海40市斤，浅海38市斤の米の毎月配給，さらに豚肉，砂糖，タバコ，酒や綿布といった生活必需品の配布をするなどの政策も取られた［鍾綿時 1991：40］．

　なお，布に関しては，以下のような档案（政府公文書）が存在する．

　　省档案 296-1-232-76
　　　漁民へ布を援助する問題への返信
　　広東省商業庁：
　　　国家は漁民に対し布票[7)]を与え，現在の綿布資源がたいへん不足している状況において，援助数量は多くないとはいえ，漁民に対して大きな援助をしている．援助数量は多いとはいえないが，現在綿布がたいへん少ない中で比較していうと，援助数量はあなた方の省の定量の

第4章　汕尾における「漁村」の成立

2倍に達しており，これ以上増やすとなると農民群集に説明するのが
難しい．あなた方はより詳しく状況を説明し，政治教育と物質援助の
双方を行い，漁民の不満を解消させ，その積極性を発揮させてほしい．
　　　中華人民共和国商業部
　　　1964年7月9日
　　　（抄送：広東省財委，水産部，広東省水産庁.）

　この档案からは，資源の限られた中，漁民には農民の二倍の布を割り
当てていたことが覗える．この点からも，「漁民」への優遇が存在して
いたといえるであろう．これは，漁業生産量を上昇させるため，社会主
義的原則に基づいて行われていた規制をやや緩め，物品を与えて支援を
行っているといえる．
　上述のように，「漁業20条」においては，「共産風」の悪影響で低下し
た漁民たちの生産意欲を高めるために様々な政策が行われた．しかしな
がら，船ごとの決算となる「包産到船」は資本主義化への道であるとし
て禁止されたままであった．

4-2-4　文化大革命期（1966年–76年）

　極端な左傾政策が採られていた文化大革命の時期には，「漁業20条」
は資本主義的な政策であるとして批判された．そのため，この時期には，
三包責任制は行わず，「四好評分」と平均主義分配制度によって報酬が決
められた．また，技術者を「労働鍛錬」にまわしたり，「以糧為網」つ
まり「養殖場を埋めて田にする」などの政策が採られた．こうした農業，
肉体労働重視の極端な政策によって，民衆の不満は募り，「山頂まで田植
えをし，海の中央まで苗を植える」と歌われた［鍾綿時 1991：41］．
　その一方で，70年代後半には大型船が投入されはじめた．これにより
1970年代後半には収穫量は増加したが，漁民の収入は却って低下したと
いう．低質な魚ばかりが獲られたことや，労働力が余剰で，無駄な配置
をしていたこと（7〜8人が適切な船に，12〜13人で乗り込む）などが

143

理由として挙げられている．また，沿海には漁船が集中し，資源が大幅に減少した［鍾綿時 1991：41-42］．

4-2-5　改革開放と「漁民」（1982 年〜2000 年）

1976 年，毛沢東死去により文化大革命は終わり，いわゆる改革開放の時代が始まった．特に南方の広東，福建においては，いち早く改革開放に伴う変化が起こった．深圳や汕頭には経済特区が設立され，中国の経済発展を主導する形となった．また，農家の生産請負責任制も早期に導入されている．

そうした中，1982 年から，漁船を独立生産経営体とすることになった．これを漁民達は「体制下放」と呼んでいる．それまでの生産大隊毎の決算から，漁船ごとの決算になったのだ．これにより，漁民は積極的に網なども修繕するようになり，漁民同士で資金を集めて新型船を購入するなど生産意欲が大いに向上し，生産力も高まったという［錦綿時 1991：43-46］．こうした変革の結果，1987 年には漁民の生活は，基本的に衣食はほぼ足りるようになって，一部では「小康[8]」に達するものも現れた［鍾綿時 1991：102］．

4-2-6　2000 年代以降の漁業不振と対策

改革開放が行われた 80 年代以降，漁船数は大幅に増加し，漁獲高も増え続けてきた．しかし，2000 年代に入ると，工業の発展などに伴う環境汚染の深刻化ともあいまって，近年では資源の枯渇が指摘されはじめた．また，燃料油の高騰をはじめ，漁業をめぐる環境が年々厳しくなってきており，政府は対策を採ることになった．そこで，資源保護のため夏に休漁期間を設けることと，漁業から他の職業への転業支援などが行われている．

広東省海洋と漁業局が 2004 年に出した「沿海漁民転産転業を支持し，漁業区安定を保持することに関する議案の実施方法」によれば，2008 年までの 5 年間に，広東省は毎年 1 億元を出資し（その他各市級政府が

第4章　汕尾における「漁村」の成立

30%），さらに漁業発展に 2.5 億元，水上漁民安居と漁民転業訓練に 0.78 億元，減船，漁業許可証回収に 1.51 億元，漁民転業の実施と管理が 0.2 億元を支出するという．そうすることで，漁船 3500 艘を淘汰し，2 万人の漁民を転業させ，3000 戸の「連家船[9]」水上居民を定住させる．また，1000 名の漁民子女に無料で高等専門学校（中専）に通う機会を与え，漁民に 2 万回の転業訓練（水産養殖，水産加工，余暇漁業（レジャー漁業））の機会を設けて漁業以外の生業技能を身につけさせるという（水産養殖，加工，レジャー漁業，漁船修理建造を含む 260 項目）．

これは『沿海漁転産転業保持漁区穏定的議案』に基づき，生産性の低い漁船を淘汰し，その労働力を水産養殖や水産加工などに転換することを目指すものである．2004 年には汕尾全市で 170 数艘が淘汰され，漁民 1100 人が転業した［李良渠 2005：31］．例えば養殖技術を講義する会を開き，出席者には修了証書を渡すほか，数十元の「無工費」という漁業休業補償を出すことなどもしているという．だが，50 〜 60 歳代の漁民は学歴[10]もなく，経済力もない．そのため政府が職業訓練などを講じても，あまり成功していないという．

第3節　汕尾港における「漁村」の成立

前節でまとめたように，新中国建国後，水上居民，漁民に対して様々な政策が実行されてきた．本節では，調査地である汕尾において，前節で述べたような政策の動きに連動して起こった事象，特に陸上がりと集団化に焦点を絞って地域史を整理する．それは，かつての「疍」あるいは「后船」と呼ばれた水上居民と，現代の「漁民」をつなぐミクロな歴史を紐解く作業である．こうした作業を通じて，「漁民」イメージ形成の過程とその後の展開を追うのが本節のねらいである．

4-3-1　汕尾（旧海豊県）での 1950 年代以前の漁民

はじめに，解放以前，すなわち 1950 年代以前の汕尾，および汕尾を含む海豊県における漁民についての記述を整理したい．資料は多くないも

のの，海豊県においても県誌に「蜑」についての言及がある．

清乾隆十五年海豊県誌（影印版　民国55年台北）の雑志の項に以下の
ような記述がある．

按府志中有雑志彙記方伎寺宦猺民蜑蠻海豐無方伎寺宦而猺蜑自昔有
之至今生
育繁夥亦沾王化故仍列為雑志而間取一二異聞可為鑒戒者附入焉
（府志のなかでは方術師（医術，占星術），寺宦，ヤオ民，蜑蛮は雑
志にまとめて記されている．方術師と寺宦は海豊にはおらず，ヤオと
タンは昔から現在に至るまで数多くおり，王化を受けている．一二の
異聞をここに付す）

蜑種莫可考以舟為以漁為業按府志厥祖被千戈之擾潜居水泊中子孫習
慣樂居于舟
海豐七港在在有之語言與土音略異籍隷河泊所姓有七麥李石徐蘇鍾梁
土人不與通婚
（蜑の種については，考察できない．船を家とし，漁業を生業とする．
（中略）　海豊の七つの港には地元民とは少し発音の異なる言葉を話す
人々がおり，麦，李，石，徐，蘇，鍾，梁，の七姓で地元の人とは通
婚しない）

このように，水上居民は現在少数民族である「ヤオ」と並べて言及さ
れ，船を家とすることなどが特徴として記されている．また，その姓が
七つに限られ，地元の人と通婚しないなどが特徴として挙げられている．
ここで蜑とともに取り上げられている方術師（医術，占星術）について
岸本美緒は，清代の「賤」の観念を検討するなかで，社会的感覚として，
方術師（医術，占星術）は，専門的技術を以って富裕な勢力化に奉仕す
る一種のサービス業であるために「賤」とされたことを指摘している[11]．

可児弘明の「商工を卑しめる農本的思考のもとでは，いわんや漂泊者である蜑戸が卑賤でなかろうはずがなかった［可児 1993：314］」という言葉は，非定着の山地民であったヤオにもあてはまる面がある[12]．

　これはつまり，方術師，蜑，ヤオ，ともに，「良民[13]」以外のものという扱いであったといえる．ただし，生活習俗，あるいは人口等についての具体的な記述はあまり存在しない．また，宗族を形成し族譜を編纂したりする漁民もいなかったため，現在の汕尾市街の「漁民」の歴史について，詳細な資料は存在しない．しかし，限られた資料からではあるが，以下の節で「漁民」の人々の祖先たちの動向を再構成してみたい．

4-3-2 「新港」の形成

　現在の汕尾市街の「漁民」たちの多くは，1953 年の台風がやってくる前は，汕尾の対岸の「新港」に住んでいたと語る．つまり，現在の汕尾において漁民の故地とされるのが対岸にある「新港」である【図 4-1】．「漁民」たちに尋ねると，それ以前はおそらく福建省に住んでいたのであろうという人が多いが，そこまで記載した文字資料はない．「新港」という言葉は，行政村としての新港村および，新港村を含めた諸村の上位機関である新港街道を指すこともあるが，より一般的なものとして対岸一帯を「新港」とする用法がある[14]．ここでは，限られた資料からではあるが，対岸の「新港」の形成から「漁民」の歴史を記してみたいと思う．

　明朝中期以降，砂の堆積により風除けができて，停泊に適した場所が出現し，現在の銀牌村の砂浜に居住する漁民が現れ，その周囲に小市場が形成された．これを大港という［周玉蓉 2004：19］．その後，遷海令後の乾隆三十七年（1773），漁船が急激に増加し，大港では停泊しきれなくなり，銀牌村からやや西にある聖詔媽祖の前に移動した．その頃，それまでの中心であった奎山港[15]が砂の堆積で水深が浅くなりすぎたこと，船が多すぎて手狭になったことなどによって荒廃し，徐々に使われなくなったことが原因であるという［陳錘 1999：7］．聖詔媽祖の前に漁民が集まってできた場所を二港といい，ここに市場ができて，2500 人あ

図 4-1　新港地図

まりの漁民がいたという．その後，光緒五年（1880年）には，二港の人口が4400人にもなり，市場の土地が不足し，需要に応えられなくなった．そのため，彼らは砲台脚に移り，商店も日増しに多くなって，大変賑やかな市場となった．これを新港という［周玉蓉 2004：19］．

　前述の説とは別に，奎山港から対岸に移ったことを以って「新港」とするという説もある［陳錘 1999：7］．いずれにしてもこうした地形の変化や人口増等を要因として，漁民の集住地も数度の移転を繰り返したと

第4章　汕尾における「漁村」の成立

思われる.

　鍾敬文は1926年に記した文章の中で「（新港の蜑民は）数年前まで二千人ほどだったが，陸豊，甲子，碣石等から，この数年でさらに千人ほどやって来たと述べている［鍾敬文2002（1926）］.清末から民国期にかけては，汕尾は「小香港」と呼ばれるほどの賑わいを見せていたということもあり，「この数年で・・」という記載となったと思われる.

　その後，1953年に行われた調査によると，汕尾新港には4668人が砂浜の上に停泊させた船上に暮らしているとされた.

　上記の諸資料は，人口の増減のつじつまが合わない部分もある.ただし，1953年のものを除けば，本格的な調査をした人口統計があるわけではないので，そのことを問題視してもさほど意味はない.それよりも，こうした資料から断片的ではあるがわかることをまとめたいと思う.

　まず，砂が堆積するなどの地形の変化により，停泊に適した土地ができ，その土地に漁民が集まったことで集住地が形成された.そこには，商人も集まり，市場を形成したと思われる.その後，規模が大きくなるなどして地形が停泊に適さなくなると，新たな場所に漁民が集住するようになった.あるいは奎山港のように，砂の堆積により港としての機能が失われたことで，人口が減少した土地もある.そうした諸要因を背景とした数度の移動を経て，1950年頃には，新港が有数の漁民集住地となっていたと考えられるのである.

4-3-3　解放前の漁民の生活について

　解放前の漁民については，「船を家とし，漁業を生業としていた」といった記事のほかに彼らの生活を覗うことのできる同時代的資料はほとんどない.ここでは，新中国建国後に記された『海豊水産志』と『広東蜑民社会調査』に「建国前の漁民生活」とされる記述から，当時の彼らの生活の覗える部分を紹介する.

　　旧時代，蜑民は通常一家で一つの船に住んでおり，男子は麻網で魚

149

を採り，妻子や老人は船の上で網を繕い，採った魚や蝦を売って，網や日用品を買っていた．一年中海上を漂白し，魚採りを生業とし，住所不定であった．大部分の疍民は一家三代同じ舟で暮らし，人数が多く漁船が比較的狭いものは，風をよけられる港の岸辺に停泊させた古い舟上に老人や幼児を住まわせ，この舟を「甌船」よび，疍民の別称となった［鍾綿時 1991：104］．

このように，漁民は家族ごとに船で暮らしていたが，岸辺に船を停泊させ定着するようになっていったとされる．新港もこうした漁民が集まってできた集住地であった．

　また，解放後に書かれたと文書であるいうこともあるが，『海豊水産志』や『広東疍民社会調査』では，差別され，搾取される人々として「疍」が描かれている．「疍」の人々が漁父や封建船主にいかに搾取されていたのかが記されている．まず，大型漁船は漁父[16]，魚欄[17]，漁業資本家のものであり，多くの漁業労働者は小船や簡単な網を所有していたに過ぎなかった．その形は四種類あり，

1　独立小生産者経営（約 25-30%）
2　共同経営（約 30-35%）
3　労働船主経営（約 10-15%）
4　漁業資本家経営（資本家約 2% 程度）（漁工約 20-25%）

という割合であったという［鍾綿時 1991：34-35］．

　また，例えば，碣石では，労働者側が 55%，資本方が 45% という一見公平な分配なように見えても，実際には収穫の三割程度しか利益は分配されず，その上様々な名目で資金を徴収されたという［広東省民族研究編 2001：76］．漁父との関係は，漁民が債務や船の提供を受けることで，子々孫々まで「父子」の関係が続くというもので，その内容は以下のようなものである．

第 4 章　汕尾における「漁村」の成立

1　疍民舵工 [18] が九割，漁父が一割（所謂「順風価」）出資して船や
　　網などの漁具を買っても，船は漁父の所有となり，漁獲の売却権も
　　基本的に漁父のもの．
2　順風価のほか，特に修理や生産の費用を負担することなく，永久に
　　漁獲の二割をとしてとる．もし，船が全額漁父の出資であれば，さ
　　らに漁獲の一割をとる．
3　もし舵工が自分の蓄えで新船を購入しても，漁獲の二割は「抽花
　　銭」を収めなければいけない．数艘の場合は 5％から 10％に減額
　　することができる．
4　舵工に船を修理する能力がなかったり，事故で船が沈んだ場合，舵
　　工本人とその子孫は永久に船子船孫となる．
5　舵工あるいは独立生産者が漁父との間に債務が発生した後は，完済
　　したあとも船父と船子の関係となる．［鍾綿時 1991：100-101，広
　　東省民族研究編 2001：73］．

　また，漁父が仲買人である漁欄も兼ねていることが多いので，自分の
漁船の漁獲は自由自在であり，かつ独立生産者からも搾取できるとされ
た．また，「社頭，港湾主，偽漁会長，海賊，偽郷保甲長，廟祝，ごろつ
き，暴利を要求する商工業者など様々な勢力から様々な名目で，疍民は
搾取されている」と記述されている［広東省民族研究編 2001：78］．解
放後の生活との対比を際立たせるため，やや誇張されている部分もある
かもしれないが，「疍民」が苦しい生活を送っていたであろうことは覗い
知ることが出来る．
　そうした封建勢力による搾取の例の一つとして，汕尾の「東社」「西
社」が「疍民」から漁獲高の 5％を械闘の費用として集め，さらに演劇
のための費用も漁欄を通じて集めていたという記述がある［広東省民族
研究編 2001：77，鍾綿時 1991：101］．しかし，廟での演劇奉納に対する
費用などは，陸上の商人であれ，農民であれ，徴収されていたはずであ
る．もちろん，生活の余裕のない貧しい漁民にとっては少なくない出費

であったかもしれない．だが，むしろ，神の保護を受けるべき対象として，陸上に住むものとの違いなく社のメンバーと認識されていた証拠でもあり，社会的に排除された関係ではなかったと考えてもよいのではないだろうか．

　なお，新中国成立後の資料からは，漁父などは「漁民」には含まれない搾取階級として存在していたように見えるが，はたして解放以前からそうだったのだろうか．そのことを明らかにする資料は管見の限り存在しない．ただし，珠江デルタの沙田干拓において「疍戸」の首領格の人物が積極的に宗族や官憲に協力して「疍民」を動員したことは記録にあり［西川 1981：94-104］，政府や陸上の支配勢力と疍の中間的，ブローカー的役割を果たす存在として，かつての「疍」のなかにはここでいう漁父なども含まれていた可能性が指摘できよう．

　また，周玉蓉が，解放前には歴史来源は主要な標識ではなく，居住形式，経済生産方式，風俗習慣で主に区別されたため，漢人で捕魚を生業とし，船に暮らしていたものは，疍民に分類されたといっているように［周玉蓉 2003：92］，血統的に「疍」かどうかが決まるという考え方よりは，船で暮らすという居住形態の差異を以って「疍」とされていたといえる．

　この点は，香港でのウォードの指摘と重なる．ウォードも，陸上に移り住んだ船上生活者なら起源を隠して，陸上に「すりぬけ」をすることは容易であったはずであると陳序経が指摘していることに，自らの香港での調査データでも同様だと同意している［Ward 1985（1965）：57］．つまり，民国期，あるいは 1950 年代初頭の中国と，60 年代香港の双方の共通点として，新中国の民族政策，漁民政策がないことが指摘できると仮定すると，そうした状況下では「疍」や「漁民」といったカテゴリーは極めて流動的なものであったといえよう．

　つまり，政策で「民族」が決定されて以降の状況と比べ，それ以前の状況について横山が「従来の民族的分類はもっと可変的で状況的であっただろう」［横山 2001：195-196］と指摘したのと同様に，「漁村」成立

第 4 章　汕尾における「漁村」の成立

以前の段階では「漁民」と陸上居民の境界は，流動性の高いものであった可能性が指摘できよう．そして，そうした前近代的状況で存在した流動的な差異を，新中国では民族，階級といった近代的指標で読み替えていったといえる．

4-3-4　陸上がりと「漁村」への移住

　汕尾の人々と話をするとたいていの場合，「漁民」の現在の漁村への移住は，「1953 年の台風」がきっかけであると説明される．例えば，新港媽祖での祭祀の際，ある漁村理事（50 代男性）は「旧社会の頃，解放前はずっと漁民はこのへんに住んでいて，この媽祖（新港媽祖）を拝んでいた．53 年に向こうに行くまでね．だから，この媽祖は漁村の媽祖といっていい」と述べていたし，農民出身である新港村の理事会の人（50 代男性）も「1953 年までは漁民はここに住んでいた．彼ら（漁民）は中海漁民．我々は近海漁業と農業であった．彼ら漁民は 53 年までここに住んでいた．我々の村と一つといってもよかった」とも述べている．

　また，「新港はかつて地元民と外港からやってきた浮水疍家（欧船）が漁業をしていて，大変繁栄していた．しかし，1953 年の台風により，新港は高潮に飲み込まれ，漁民は汕尾の新村に移住し，地元民も 3 分の 2 はいなくなってしまった」［曾 2004］という著述もあり，漁民が対岸の汕尾市街へ移住したことで，漁民だけでなく，商人なども移動したことがわかる．

　このように，1953 年の台風をきっかけとして始まった漁民の陸上がりは，その後も徐々に進められ，1988 年の汕尾市が成立する頃までには，船住まいする漁民はほぼいなくなったとのことである．ここでは，新聞記事などから，「漁村」建設の過程を整理しておく．

　1953 年 11 月 26 日付南方日報「汕尾新港漁民有了温暖的家」には，同年 9 月 2 日の台風で漁民の住居用船舶に大きな被害が出たため，地元政府は，漁民が家を建てるための土地 2 万 m² 強を無償で提供したことが記されている．また，「軍，幹部，職人，住民など 3 千人が義務労働で凸

153

凹の砂浜を平らにし，高潮に備えて地面を二尺高くした．人民政府は井戸を掘り，水路に橋をかけ，堤防を修築するなど8千元の公共事業を行なった」ともある．そして，「10月末には木造家屋80数戸が落成し，70戸が現在建築中である」とのことである．現在の汕尾の人々が説明するとおり，この台風の襲来がきっかけとなり，漁村の建設が進められたことがわかる．

　また，1956年7月24日付の同紙には，「汕尾新漁村第一期房子落成」とあり，1954年末に建村準備委員会が成立し，1960年までに2200戸を建設する予定であることが記されている．建村費用として漁民は漁獲収入の3%から5%を納めることになっており，この年6月までに6万6000元集まったという．また，第一期工事40戸の建設は4月に始まり6月に落成．まもなく入居するという．

　さらに，1956年10月10日付同紙には「汕尾漁民新村第二期第二期新動工請興立」という記事があり，第2期60戸が起工したことが伝えられている．

　続いて，1957年2月11日付同紙には「春回汕尾港漁民新居」とあり，漁民新村第二期30棟が最近落成し，春節期間には60戸が入居予定であること，これらは漁民の意見を取りいれ，漁獲高の5%から7%を集めて建てたものであることが記されている．同年12月7日付同紙には，「新港村108戸が完成し，1960年までに2,200戸を建設し，『漁民』の上陸完成」という記事が掲載されている．この時までに108戸完成しており，1957年末までにさらに100戸完成する予定である．計画では，1960年までに2200戸を落成させる．それによって漁民は基本的にレンガ製の家に住むことができるようになると記されている．

　なお，この60年代の第三期工事までの段階で現在の「漁村」範囲がほぼ確定したという［周玉蓉 2004：23］．こうした1950年前後から近年までの陸上がりの流れを，具体的な二つの事例から陸上がりの過程を見てみることにしよう．

　ずっと漁業に従事しているA氏（1960年生まれ，姓李[19]）とその母

第 4 章 汕尾における「漁村」の成立

写真 4-1 漁民の住む九階建てアパート，通称「九楼」2008 年 2 月 27 日筆者撮影

(1936 年生まれ，姓蘇) は共に汕尾生まれで祖先は福建から来たという．1953 年に台風のため上陸し，現在住んでいる家（二階建ての一階に居住）は 1973 年か 75 年に建てた．このときの費用は国家と大隊と個人でそれぞれ負担した．個人では 600 元払ったという．

また船長 B 氏（1945 年生まれ，姓蘇）は恵州から海豊へと移動し 1950 年に汕尾にやってきたという．昔の漁民は自分を含め船上で暮らし，漂泊して近海（沿海）で漁をしていた．53 年に大きな台風で 200 人以上が亡くなった．その時に政府が全額出資し新港から汕尾へ遷った．後に家を建てたときは各人が 600 元負担した．その後 93 年に費用 8000 元で建てたこの家で暮らしているのは 8 人（本人，妻，本人の母，次男とその嫁，孫 3 人．長男は独立して近所に住んでいる）である．

このようにして多くの「漁民」は 1953 年の台風を契機に船住まいに別れを告げ，その後政府の援助を受けつつ，より大きな家に少しずつ移ってきたようである．そして，1988 年の汕尾建市の際に建設された通称「九楼」（「漁民」を住まわせる九階建てアパート）建設の頃までに，船上生活者がいなくなったといわれている．

第 4 節　生業の集団化と行政組織の変遷

「漁村」の成立は陸上がりによる集住のほかに，漁業の集団化と，そ

れを基にした現在の行政組織の成立が関連している．そこで，本節では，汕尾における漁業集団化ならびに行政組織の変遷を整理し，「漁村」の成り立ちの経緯を確認する．

4-4-1 集団化の開始

1951 年，汕尾に東江海島管理事務所が成立した．この事務所は海島管理局と東江専員公署双方の指導を受けるものであった．その下に碣石，甲子，金厢，湖東，遮浪，汕尾，馬宮，平海，澳頭の九つの事務所がおかれ，主要任務は匪賊の鎮圧と悪徳地主の懲罰で，漁民を組織し，戦後の生産復興にあたった．同年 9 月に汕尾と新港にそれぞれ漁業工会が設立，会員は合わせて 624 人であった．これは，海豊で最初の漁工組織であったという．

翌 1952 年には，汕尾の各港で漁業民主改革が行われ，漁父，漁覇，漁欄などを鎮圧し，互助組，漁民協会，漁民工会，漁業供銷合作社などの新制度が設立された．また，そうした民主改革のなかで貧苦な漁民出身の鍾媽孫が新港郷の郷長となり，第一回広東人民代表大会にも出席した．互助組は，生産や船修繕時に，必要に応じて臨時で共同生産し，資金の互助を行う．その際の生産所得分配は「20％は借金返済．20％は公積金，船の整備や工具設置に用いる．また，技術の高低に基づき，労働を評定し分配する」とされた［錦綿時 1991：38-39］．

ところで，こうした文書からは，全ての漁民がスムーズに集団化されたようにも見えるが，決してそうではない．例えば，XA 氏（1937 年生）の父は船主であった．XA 氏は 8 歳から漁にでていたという．XA 氏は 7 人兄弟だが現在所在がわかるのは 4 人のみで，他の 3 人は売られてしまったためどこにいるのかは不明である．XA 氏の父は XA 氏が 9 歳のとき亡くなる．以後 XA 氏の兄が船主になったそうである．しかし，1955 年に XA 氏は香港へ行き，大型船で漁業をする出稼ぎをしていた．当時大型船での稼ぎは 1 日 2.85 元で，食費などを引くと毎日 1 元以下しか手元に残らなかったため，XA は 6 か月で故郷に帰る．XA 氏は無断で香港

第4章　汕尾における「漁村」の成立

へ行った罰として，汕尾に戻った後，海豊県内陸のダム湖で1年間魚を採る労働をしていたという．

XA氏は香港で稼げなかったので戻ってきたが，儲かるのであれば，香港へ行くという習慣は，この頃から存在していた．また，香港で生計が成り立つのであれば，そのまま香港の住民になったという人も多い．こうして，「どの家にも香港に親戚がいる」という今日の状況が徐々に準備されていくのであった．

4-4-2　合作社の成立

汕尾は広東省に五つ設けられた漁業生産合作社実験区の一つであった．そのため，合作社は1954年春からいち早く成立している．同年5月に汕尾拖船第一漁業生産合作社が最初に成立した．

なお，漁業合作社も農業合作社同様，高級社と初級社が存在し，初級合作社から高級合作社へと段階を踏んで進んでいくものとされていた．

初級合作社には合資会社のような性質があり，利益は労働に応じての分配のほか，一部は出身金に応じても分配する．それに対して高級合作社の場合，漁船等の設備は共同管理，または国家が購入したもので，利益は完全に労働に応じて分配する［鍾綿時 1991：38］．

1957年には，海豊全県で56の漁業生産合作社（45の高級社を含む）が成立し，入社漁戸5,600戸，全県漁業戸数の90.3％であった．一般的な合作社の規模は，大中漁船約10艘，浅海漁船20～30艘とされる．合作社は「三包一奨」［包産，包工，包成本，超産奨励］聯産承包責任制を実行し，漁民達の生産積極性は増した．全県漁船数は1952年に1935艘だったものが，1957年3304艘に増加した．1957年の全県漁獲高は2万7380トンで52年に比べ64.5％伸びた［鍾綿時 1991：39］．

さらに1958年には，合作社は人民公社化され，「大隊」ごとに生産手段の所有と，経営管理が行われた［海豊県地方誌志編纂委員会 2005：351］．

現在の前進村書記によれば，この「公社会」の頃現在の「漁村」にあたる人々は，以下のように8個の大隊に所属しており，それが後に四つ

157

表 4-4 「漁村」における大隊と行政組織の変遷

漁の種類	大隊（第一段階）	大隊（第二段階）	94 年〜	現在
帆船の蝦船	第一，第三	新蝦大隊	中海漁管区	東風村委員会
帆船の蝦船	第二，第四	東風大隊	中海漁管区	東風村委員会
釣船	第五，第六	新風大隊	中海漁管区	前進村委員会
投げ網	第七，第八	前進大隊	中海漁管区	前進村委員会

の大隊となったという【表 4-4】.

　このように，漁業形態により，大隊を編成したことがわかる．また，この四つの大隊が，現在の「漁村」の原型となっている．1985 年に大隊が管区と改名されたのち，94 年に四つの管区が合併して「中海漁管区」ができたという．「中海漁管区」は，のち東風村と前進村の二つに分かれたが，現在の「漁村」はこの中海漁管区が母体であるといえる．現在でも，時折漁村のことをさして「我々の管区では」といういい方をする漁民がいる．

　それまで，「漁民」全体が所属する組織があったわけではなく，また，汕尾の町の中には彼らの住む区画はなかった．しかし，集団化と陸上がりにより，汕尾に「漁民」が所属する組織と，彼らの住むとされる一定の区画が出現したことになる．従って，こうした集団化の結果，「漁村」「漁民」という集団の枠組みを描き出すことができるようになったともいえるのである．

4-4-3　集団生産体制の行き詰まり

　前節でまとめたように，社会主義体制の下で，集団化が行われ，初期にはそれなりの成果を上げつつあった．しかしながら，1950 年代後半にはいると，様々な行き詰まりをみせることとなる．

　その要因としてまず，「大躍進」政策の失敗が挙げられる．大躍進を成し遂げるための資金不足により，漁業隊も収入の 40 〜 60%を公積金にするよう要求された．また，漁農合併，漁農統一決算，分配が多くの場所で出現し，極端な例では漁業収入で田を作る，漁業労働力をダム建設や開墾，干拓などに投入するなどの行為が行われ，漁業の生産性が大い

第 4 章　汕尾における「漁村」の成立

に損なわれた．また，固定給与制になり，労働に応じて分配する制度が
取り消されたので，漁民の労働意欲もそがれてしまった［鍾綿時 1991：
40］．また「水があれば魚がおり，船を増やせば増産になる」という考え
方にのっとり，闇雲に船を増やし，乱獲を行ったのもこの時期からであ
る［汕尾市情調査組編 1994：110］．

　こうした諸要因により大幅に収穫量が下降したため，1962 年に「漁業
生産発展に関する若干の政策問題規定」（簡称「漁業 20 条」）と「漁業生
産の積極回復と発展に関する数項目の措置」が出され，政策の修正が図
られた．その主な内容としては，「5 箇所の主要漁港と農村人民公社の分
離を行い，漁業人民公社を単独で成立させる．生産大隊を決算の基本単
位とする．大隊が生産隊に，生産隊が作業組に対し，三包責任制を実行
し，労働に応じて分配する制度も復活させる．そして，漁民の借金を減
免し，漁業必需物資を優先配分する．生活物資も漁民を優遇させる」と
いうものである．ただし，船ごとの決算は許されず，「たくさん獲っても
少なくても同じ」ということで，社員はさほど積極的には業務に励まな
かった［鍾綿時 1991：40］．とはいえ，こうした路線の修正により，漁
獲高は 1965 年には 1958 年の水準を回復した．

　ところが，文化大革命期（1966 ～ 1976 年）にはいると，「三包」責任
制の禁止，「四好評分」（政治学習好，完成任務好，工作作風好，思想品
質好）による固定した分配制度が導入され，「漁業 20 条」は批判される
こととなった．1971 年に省革命委員会が規制を緩める政策を出すが，効
果は低かった［鍾綿時 1991：41］．

　幸い，1974 年～ 76 年は豊漁であったこともあり，海豊県は「農業学
大塞」先進県の一つに数えられた．ただし，増産しても増収ではなかっ
た．なぜなら，低質な魚が 34.4% を占めていたこと，さらに労働力余
剰で出海できない人が多数いたからである．例として，汕尾鎮新蝦大隊
は，1976 年の収入は 53.1 万元であった．ただしコストが 36.2 万元（収
入の 68.2%）かかっており，社員に分配された利益は 16.9 万元（収入の
31.8%）にすぎず，出漁した労働力ごとの平均では 210 元であった．こ

159

れは当時約 100 人の労働力が余っており，本来 7 ～ 8 名の労働力で出漁すべき規模の船に対し，12 ～ 13 名が乗船して労働していたためである［鍾綿時 1991：41-42］．

　また，沿海に漁船が集中し，幼魚を大量に捕獲，漁業資源を破壊してしまった．その結果，1977 年から 81 年は大減産となった．1979 年には海豊県の漁獲高は 1952 年と同水準まで落ち込んだ．そこで採られたのは海豊県漁業指揮部による「漁業の社会主義方針の堅持と，資本主義反対に関する十条規定」という極左的政策による引き締めである．内容は，船や網などの合資購入の禁止，利益の平等分配の徹底などであった．しかし効果は上がらず更なる停滞，混乱を招いた［鍾綿時 1991：42］．

　1980 年代初頭には生活苦から「走私」が大流行した．海豊全県で密航漁船 414 艘（大部分は海上で廃棄）も出現し，香港へと密出国して帰ってこなかった人は 9225 人にも達した．そのうち九つの沿海公社（鎮）は 5669 人を占めた．「走私」に参与した漁船 108 艘であり，台風の被害もあわせ，800 強の漁船が失われたという．この頃は，どの大隊も漁獲量の減少と労働力過剰に苦しむこととなった．白話漁民紅衛大隊は余剰労働力 300 人を抱え，三班制で交代出海せざるを得なかった［鍾綿時 1991：42-43］．1978 年に高校を卒業し，翌年から漁業に参加し始めた「漁民」鍾 S 氏も「この頃（75-80 年くらい）の漁村の生活は一番苦しかった．米もなかった」と語っている．こうして，集団生産体制は行き詰まり，改革開放下での体制改革を迎えるのである．

4-4-4　生産体制改革

　1982 年以降，漁船を独立生産経営体とする体制への変革が行われた．これは「体制下放」と漁民が呼ぶもので，白話漁民から成る紅衛大隊が最初に行った．

　その結果，漁民が資金をあつめ，船を生産できるようになった．そのため，1982 年に 600 艘（うち動力船 450 艘）が増加し，余剰労働力の解消が図られた．そして，大隊ごとから，漁船ごとの決算になり，網など

第4章　汕尾における「漁村」の成立

も漁民の所有権と使用権が認められたので，漁民は自ら修繕するように
なった．そのために生産量が飛躍的に高まったという．1984年の汕尾鎮
の漁業生産量は2万8850トン，2342万元に達し，1981年と比べてそれ
ぞれ94％増，98.4％増となった．一部には，漁業労働者を雇う，などと
いった現象も生まれたため，この成功は，資本主義的な方法によるもの
なのではないかと社会的に議論となったが，最終的には共産党中央がそ
の方法を認め，奨励するところとなった．

　なお，改革開放による人民公社解体により，1984年にそれまで存在し
ていた東風大隊，新蝦大隊，新風大隊，前進大隊がそれぞれ，大隊から
管区となった．そののち，1988年には東風管区と新蝦管区が合併して
東風管区に，新風管区と前進管区が合併して前進管区となった．さらに，
1994年には東風管区と前進管区が合併して中漁管区となった．これが現
在「漁村」とよばれているものの原型である．そののち，1999年から東
風村委員会と前進村委員会という二つの行政村に分離した．ただし，こ
の二つをあわせて「漁村」という認識は依然存在している．また，「漁
村」の人々は今も「大隊」「管区」などという言葉で「村」や村政府を
表現することもある．例えば，廟を作る場所がないことを嘆くときには
「我々の管区には土地が余っていないから」と表現し，村委員会横に漁
歌の訓練施設ができると，「大隊の傍に漁歌を踊る場所ができた」と紹
介してくれたりする．このように，過去の大隊，管区といった枠組みは
現在でも人々の意識の中に残されている．ここまでの流れを整理すれば，
【表4-5】のようになる．

4-4-5　生活形態，生業の多様化

　改革開放後には，「漁民」の生活もほぼ安定して食べるのには困らない
状態に達したとされる．1985年から89年にかけて汕尾の紅衛管区と前
進管区，後門鎮の民生村で三九戸を対象に行われた「家庭経済調査から
みた漁民生活の変化」によると，87年の段階で，各家庭の一人当たり平
均収入1000元未満は五戸にすぎず，1000元以上が三四戸であった．そ

表 4-5　汕尾における漁業集団化および「漁村」の成立過程

1952 年	汕尾で漁業互助組が成立.
1954 年	汕尾で漁業合作社開始.「三包一奨」.
大躍進	固定給与制.「有水就有魚, 増船就増産」
1962 年	「漁業 20 条」=「左」に偏った行き過ぎを是正
文革期	20 条への批判.「三包」責任制の禁止.「四好評分」での分配. 労働力余剰. 乱獲.
77-81 年	大不漁. 社会主義の方針を堅持し, 資本主義に反対する十条規定.「極左的方針」が打ち出され, 文革期の混乱を脱せず. 三交代制の船も.
1982 年	船ごとの独立採算制を導入→集団化の終焉
1984 年	それまでの 4 大隊が四つの管区に
1988 年	四つの管区が合併の結果二つの管区に.
1994 年	「漁村」が一つの管区に（中漁管区）.

のうち, 2000 元超が八戸, 3000 元超が三戸, 5000 元超が六戸, 1 万元超が四戸で, 最高は紅衛管区呉建国の家庭で, 一人当たり 2 万 8950 元の収入があった. 大部分の漁民家庭は貧困を脱し, 衣食の足りる状態には達しているとしている［鍾綿時 1991：102］.

　ただし貧富の差もあり, この調査においても, 紅衛管区の呉建国一家が飛びぬけて収入がある. 近年は, こうした高収入の家庭のなかには, 郊外に出来たマンションに移り住むものも出てきている. 従って,「漁民」であっても「漁村」外に住居を構える人も出現している. また, 漁業生産が頭打ちであることから,「商売」「工場労働」「養殖」（政府も転業を支援）を行う人も増えている.

おわりに―「漁村」の成立

　本章では, 1953 年の陸上がりから現在までの「漁村」の成立過程を検討した. かつて汕尾の対岸の新港で船上生活をしていた「漁民」は, 漁業をしており, それは経済的に苦しいものであったようである. それが「漁民」として名付けられ, しかも,「漁業をしない漁民」といった存在ができるようになっていったのには, いくつかの理由が存在する. 一つには, 陸上がりと集団化を通して出来上がった行政組織が「漁村」として輪郭のはっきりしたものになったことが原因として考えられる.

　その一方で, そうした支援による陸上がりにより, 水上居民の最大の

文化的差異であった水上居住はもはや存在しなくなった．また，その他
数多くの優遇，支援政策によって，経済的文化的差異は縮小の方向へ進
んできた．学校の建設などにより，教育格差もかつてほど大きなもので
はなくなっている．また，「商売」などの成功によって，漁業という生業
すら行わない「漁民」が現れるようにもなった．さらにいえば，文革期
の失敗に基づく生業の転換もその一因として指摘できる．漁業から「走
私」への転換もまた，「漁業をしない漁民」を生み出した要因といえよう．
さらに，あまり成功していないとはいえ，政府の後押しする転業によっ
ても職業は「漁民」ではなくなっている．

　従って，政策により「漁村」が成立し，村の姿がはっきりと意識でき
るようになった一方，政策と経済状況の変化により，具体的な文化的差
異は見えなくなってきたともいえる．

第 4 章の注

1) イタリックで表記した福佬話の発音は，〔羅志海 2000〕に基づく．ただし，表記が煩雑になるため，声調は省略する．
2) 蔑称とされる．
3) 広東省档案館档案 314-1-87　広東省少数民族教育の状況と今後の工作意見（附水上人民教育簡況）（1952 年 9 月 16 日　省文教庁）
4) その全てが「漁民」というわけではない．
5) 沙田の土地の約 50％半分は宗族の「族田」であり，さらに 20 ～ 30％は大地主の土地であったという［譚 1993：69-100］．二路地主とは，田畑管理人のようなもので，所有者が広大な土地を持っていて管理できない，あるいは居住地が遠い場合などに置かれた．また，二路地主が「三路地主」に又貸しする場合もあったという．例えば新会の何世徳堂は所有地 3328.159 苗のうち，1454.45 苗を二路地主に委託し，847 苗は三路地主に再委託されたのち，農民に貸し出されたという［譚 1993：106-107］．
6) 1 市斤＝500 グラム
7) 綿布及び布製品を買うのに必要とされた配給切符．建国当初は物資が不足しており，こうした配給切符がないとさまざまな物が購入できなかった．
8) 中流程度の生活を指す．
9) 水上居民の住居用漁船の通称．
10) 広東省では，漁撈をしている漁民は 45 歳以上が 70％を占め，学歴が小学以下の者は 75％を占める［麦賢傑，喬俊 2006：9］．
11) 岸本が例として取り上げているのは，清初の学者張履祥が「子孫は固く農・士の家風を守るべし」と残した訓戒である．そのなかでは「決して娼優下賤及び市井のごろつきや衙役・里胥の道に入ってはならない」としさらに「工技（職人）は人に役せられるので賤に近い．医者・占い師の如きはまた工商を下ること一等，これより下は益々賤で言うに足らない」とあったという［岸本 2003：110］．
12) ただし，山地の移動民棚民は，排斥，冒捐冒考紛争はおきたが，良賤の問題ではなく，戸籍の取得と編成に関わる問題であったとする［岸本 2003：118］．とはいえ，移動民，山地民が無条件に受験を認められる「良民」ではなかったことは確かであろう．
13) 良民は軍籍（軍戸，あるいは衛籍とも），商籍（商人およびその子弟），竈籍（竈戸）および「民籍」の百姓からの四民からなっていた［経 2009：32］．
14) 以下，新港とする場合，対岸一般を指すこととする．
15) 現在の汕尾市政府の建物のあるあたりにあった．
16) 漁民が債務や船の提供を受けることで，子々孫々まで「父子」の関係が続くというもの．関係の内容は後述．
17) 魚の仲買人のこと．
18) 操舵手
19)「漁村」の住民の姓は蘇，徐，李，鍾，郭の五つであるとされている．

第5章 「漁村」の廟活動と漁民像の資源化
─漁村理事会の活動を中心に

はじめに─「漁民」文化と廟の復興

　第1章において，中国の民族学や人類学に「民系，支系から族群へ」という術語変更の動きがあることはすでに指摘した．そうした族群の中でも，最も多くの研究が行われてきたのは客家の研究であろう．前述のとおり，客家学の始祖と知られる羅香林の研究においては，客家は中原からやってきた漢族の子孫であることが強調され，それと同時に文化的にも明確な独自性をもつ集団であるとされていた．それに対しては，90年代半ば以降中国や台湾においても羅香林の描いた純粋漢族としての客家像への批判的諸研究が行われている［荘英章 2002，房学嘉 1996，謝重光 1995，陳支平 1997 など］．その一方で，学術的には批判を浴びて修正を迫られた羅香林をはじめとした客家知識人が作り上げてきた“一枚岩的”客家像は，学術表象や地方政府による観光開発等を通じて，その内容が住民へ浸透してきているという報告もある［河合洋尚 2007］．

　また，前述のとおり中国では，国家によって56の「民族」が規定されており，国家の決定したカテゴリーにあわせた民族文化の創造，利用が報告されてきた［鈴木正崇 1993, 1998，曽 1998：64-67，瀬川 2002a, 2002b］．このような事例は，主に「民族」，エスニック・グループのもつ道具主義，手段主義的な側面を例示してきたともいえる．また近年では，民族エリートがどのように民族表象を選択，再解釈してきたのか，表象の場における複数の表象主体のせめぎ合いの実態の解明が図られてきた［塚田（編）2008］．これは，「民族」だけでなく，族群についても同様であり，前述の河合をはじめ，学術による表象の選択，解釈などの実態を明らかにすべく研究が行われてきた．これらの研究は，現代中国の「民族」「族群」とその文化をめぐるポリティクスの一面を明らかにしてきたとい

165

えよう．これまでの「民族」をめぐる研究においては，それが文化の復興であるにせよ，創造であるにせよ，民族，エスニック・グループのアイデンティティを強調する民族文化をめぐるポリティクスが数多く取り上げられていたといえる．

　しかしながら，周囲とは異なる文化的要素を持っている人々，あるいは持っているとされる人々が，常にそれを用いて自らのアイデンティティを主張するとは限らない．特に，中国においては，羅香林が族譜を検証したように，文字資料を根拠としてグループの「歴史」を語ることの重要性が高い．したがって，水上居民のように「知識人」が極めて少なく，かつ公定の「民族」でもない人々は，積極的にアイデンティティの主張をしやすい環境にはない．とはいえ，第1章，第2章であわせて検証してきたように，学術によって描かれてきた様々な水上居民像が存在する上，「漁民」たち自身も何も活動していないわけではない．

　近年，汕尾においては，地域の経済発展を促すために観光開発が行われている．そこでは，復興しつつある廟と漁民文化が重要な観光資源と認識され，観光地として整備された場所においても漁民文化の表象は行われている．

　そこで，本章では「漁村」を代表して祭祀活動を行っている「漁村理事会」の活動に注目する．まず，広東省，福建省などの東南中国においておける寺廟の復興について整理し，廟をつくろうとする理事会の成立の背景を整理する．さらに漁村理事会が行事に参加する中で，「漁民」文化をどう扱っているのかを分析する．そうすることで彼らの文化的戦略，ならびに「漁民」イメージ利用への彼ら自身の戦略とその限界をさぐることが本章の目的である．

　次節においては，観光開発や廟の復興を通して，漁民文化への着目がなされる背景を整理していく．

第1節　汕尾における文化の発掘，復興の背景

5-1-1　町の現状と観光資源の発掘の必要性

　沿海部に位置する汕尾は，港湾施設も年々充実し，深圳や広州へと通じる高速道路などのインフラの整備も進んでおり，香港資本の工場なども存在している．このように中国内陸部と比較するとある程度の経済発展を遂げているとはいえ，珠江デルタ等に比べるとその経済状況は遅れをとっているともいえる．港を中心に発展してきた汕尾であるが，原油の高騰や海洋資源枯渇が起こっている情況では，漁業にたよった発展は望めない情況にある．

　そこで汕尾市政府は海と民俗文化を利用した観光開発を行い，第三次産業を育成しようとしている．2004 年の汕尾市の共産党代表大会と政府工作報告で，汕尾にまず「珠三角旅遊度暇的東後花園」の建設を今後 5 年間の目標にするとされた［黄漢忠 2005：252］．これは経済的に豊かになった広州や香港，マカオからやってくる観光客が余暇を過ごすことのできる町を建設しようというものである．黄漢忠は「汕尾市の海浜民俗文化資源は比較的豊富だが，多数が未開発未利用の状態にある．港と媽祖廟を足がかりに，漁歌や婚礼などの伝統を利用した民俗文化観光地（景点）を建設すべき」［黄漢忠 2005：254］であると述べ，すでに観光地として整備されている鳳山媽祖廟を中心に「漁民」文化を利用したテーマパークを作ることを提案している．

　なぜ海と民俗文化なのであろうか．高山によると，中国の観光は，歴史文化遺産を対象とした歴史文化観光，少数民族の風俗習慣を対象とした民族観光，自然環境を対象としたエコツーリズムおよびテーマパークやリゾート地を対象としたレクリエーション観光，愛国主義教育基地を対象とした革命観光の 4 種に分類でき，それぞれの観光形態は独立して存在するのではなく，実際には民族観光と歴史文化観光の融合や，民族観光と自然観光の融合など複数の観光形態が融合しているという［高山 2007：19-21］．

　第 3 章で説明したように，かつて，旧海豊県の文化的，政治的中心は，

写真 5-1　にぎわう悦城の竜母誕
　　　　　2005 年 6 月 14 日筆者撮影

写真 5-2　香港からの竜母誕ツアーバス
　　　　　2005 年 6 月 14 日筆者撮影

汕尾から内陸に 20 キロメートルほど入った位置にある海城鎮であった．それに対して汕尾は長い間一漁村にすぎなかったこともあり，めぼしい歴史的文化遺産は存在しない．また，彭湃[1]故居等がある海城とは異なり，観光資源といえるような革命旧址もない．しかし，当地の知識人層は媽祖[2]廟などの寺廟が汕尾の歴史的な遺産であると考えている．寺廟の復興は，改革開放後の中国南部各地で見られる動きである［ツー 1995，足羽 2000 など］．それらの中には市場経済化が進む中で，大規模な観光地整備事業の中心として行われるものも多い．広東省でも仏山市の祖廟（北帝廟）や肇慶市徳慶県の悦城竜母廟などがそれにあたる．仏山祖廟は文化財としての価値が評価され観光地として名高い．また悦城竜母廟には，旧暦五月初八の竜母誕ともなればその前後の期間には珠江デルタ一円から団体客を乗せた観光バスや船が押し寄せ大変な賑わいを見せる．

　後述するように，汕尾においても鳳山媽祖廟及びその周辺を鳳山祖廟旅遊区とし，政府主導で再建された媽祖廟を中心とする観光施設を整備している．汕尾において媽祖は「漁民」にもそれ以外の人々にも広く信仰されている．しかしながら，媽祖といえばやはり媽祖のふるさととである福建省湄州島が信仰の中心であり，汕尾の媽祖には，湄州島媽祖や仏山祖廟，悦城竜母廟ほどの対外的集客力は現在のところ備わっていない．そこで，媽祖廟に加えて海を前面に出したリゾート開発，海と不可分の存在である「漁民」の民俗文化を売り出していくことが考えられたと思

第 5 章　「漁村」の廟活動と漁民像の資源化—漁村理事会の活動を中心に

われる．また，鳳山媽祖廟の観光地としての知名度を高めるため，後述
のように，媽祖文化節としてイベントを行っているのである．

5-1-2　注目される「漁民」文化

　では，どのような文化が「漁民」文化として取り上げられているのか．
海豊県出身で中国民俗学の祖の一人でもある鍾敬文は，陸上がり前の民
国期における汕尾の「疍民」についての報告のなかで，以下のように記
述している．

　　居住：「戴母船」あるいは「住家艇」という小船を家とし，通年水面に
　　浮いている．
　　衣服：多くは粗悪な木綿の衣服を着ている．経済関係により，衣服は
　　乞食のようにぼろぼろであるものが少なくない．
　　装飾：男女みな裸足で，履物は履かない．帽子をかぶるものは極めて
　　少なく，寒い時には黒布で頭を覆う．婦女は長さ 2, 3 寸に達する耳飾
　　をしており，誠にユニークな装飾である．男は耳や足に多くの装飾品
　　や足環をつけている［鍾敬文 2002（1926）：410］．
　　風俗：（略）嫁入りの時は，陸上居民同様，夫方はかならず嫁方に送り
　　物をする．婚礼時には「食圓」の風習もある．嫁は夫方についてから，
　　祖先を参拝し，その後嫁方に戻る．しばらく後，嫁方から夫方へ再び
　　移動する．新婚の夜は近所の若い女性たちが船で歌を歌う．［鍾敬文
　　2002（1926）：412］

　また，鍾敬文は「漁歌」という論文を著しており，「疍民」の歌謡にも
注目していた［鍾敬文 1929］．また，亦夢は「汕尾新港疍民的婚俗」と
いう論文の中で，「漁民」の婚礼儀式の過程，結婚当日の一日，媒人，唱
歌の四つの側面から漁歌を紹介している［亦夢 1929］．このように，ま
ず注目されたのは，彼らの船住まいという居住形態であり，またイヤリ
ング等の服飾，そして漁歌を歌いながら行う婚礼であった．

その後，半世紀以上の時を経て，船に住んでいた人々は岸に上がり，かつての「蜑民」「水上居民」の特徴であった船住まいはほぼ失われた．だが，近年にも，「旧時代」，すなわち中華人民共和国成立以前の「蜑民」の風俗習慣に関しての記述は数多くみられる．

例えば，『海豊水産志』蜑民風俗の項では，旧時代の風俗習慣として，一家一船を単位に暮らしていたことなどの他，男子は黒布を頭に巻き海風を防ぎ，とび色の粗布の丸襟「掛衣」藍黒あるいは青藍二色の丸襟上着で，銀製の装飾品を頭や手足につけていたことが挙げられている［鍾綿時 1991：104］．また，婚姻については最も文字数を割いて説明しており，蜑戸同士の婚姻が一般的であったこと，媒人が紹介し，父母が決定する形は陸上人と同じであること，婚礼の際に「心焦歌」「麻船歌」等の漁歌を歌うことを紹介している．また，附として「麻船歌」「心焦歌」など「蜑民婚嫁漁歌」の歌詞および，図として「蜑家新娘」の写真と「汕尾漁女」の絵が掲載されている［鍾綿時 1991：104-107］．

それと同時に，この『海豊水産志』においても，「時代が変わり，社会的な発展や文化教育の普及，漁民の政治経済的地位の向上に伴って，蜑民のもともとの風俗習慣は既に徐々に陸上居民と同化している」［鍾綿時編 1991：104］とも記述されており，総じて船住まい，衣服と装飾，婚礼と漁歌について紹介し，またそれらが近年ではなくなりつつあることにも言及している．

現代の汕尾の民俗研究家たちも伝統的な「漁民文化」について紹介する場合，『海豊水産志』と同様，かつては船に住んでいたこと，婦女が丸襟の「扎衣」「両色衣」とよばれる二色（主に黒と藍，黒と青）の衣服を着ていたこと，手，足，耳，頭の装飾品を用いていたこと，婚礼や漁歌について紹介する［黄漢忠 2004a, 2004b, 葉良方 2004］．船住まいが基本的に見られなくなった現在では，「漁歌」「婚礼」「衣服，装飾（特に女性の）」の三つが彼らの「文化」に特徴的なものとして語られる．汕尾文史「民俗文化専輯」の巻頭にある「蜑民風韻」のカラー写真が，鮮やかなピンクと白の二色の衣装をきて網を見つめる女性達，婚礼をイメージした

170

写真5-3 2004年発行汕尾文史 (14)「民俗文化専輯」の巻頭カラーページ「疍民風韻」

藍白に二色の衣装を来て船を漕ぐ婦女と銀の髪飾りに焦点を当てた女性の後姿，および展示されているかつての漁船の写真であることが，現在表象される「漁民」イメージを端的に表しているといえよう．

だが，すでに述べたように，彼らは現在政策上「漢族」であり少数民族ではない．また政府の支援を受けて陸上がりも進んでおり，その意味ではもはや「水上居民」ともいいがたい．さらに，『海豊水産志』にも記されているように，文献に記されてきた風習も，大きく様変わりしている．若者を中心に洋服を着る者が圧倒的に多くなり，祭礼やパフォーマンスの際に用いられる「伝統衣装」ですらも使われる色や模様が多様になったとされる［葉良方 2004：53］．それとともに，婚礼でも船を使

171

うことはほとんどなくなり，移動には自動車を使用するようにもなった．また，「漁民」同士が結婚しない場合も増えてきた．このように，新中国建国後の諸政策および，近年の急激な経済発展に伴う変化によって，過去のスティグマは払拭されたかのようにみえる．

しかしながら，前述のように「汕尾市の海浜民俗文化資源は比較的豊富だが，多数が未開発未利用の状態にある」[黄漢忠 2005：254] とされ，観光資源としての「漁民」文化に注目が集まっている．黄漢忠は汕尾の旧市街出身の陸上居民で，現在汕尾海洋漁業局の職員であり，漁政大隊にて漁民管理をする部門に勤めている．また，中山大学で民俗学を学んだ民俗研究家でもある．彼は「港と媽祖廟を足がかりに，漁歌や婚礼などの伝統を利用した民俗文化観光地を建設すべきである」[黄漢忠 2004c：26] としたうえで，次のような具体的な提言をしている．

> 漁歌を発掘し，新しい歌手を育てる．海岸沿いの海上に埠頭あるいは舞台をつくり，そこで漁歌海鮮レストランを営業し，漁歌を客に聞かせたり，婚礼のデモンストレーションを見せたりする．レストランの従業員は主として漁家の女性から選んで，疍民伝統の『小円領間色服』を制服として，漁家の特色を体現する．木造の『連家船』を作り，疍民主演の海上婚礼のデモンストレーションの道具とする．船上の生活用品も完備し，観光客に参観できるよう提供する．観客も婚礼デモンストレーション中の双方の親戚友達に扮して参加できるようにして，娯楽性を高める．疍民伝統『小円領間色服』や婚礼衣装を観光客にレンタルして記念撮影させる」[黄漢忠 2004c：26-28]

さらに「疍家民俗文化を開発利用する際には，瓯船漁家婦女の間二色『載載衫』を似ても似つかない色にかえてしまったり，エスニック・グループ識別の機能としての服飾を自由に変更したりしてはならない」[黄漢忠 2005：25] とも述べており，「漁民」を「疍民」と記述し，その民俗文化を保存しつつ観光開発に用いるべきであると述べている．彼のよ

写真 5-4　鳳山媽祖廟媽祖像
　　　　2005 年 4 月 29 日筆者撮影

写真 5-5　鳳山媽祖廟
　　　　2005 年 4 月 29 日筆者撮影

写真 5-6　漁民の婚礼の人形
　　　　2005 年 4 月 29 日筆者撮影

写真 5-7　展示される漁船
　　　　2005 年 4 月 29 日筆者撮影

俗陳列館には漁歌についての解説や，かつての海岸の写真，人形による婚礼の様子の展示【写真 5-6】，古い漁船【写真 5-7】，漁民から集めた古い漁具や衣服の展示等がある．衣服は無料で観光客に貸し出され，その場で着て写真を撮影することもできる．この展示内容からも，表象される漁民イメージの中核は船，生業，衣服，婚礼や歌謡であることが確認できる．

　観光資源として「漁民」の民俗文化を選ぶという行為は，選択者からみて異質なもの，つまり文化的他者としての「漁民」という認識があって初めて成立する．この場合の選択者としては主として地元政府あるいは陸上居民が想定される．公式見解として，現在「漁民」は漢族であるため，この漁家風情園でも「漁民」が「民族」「少数民族」であるという

直接的な表現はされない．しかし，ここを訪れる観光客は，「文化的他者としての漁民」という図式を描きがちであることも確かである．例えば，旅行社のガイド（汕尾市紅海湾出身）が漁家風情園にて民俗学者達の参観時に「わが国の漂泊民族　蜑民」と紹介し「60年代くらいにやってきた深海漁民―紅衛漁民ともいう―が白話を話す．后船蜑民―中海蜑民―が閩南語を話す」と説明していた．このような知識は会社での研修を通じて叩き込まれるという．

　しかしながら，この風情館に「漁民」を含めて汕尾の町に住んでいる人間が行くことはほとんどない．あるとすれば外地から来た客を案内する時くらいのものである．媽祖への参拝は下の廟でできるため，わざわざ代金を払い，長い階段を登って漁家風情館に行く必要はない．従って，展示によって他者であることを再創造する営みが地元社会に大きな影響力を持つともいいがたい．また，いつも閑散としており，地元社会にインパクトのあるほどの収入も期待できそうにない．とはいえ，学術が表象する「漁民」像を，観光客らにディスプレイする場所としての役割は当然ながら果たしている．

②信仰の場としての廟の復興

　東南中国で廟が復興しているという現象において，より注目すべきことは，近年復興しているのは観光の目玉として整備される廟だけではないということである．かつて斯波が明清代の都市にその存在を指摘した，村や町内会の廟ともいうべき小規模な廟［斯波 2002：145-146］も近年急速に復興が進んでいる［cf 志賀 2007，川口 2011］．復興する際には，まず，地域の住民が「理事会[4]」を組織し，政府との折衝や資金集めなどを行い，再建を目指す．汕尾では「『理事会』とは『民間』の組織である」と説明され，共産党政府とは異なることが強調される．基本的には廟を中心とした地縁組織であるが，一部血縁組織としての性質ももつ．すなわち，郊外に新居を立てたり，他の町に移民したりしても，かつて所属していた理事会の成員であり続けることは珍しいことではない．

このような廟の復興に関しては，珠江デルタで宗族文化の復興につい
て研究した川口が指摘したように［川口 2006：238］，汕尾においてもかつ
ての村の廟と神々を可能な限り再建しようとする人々の意思が見受け
られる．観光地として整備された鳳山媽祖廟を含め，安美媽祖廟や，関
帝廟，仏祖廟，観音廟なども建国前に存在していたものを，できるだけ
元の場所に再興しようとしたものである．もちろん，すでに建国後五〇
年以上の月日がたっており，かつて廟のあった場所に学校が建てられて
いるなど，様々な事情がある．従って，関係者の利害関係の調整や，資
金調達能力の問題もあり，以前のままでそのまま復興するわけではない．
しかし，人々は多種多様な文字記録などを根拠に，できるだけかつての
廟を再興しようとしている．
　ただし，本稿が主たる事例として扱う現在「漁村」のある地域は，以
前は海や砂浜であり，かつて廟などは存在しなかった．しかし，第4章
で述べたようにしてできあがった「漁村」を母体に成立した理事会も他
地域と同様に，廟を設立し，祭祀活動を行うべく活動しているのである．

第2節　漁村理事会の活動
5-2-1　漁村理事会の成立と未完の廟建設
　現在「漁村」のある地域は，前述のように新港で船住まいしていた漁
民を陸上がりさせるために，かつて海や砂浜であった場所を埋め立てて
出来た場所である．したがって，廟などは全く存在しなかった．つまり，
「漁村」での廟の復興は，他の場所で行われているような，社会主義体制
下で破壊された民国期以前の廟を改革開放の進展とともに復興させよう
というものではない．しかし，町における周辺の廟復興の動きに合わせ
て，漁民に篤く信仰されている水仙爺廟を村内につくろうという動きが
ある【表5-1】．
　漁村理事会の初代理事長は漁村の元公安幹部であり，その後数代は漁
村の幹部経験者が理事長になっていた．これは，政府と折衝をする関係上
有利であること，また村内でのリーダーシップを取るにたる権威をもっ

第 5 章 「漁村」の廟活動と漁民像の資源化—漁村理事会の活動を中心に

表 5-1　漁村理事会活動年表

1989 年	漁村理事会成立　儀礼活動を開始
2000 年	水仙爺像を安置（ただし，正式に認められた廟ではない）
2001 年	星光計画　老人の家の成立（政府の関与）
2008 年	廟建設準備委員会成立

ていたことが原因と考えられる．また，2001 年からは政府が関与する星光計画[5]により，「老人の家」が併設された．「老人の家」とは，マージャンやトランプ等の娯楽を老人に提供する施設である．汕尾では，「老人の家」の多くは各理事会の場所を利用して作られた．現在は，漁村老人の家の 1 階に水仙爺像が安置され，2 階で老人らがトランプなどに興じる形になっている［周玉蓉 2004：69］．

　2006 年に就任した現理事長は就任時に 40 代半ばであり，70 代前後であったそれまでの理事長に比べ大変に若い．それゆえに，就任の依頼を受けた当初は固辞したが，理事たちに説得され結局は引き受けた．彼は「商売」によって一代で財を築き，数年前に移住先の珠海から戻ったという．現在彼の一家は汕尾の町に数十万元のマンションを購入して暮らしている．彼がその若さで理事長を要請されたのは，「何をするにも金がいる」とその財力と才能を見込まれてのことであると村人の多くは語っている．

　2008 年に廟設立準備委員会が作られ，関係機関との折衝を行っているが，交渉は難航している．なぜなら，「歴史」文物の復興ではないため，土地の使用許可がおりないからである．また，過去にあったものの復興なら，かつてあった場所に建てればよいが，そうではないので，そもそも「漁村」内には建てるべき適切な土地がないとのことである．

　例えば，汕尾の旧市街の関帝廟の場合，乾隆 12 年（1747 年）に書かれたとされる碑文があり，汕尾の中では古い歴史を誇る．そこで，地域の住民代表からなる「市区関爺宮文化室」はそうした歴史ある廟を復活させ，観光地として整備すべきだという意見書を 2002 年に政府に提出した[6]．それを城区政府が検討した結果，公示された文書が【写真 5-8】

写真 5-8　関帝廟を文物保護単位と認定する文書
［汕尾市城区関爺宮文化室編：12］

汕尾市城区人民政府

汕市区府函[2003]39号

关于凤山街道关帝庙定为县(区)级
文物保护单位的批复

汕尾市城区科技文体局：
　　你局《关于要求批准凤山街道关帝庙为区级文物保护单位的请示》（汕区科文体〔2003〕25号）收悉。经7月22日区长办公会议研究，同意将凤山街道关帝庙定为县（区）级文物保护单位。现就有关事项批复如下：
　　1. 成立凤山街道关帝庙文物保护管理委员会，行政上由凤山街道办事处领导，业务上归属区科技文体局管理；
　　2. 文物保护单位的范围（包括土地权属等）在定为保护单位后的一年内，由凤山街道办事处办理有关手续，予以确标；
　　3. 文物保护单位的规划建设必须从长远考虑，做好保护区的规划工作。

二〇〇三年七月二十九日

-13-

である．

　こうして文物保護単位として認定されるところから，廟の再建が始まるのである[7]．このように，廟を建てるためには，歴史文物としての認定を受けた上で資金を集め，建設しなければならない．従って，「漁村」での廟建設をめぐる折衝が難航しているのは，かつて海や砂浜であったところにつくられた「漁村」にはこのような歴史文物になりそうな文化資源が存在しないためなのである．
　ところで「漁村理事会」は，天地父母および水仙爺の神誕の際には，

第 5 章 「漁村」の廟活動と漁民像の資源化―漁村理事会の活動を中心に

写真 5-9　建市 20 周年パレード
　　　　　2008 年 2 月 27 日筆者撮影

写真 5-10　仮設劇台
　　　　　2008 年 2 月 17 日筆者撮影

　海沿いの「ローマ広場」近くに仮設の劇台を置き，神像をその前に移動させて演劇を奉納している．活動内容は次節で紹介するが，ここでは土地使用をめぐる問題にふれておきたい．

　劇を奉納している場所は海沿いの一角で，大通りに面した広場の横である．ここは本来，市政府の土地であり，理事会の土地ではないため，自由にはならない．後述するように，この場所で行った元宵節文芸会に際しては，村委員会の書記が客としてやってくるなど，政府関係者も土地の使用を公認あるいは黙認してきた．しかし，2008 年 2 月に，天地父母誕での演劇奉納を行っていた際，汕尾建市 20 周年パレード【写真 5-9】があったため，パレードの通り道である大通りのすぐ横にある仮設劇台【写真 5-10】は，市の容貌に影響するといわれ，演劇予定日を三日間残しているにもかかわらず撤去された．

　その後，2010 年に再訪した際は，仮設劇台の場所に「汕尾漁歌文化広場」という形で，恒久的な舞台が設置されていた．「水仙爺廟」ではなく「漁歌文化広場」にしたのは，上述のように歴史的根拠がないため廟としての許可はおりそうもないが，後述するように「汕尾漁歌」は広東省級の無形文化財に指定されているので，「漁歌」を前面に出せばうまくいくのではないかとの期待が背景にあったためらしい．ところが，これも市の面貌に影響するから不可とのことで撤去される予定であるという．このような例からも，「歴史」をもたないことによる「漁民」の立場の弱さが覗える．

179

表 5-2　漁村理事会年間活動

行事名	月日（旧暦）	内容
天地父母誕	正月初九	劇台で亀齢島[8]媽祖と水仙爺と天地父母に劇を奉納（約2週間）
元宵節	正月十五	安美媽祖廟の元宵節パレードに参加.
媽祖誕	三月二十三	亀齢島劇台で亀齢島媽祖に劇を奉納.（1日のみ） 安美媽祖廟の一部として市媽祖誕行列等に参加.
端午節	五月初五	新港媽祖に劇を奉納（2日間）
水仙爺誕	十月初十	劇台で亀齢島媽祖と天地父母に水仙爺に劇を奉納（約2週間）

5-2-2　漁村理事会の祭祀活動

　漁村理事会は漁村を代表して祭祀活動を行っている．主たる活動は【表5-2】のとおりである．

　神誕に際しては，劇団を呼んで演劇[9]を上演する．その際には水仙爺を仮設舞台前に移動し，神前で劇を行う．また，亀齢島の媽祖を呼びこれを水仙爺の隣に置いて観劇させる．漁村理事の説明によると，かつて島にはたくさんの漁民が拠点をおいていたが，現在は人が住んでおらず，媽祖が劇を見る機会が少ないために呼び寄せるという．このように，演劇は第一義的には神様に奉納するためのものであるが，漁村で上演される際には老人達を中心に多くの観客が集まる【写真5-11】．市内外に数ある劇団の中からどの劇団を選ぶのかは理事会が決定し，公演期間と演目は理事会が劇団と話しあって決定する．

　なお，神様の誕生日前後には，理事会が中心となり，集金をする．「漁村」の住民は各戸ごとに人数（丁）に応じて支払う．丁には女性や子供も含まれ，一人あたり3元である．また，漁船を持っている場合は，大型船（船の長さ20メートル超）ならば100元，小型船ならば50元を払う【表5-3】．これらは強制的に集めて廻るのではなく，理事会が集金所を作り，そこに皆が自主的に払いにくるのを待つ【写真5-12】．従って，払わないことも可能だが，寄付者氏名は劇台周辺に紙に書いて張り出されるので，払ったかどうかは確認可能である．なお，劇開始後に領収書を持っていくと米，ビスケット，みかん，麺，お札などの縁起物の入った袋と交換してもらえる．また，神様の誕生日には，神様に扮した劇団

第5章　「漁村」の廟活動と漁民像の資源化—漁村理事会の活動を中心に

写真 5-11　演劇を見物する「漁村」の人々　2008年2月16日筆者撮影

写真 5-12　献金にくる「漁民」
　　　　　2008年2月14日筆者撮影

写真 5-13　縁起物を奪い合う人々
　　　　　2008年2月15日筆者撮影

員から，飴やコメなどが投げられる．これもまた縁起物であり，婦女が傘などを使い，争って奪い合う【写真 5-13】．

　ここでは，神誕の祭祀活動の収支の事例として，2006年の水仙爺誕の際の収入と支出を【表 5-3】【表 5-4】にあげておく．

181

表 5-3　漁村水仙爺誕収入

漁村各福戸人丁（1万2300丁）	3万6900元
漁船大小船（320艘）	2万5000元
各界人士と漁村弟子劇題大劇（九本）	3万6000元
其他収入	3689元
総計	10万1589元

表 5-4　漁村水仙爺誕支出

演武大劇十三本	4万3940元
拝神品と錦旗丁餅	2万6803元
電用工具等	2339元
亀齢媽祖迎請と道姑の儀礼一切の工具及費用	1万6250元
食費及一切用具	1万3514元
総計	10万2846元

（赤字1257元）

　上述のような形で集めたお金は劇団への報酬としても用いられるが，劇団を呼ぶ際には個人や家族がスポンサーになることも多い．値段は劇団の規模や格式にもより，一日あたり2000元から5000元程度である．ここでは2007年の水仙爺誕での奉納劇出資者を例として取り上げる．

　劇への寄付者リスト【表5-5】からは以下のようなことがわかる．初日と誕生日当日，および十五日については，「漁村衆弟子」となっており，理事会が各家庭から集めたお金を充てているが，それ以外に関しては，香港に移住した者，商売で成功したものが大口献金者となって，祭りに貢献していることがわかる．十七，十九，二十にスポンサーを務めた現在も漁業をしている二家族も，零細漁民ではなく，大型漁船数艘を所有する船主一家である．このリストは，祭りの期間中ずっと張り出されており，スポンサーを務める人々はその日の劇の冒頭で「孫子」を受け取るため，観客はスポンサーがだれであるのかはよく知っている．また，神様の誕生日の前日深夜23時頃から，理事会成員が参拝を行う．こうした祭祀活動を「漁村」を代表して行うのが，理事会の役割であるとされている【写真5-14】．なお，「漁村」に限らず，旧市街の媽祖廟などでも，誕生日前日の深夜23時頃からその廟理事会による祭祀は行われる．

第 5 章 「漁村」の廟活動と漁民像の資源化―漁村理事会の活動を中心に

表 5-5 水仙爺誕奉納劇出資者一覧（仮名，姓はそのまま（蘇李徐鍾郭＝「漁民」の姓とされる））

日付（農暦）	劇への出資者	備考
十月初九	漁村衆弟子	
初十	漁村衆弟子	
十一	李秋竜先生，李秋貴先生，漁村弟子李家門	商売
十二	蘇田先生，漁村弟子蘇家門	香港で商売
十三	蘇貨先生，蘇銀富先生，漁村弟子蘇家門	香港で商売
十四	李明先生，漁村弟子李家門	商売
十五	漁村衆弟子	
十六	汕尾城区安美祖廟	安美媽祖廟（非漁村）
十七	徐務勝先生，大華，大竜，大武，漁村弟子徐家門	今も漁業
十八	許紺雨女士，善男善女組	安美媽祖廟（非漁村）
十九	鍾木先生，鍾海先生（略）　漁村弟子鍾家門	今も漁業
二十	鍾木先生，鍾海先生（略）　漁村弟子鍾家門	今も漁業
二十一	漁村衆弟子	

（1 本 = 4000 元）

写真 5-14 水仙爺誕前日深夜に祭祀を行う「漁村」理事会成員ら．2006 年 11 月 30 日筆者撮影

5-2-3 他廟との交流

　村内での祭祀のほか，漁村理事会は「漁村」を代表して他の廟との交

183

表 5-6　漁村理事会の各廟建設修築への寄付

廟名	年度	金額(元)
鳳山媽祖廟	1994	1万
后寮仏祖廟	1996	4000
赤嶺百姓公媽善堂	1998	1000
		1000
塩町頭開山大伯爺廟	1999	1400
后寮地蔵菩薩	2000	800
聖詔媽祖廟劇台	2001	1000
安美媽祖	不明	4400
太陽宮	2007	800

際を行っている．【表 5-6】のように，つきあいのある他の廟が復興，改築等をする場合などは，理事会の名で寄付を行う．また，他廟での神誕などに際し，演劇奉納のスポンサーになることもある．下記【表 5-5】で媽祖廟が漁村水仙爺誕の際にスポンサーになっているが，そのお返しに，漁村理事会が媽祖での演劇の際にスポンサーになったりするのである．

第 3 節　政府主催のイベントとしての媽祖誕と「漁民文化」

　周知の通り，農暦三月二三日は媽祖の誕生日である．それぞれの媽祖廟では，それぞれの理事会が祭祀儀礼を行い，劇団を呼んで劇を奉納するといったこともあわせて行われている．「漁村理事会」も亀齢島まで船で二時間ほどかけて出かけて行き，島の媽祖廟に劇を奉納し，そのまま島で一泊して翌日村に戻るといった活動を行っている．

　そうした民間の行事と平行して，政府は「汕尾媽祖文化節」として観光業促進のためにイベントを行っている．政府主催の媽祖文化節では，後述するパレードのほか，学者を招待しての学術検討会なども開かれる．

　「漁村理事会」も 2006 年，2007 年ともに，城区政府主催のパレードに参加した．仮装の演目は「聚新娘」といって漁民の嫁入りである．

5-3-1　媽祖誕のパレードの中での漁民文化

　媽祖誕のパレードは 2005 年からは市城区政府主催の行事として行わ

第 5 章 「漁村」の廟活動と漁民像の資源化―漁村理事会の活動を中心に

図 5-1　06 年媽祖誕パレードのルート．■が「漁村」

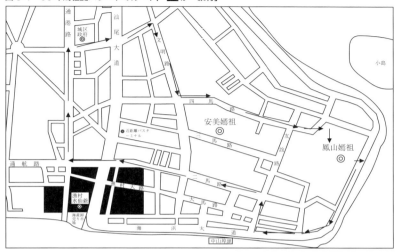

れている．これは鳳山媽祖広場を起点にしたパレードである．朝 9 時開会で，9 時半頃から 13 時頃にかけて市内をパレードした．ただし，2005 年には各街道単位の参加があったが，2006 年，2007 年は鳳山，安美の二大媽祖廟の参加にとどまった（媽祖廟の下部組織扱いで漁村理事会や一部の小学校が参加した）．媽祖誕に際しては，他の各廟でも行事が行われる．2006 年には城区政府主催で民俗学者や役人を集め「媽祖文化与和諧社会」という「学術検討会」も行われた［汕尾市城区鳳山媽祖祖廟理事会，汕尾市城区鳳山媽祖旅遊区管理処編 2006］．

　パレードは伝統的な「巡遊」が形を変えて行われているものである．かつてはこの地域にある鳳山，安美の二つの媽祖廟が，それぞれの廟の福戸[10]の範囲を巡遊していたものであった．以前の巡遊が原型となり，それに政府活動の要素がプラスされたものがこのパレードであるといえよう．

　城区区長である朱顕棠は第一回媽祖文化節の開幕式で以下のように述べた．

185

写真 5-15　媽祖誕パレードを見物する人々．
2007 年 5 月 8 日筆者撮影．

　媽祖文化節の開催は，媽祖精神の発揚，媽祖文化の普及，調和（和諧）社会の建設に目的がある．媽祖文化は貴重な資源であり，『観光盛区』戦略の実施と文化強区建設の推進に大きな意義がある．そのため，媽祖文化の研究，発掘を非常に重視しなければならない．媽祖文化は，かならず非常に巨大な経済的効果と利益を生むであろう」［曽向平 2005：60］．

　ここからも，媽祖を利用して観光開発を図り，経済的な利益を得ようとする地元政府の思惑が覗える．なお，媽祖誕のパレードは，平日にも行われるにもかかわらず児童は学校を休んで参加する．沿道も見物人であふれる【写真 5-15】．
　しかしながら，実際に沿道でパレードを見学した人は，汕尾に住む人々がほとんどであり，媽祖誕であるからといって，汕尾を訪れる観光客はそれほどいない．報道もされるが，地元テレビ局の「汕尾電視台」や地元紙「汕尾新聞」に紹介されるのみであったため，観光客誘致の効果は疑問である．運営に関わった黄漢忠氏も第一回媽祖文化節は基本的に成功したとしつつも，事前の対外宣伝が不足していたため，自分達の娯楽になったのみであったと振り返っている［黄漢忠 2005：256］．
　2007 年 5 月 9 日付「汕尾日報」では，1 面に掲載されたパレード関連

第5章 「漁村」の廟活動と漁民像の資源化―漁村理事会の活動を中心に

写真 5-16 媽祖誕パレードでの「漁民」婚礼. 2007 年 5 月 8 日筆者撮影

の二枚の写真のうち一枚は,多くの出し物の中から「漁民」の婚礼が選ばれており,花形であるといえる.「漁民」の中でも,婦女を中心に人気があり,今回の花嫁役は前回に比べて美人であるとか,コネで決まったから美人ではない,などとうわさに上ったりする.花嫁役だけでなく,花婿役も女性が務める【写真5-16】.なお,2008年の建市20周年パレードでは,漁民の婚礼の出し物はなかったが,パレードを見てきた筆者に向かい,「出し物に花嫁はあったか?」と聞く漁村の婦女は大変多く,彼女らにとっては,パレードといえば,花嫁が連想されるものであるようだ.

「漁民」の婚礼は,特色ある民俗としてパレード等の出し物とされ人気もある.しかし,その表象は,地元民が多数を占める場で消費されるのみで観光需要の喚起にはむすびついておらず,現金収入を「漁民」に

もたらすといった変化の契機とはなっていない.

第4節　漁歌をめぐる動き

　「漁歌」は民国期以来，注目されつづけたものである．中国民俗学の
勃興期には民衆生活を知るための貴重な資料として収集された．「蜑民」
の歌謡について，民国18年（1929年）中山大学の『民俗』第76期蜑戸
専号で羅香林が「蜑家」という巻頭論文において「蜑家は豊富な詩の味
わいをもつ民族である．彼らは水上に棲息し・・・［羅香林1929：1］」と
述べて，彼等の歌謡への関心を示し，以下『民俗』第76期蜑戸専号に
は，亦夢「汕尾新港蜑民的婚俗」，謝雲聲「福州蜑戸的歌調」，清水「蜑
歌」という論文が掲載されている．また後に，呉家柱「兩陽蜑民生活與
歌謡」［呉家柱1936］が中山大学の『民俗』に掲載された．

　その後，新中国建国後は共産党政府の宣伝にも用いられた．漁家隊が
組織され，各地に派遣された．その際に歌うのは，革命関連の歌もあっ
たと漁歌隊参加者は述べている．彼女がいうように，1992年に編纂され
た「粤東漁歌」というテキストには「共産党来為貧人」「人民政府力量
強」「党和漁家心相連」など，革命，建国に関連した歌も「汕尾漁歌」と
して記載されている［黄琛編1992：21］.

　近年，こうした「漁歌」を，「漁民」のみの文化としてではなく，汕尾
地域の伝統文化として活用しようという動きがある．「漁歌」は無形文
化財候補の一つとして，市政府の推薦を受け，2006年5月にはじめて広
東省級の無形文化財を選定する際に，その一つに認定された．また，地
元政府によって「漁歌」のテキストが編纂され，小学校で教材として用
いられている．そこでの「漁歌」の位置づけもあくまで「地域の民俗文
化」である．漁歌は「漁村」の小学校だけでなく，周辺の学校でも教材
として使われ，「漁民」以外の師弟も「漁歌」を学習している．

　また，2007年には，「漁村理事会」のイベントである「元宵節文芸会」
において，「漁民」たちが歌や踊りなどを披露したことがあった【写真
5-17】．このイベントは第一義的には神様への奉納が目的であるが，村内

188

写真5-17 「漁村」元宵節文芸会.2007年3月1日筆者撮影.

から多くの見物客が集まり,大変盛況であった.

その時の「漁歌」の紹介は,「漁歌は汕尾伝統文化代表であり,祖国文芸百花中のきれいな一輪の花である」というものであった.この表現には,「漁村」理事会の人々にとって,「漁歌」は地元汕尾の伝統で,それは中国の文化の一つである,という認識が端的に示されている.

さらに,「漁村」理事会では,再び「漁歌隊」を組織し,「漁歌」を保護,宣伝していこうとする動きも出てきている.前述の元宵節文芸会だけでなく,安美媽祖廟の文芸会でも漁歌を披露していた.また,その後広東省の民間歌会に参加するなどし,メディアにも注目されており,今後の動向が注目される.

おわりに—「漁民文化」の使い方

学術界によって「疍」として記述されてきた「漁民」の文化は,改革開放後の経済自由化の状況下で,市に収入をもたらす観光資源として政

表 5-7　元宵節前漁村文芸大会演目評 [11].

1	漁村児女自編自导自演民间民俗《班仙》
2	漁村児女自編自导自演漁歌《慶豊收》
3	太極拳《24 式簡化太極拳》
4	白字戏曲《張小姐下凡》
5	漁村児女自編自导自演幽默的百鱼故事《百鱼名故事》
6	太極功夫《夕陽美太極功夫扇》
7	漁歌《12 个月捕魚歌》
8	漁歌《好歌唱给好聴》及《頭歌》
9	漁歌表演唱《俗称頭斜歌》
10	安美祖庙婦女合唱《漁家の娘》
11	漁歌表演唱《漁村民俗聚新娘》

理事会作成のプログラムより作成

　府によって注目された．本来,「疍」あるいは「水上居民」「漁民」というカテゴリーは，水上生活という居住形態を根拠としてカテゴライズされたものであったはずである．従って，第 3 章で述べたように陸上がりが進み，服装等の区別もなくなってきた現在,「陸上居民」と「水上居民」というカテゴリーは消え去りつつあるともいえる．

　ところが,「漁民」の民俗文化を利用した活動が，たとえ実際に観光客誘致にそれほど貢献していないとしても，見えにくくなりつつある「漁民」に関する語りを公の場に持ち込む契機となる．

　そこで，本章では,「漁村」を代表して祭祀活動や民俗文化を利用した活動を行っている漁村理事会の活動に注目した．漁村理事会が様々な行事に参加したり主催したりする中で,「漁民」文化をどう扱っているのかを分析し，彼らの文化的戦略，ならびに「漁民」イメージ利用への彼ら自身の戦略とその限界をさぐることが本章の目的であった．

　まず，漁民が自らの廟を作るという悲願はなかなか達成されない．そこでたびたび言及されるのは「歴史がない」ことによる不利益である．行政は廟の復興を，住民の信仰の場所を提供するということではなく,「歴史遺産」の復興という形で認可する姿勢をとっており，史的価値のある廟をもっていなかった「漁村」では，廟建設ができないのである．

　そうしたなかで，近年地方政府などが行っている「漁歌」の保存，宣

伝の動きは再び公の場に持ち出されてきた「漁民」の民俗文化をめぐる新たな展開である．こうした動きは，すでにほとんど存在しない文化的差異を意図的に生み出しているといえる．それに対して「漁民」の側も表象された「漁民」文化自体を否定することはしない．むしろイベントへの参加は喜んで行われているようにさえ見える．だが，そのことは，積極的に自分たちは「漁民」である，というアイデンティティを主張することにはならない．漁村理事会の「漁歌は汕尾伝統文化代表であり，祖国文芸百花中のきれいな一輪の花である」という紹介からもわかるように，むしろ自分たちがもっている文化は，誇るべき「中華文化」の一つ，汕尾という地域の「伝統文化」であると位置づける．こうした位置づけは，地域の特色を対外的にアピールし，観光業を興していこうとする地方政府としても受け入れられないものではないであろう[12]．

　漁村を単位とした理事会の祭祀活動の実施は，「漁村」に属する漁民アイデンティティ強化につながるとも指摘できるのかもしれない．しかしながら，この点の判断は慎重に行うべきであろう．彼らは中国の，あるいは地元汕尾の伝統文化としてあるべき祭祀を行っているにすぎず，こうした活動は必ずしも「漁民」としてのアイデンティティ強化につながるとはいえない．ここで，ワトソンが「中国人であることは，人生に関わる儀式，最も重要なものは婚儀と葬式であるが，これらを行うためには正しい方法があるという考えを理解し，受け入れることである」[ワトソン 2006（1988）：261]といった言葉を思い出してほしい．漁村理事会の廟での祭祀，奉納儀礼も「中国人としてあるべきふるまい」をしているにすぎない．そして「漁歌」もまた，あくまで中華文化の一つなのである．従って，「漁村」理事会の一連の活動が「漁民」アイデンティティ強化をしていると単純にいいきれるものではないのである．

第 5 章の注

1) 彭湃は，早稲田大学に留学し，社会主義運動に参加．帰国後，1927 年に中国最初
の共産政権である海陸豊ソビエト政権の指導者となったが，1929 年に上海で国民
党に捕らえられ，刑死した［海豊県地方誌志編纂委員会 2005：1132-1134，横山
英 1961］．

2) 媽祖とは福建出身とされる女神．主に中国沿海部や台湾で信仰されている．天妃
とも称される．

3) おみくじ引き．くじを引いた場合，自分が引いた番号のくじに書いてある文への
解説や，それにちなんだ人生へのアドバイスを，寺廟に常駐する専門家に行って
もらう場合が多い．ちなみに，筆者も解説してもらったことがあるが，その時専
門家には，人類学の研究などしていても儲からないから，人生の「発展」のため
には商売を始めた方がいいと勧められた．

4) この町では「理事会」というが，中国の他の町でも同じ名称とは限らない．

5) 正式には「社区老年福利服務星光計画」という．日本でいう「ナンバーズ」のよ
うなくじを売り，その売り上げでそれぞれの社区（コミュニティの訳語）内に
「星光老年之家」を作るなどして，老人福祉の充実を図るというもの．

6) 「旅遊景点関帝廟重修に関する上申書」の内容は以下の通り．

　本市三馬路廟前街（旧新華書店前）の関帝廟は，清乾隆 12 年（1747 年）に建設さ
れ，天后媽祖とともに，「百年商埠」開埠のメルクマールとなる建築物であった（2002
年 7 月 3 日の汕尾日報にてそう報道された）．

　道教正神である「関聖帝君」とは歴史上実在した人物で，即ち誰でも知っている
「関公」である．（略）

　市区のこの関帝廟は即ち開埠初期の商人が建てたものである．然るに，解放後，皆
が知っている理由によって，この廟は取り壊され，廟碑と香炉，石獅，劇台ならびに
劇台再建の記念碑だけが残っている．

　1996 年 10 月，同じ道教正神である天后媽祖廟が城区政府の批准を得て重修された．
それにもかかわらず，関帝廟に関しては今に至るまで全く知らせがない．是はまった
く妥当ではない．（略）

　香港在住の汕尾出身者達はこの関帝廟を再建させることを決意し，（略）多くの人
の献金を受け，再建資金は基本的に香港において準備された．（略）彼らに代わって，
本室が建設の任にあたることにしたい．（略）

　関帝廟の再建は，単に汕尾においては数が少ない文化古跡の回復，保存に止まら
ず，さらに重要なのは千年百代に渡って育て上げられた誠信をもって本となす商業精
神を広めることによって，汕尾商業の強固な精神的支柱とすることにある．このよう
な状況を海外にいる汕尾出身者は理解しており，再建資金は政府の援助は必要ない
し，群衆に寄付を要求するも必要なく，建設用地もさらに他の土地に拡大したりはし
ない．建設後町の外観はさらに輝きを増すことになり，交通や民生を妨げることには
ならない．（略）

　我々は再建後の廟の管理者として，地方各級党政の正しい指導に服従し，宗教，文
化部門の管理と指導を主体的に受け入れ，法律を遵守し，正しい世論動向を堅持し，
文明建設を促進し，汕尾の振興に貢献する．

第 5 章 「漁村」の廟活動と漁民像の資源化—漁村理事会の活動を中心に

　上申書は以上である．この文書の批准を期待し，ご指導を賜りたい．

市区関爺宮文化室
2002 年 9 月 5 日．
［汕尾市城区関爺宮文化室編：10-11］

7） この関帝廟も，上申書には資金は既に全て香港で準備したと書いてあったにもかかわらず，その後資金集めが難航するなどし，起工式が行われたのは 2006 年 12 月 15 日のことであった．

8） 亀齢島は捷勝の西南にある面積 0.24 平方キロメートルの島．広東東部の航路上に位置し，船が風除けをして停泊するのに適した土地があるため，300 艘の漁船が停泊していたこともあった．解放前には住民は 1000 人に達していた．国民党統治末期には，4 〜 500 人の海賊が住み漁民や商船を襲っていた．解放後海賊は平定され，200 人ほどの漁民が住んでいたが，1962 年に戦備のために住民は大陸に移動し，荒島となった．改革開放後，付近の海洋資源と観光資源としての価値が注目され，85 年の海康県委員の調査を経て，1992 年に船着場が一つ建設され，その年に媽祖廟も修復された［翁深在 1998：118］．

9） 汕尾では，地元の方言を使った「白字劇」が上演されることが多い．ただし，それ以外にも「西秦劇」「正字劇」といった汕尾で伝承されている演劇，安徽省や湖南省など他省の劇団による劇も上演されることがある．なお，安徽省や湖南省の劇団への上演報酬は，地元の劇団よりも安価である．

10） 日本の寺での檀家に相当するもの．

11） ただし，都合により 10 番目に予定されていた安美媽祖の演目は実際には 3 番目に行われた．

12） ただし，非物質文化遺産である『漁歌』を前面に押し出し，「漁歌広場」という形を取って「漁村」に廟を建設しようとしても，城区政府がそれを許可するまでにはなっていない．

第6章　汕尾市における諸エスニック・カテゴリーと「漁民」

はじめに―汕尾市におけるマイノリティ

　本章では，汕尾における「漁民」の差異化の特色をさらに追及し，その特殊性と普遍性を明らかにするため，海豊県などに居住する畬族などを含め，汕尾市における「漁民」以外の諸グループのエスニシティの差異化のされ方と比較する．第3章で既に紹介したように，汕尾には少数民族として畬族が200人弱居住する他は，ほとんど全て漢族である．しかし，言語は多様な方言が話されている．汕尾の言語的マジョリティは福建系海陸豊方言（汕尾話）を話す人々である．言語的マイノリティとしては，客家語話者や軍話，白話といったその他の漢語方言話者がいる．それに加えて，これまで述べてきたように，「漁民」という居住地や生業などが異なるとされた人々が存在する．

　汕尾における「漁民」を差異化するそもそもの根拠になっていたものは，主として水上という居住地であり，漁業という生業であった．そうした区別を出発点として，その上に学術的視点によって様々な水上居民像（イメージ）が描かれた．

　中国において，学術を主導してきた人々が農本主義的であったことから，それとは対極にあった水上居民は農本主義思想下での被差別グループという指摘もある［何家祥 2005］．また，長沼さやかは「水上居民」とは文化的マジョリティである宗族によって縁取られた文化的他者であるとまとめている［長沼 2010］．たしかに父系親族集団である宗族にとって，土地をもたずかつ宗族組織や族譜をもたない水上居民は見下すべき文化的他者であったと考えられる．

　しかし，日々の生活で他者をカテゴライズするのに用いる文化的差異に関して，少なくともこの半世紀の間には，建国後の省政府の政策によっ

表 6-1　漁村理事会の各廟建設修築への寄付

比較する項目	(過去の)居住形態	主な生業	祖先	経済力	観光資源化する民俗文化
マジョリティ	陸上	農業，商業	中原漢族	普通	資源は少ない
「漁民」	水上	漁業	「蜑」	貧しい「漁民」イメージ	「漁民文化」

表 6-2　「漁民」と汕尾市のマジョリティとの差
異を消し去る「漁民」の変化

民族籍	「蜑」ではなく「漢族」として認定
居住地	陸地に定住
生業	多様化
貧しさ	支援政策により格差は縮小

て，また経済的状況の変化によって大きな変化が生じている．人々の他者認識はそうした変化によっても変わりうるため，単純に，宗族（あるいは漢族）が自らの正当性を主張するために縁取りをして「水上居民」像を描いているとはいいがたい側面があるのではなかろうか．

　本章での比較を容易にするために，前章までに行った分析から，「漁民」と汕尾市におけるマジョリティとの差異を生み出す主なものを【表 6-1】としてまとめた．

　次に，「漁民」と汕尾市のマジョリティとの間に存在した差異を消し去る「漁民」の主な変化を【表 6-2】として挙げる．

　こうしたマジョリティによる「漁民」の差異化と比較した場合，他のグループにはどのような差異化の特色があるのだろうか．本章において比較の対象とするのは，汕尾市内に居住する諸グループのうち，畬（ショオ）族，客家，白話[1]漁民（汕尾紅衛管区と馬宮の深漁管区）の三つのカテゴリーである．解放前は，蜑と並列に言及されることが多かったにもかかわらず，「漁民」とは異なり現在は「少数民族」である畬（ショオ）族との比較からは，マジョリティとの差異化に関する政策の影響が浮かび上がるであろう．序章でも述べたとおり，多様な「漢族」と，文化的に「漢族」的な少数民族が比較的近距離内で暮らす華南では，自覚化されるもの，されないものを含め，漢族／少数民族という枠組にとら

第6章 汕尾市における諸エスニック・カテゴリーと「漁民」

われないエスニシティのあり方の探求がなされるである．そのため，二次資料のみの分析ではあるが，ここで畲族の差異化のされ方をまとめ，「漁民」と比較しておくべきであると考えた．また，「漁民」と同じく漢族のサブグループとされるものの，羅香林をはじめとした客家出身研究者が自文化の研究を行い，積極的に正当化を図った集団との比較からは学術による構築の影響が見えるのではないかと予想される．さらに，同じく元水上居民ではあるが，地域の言語的マイノリティで，かつ経済的な成功者と見られている白話漁民との比較からは，エスニシティの範疇化に際しての言語の影響と，経済力の影響などが確認できると思われる．

第1節 畲族

6-1-1 畲族概況

畲族は中国の 55 の少数民族の一つであり，主に中国東南部の福建省，浙江省，広東省に居住している民族である．2000 年当時の人口は，全国で約 70 万人，広東省では 2 万 8000 人である［李 2006］．汕尾市内では，海豊県鵝埠鎮紅羅村に居住しており，2003 年現在で 27 戸 183 人の人口を有している［黄淑娉 2003］．汕尾市の人口は 300 万人を超えており，海豊県だけでも 80 万人近くの漢族人口がある中で，紅羅村の畲族は極めて少数である．汕尾語，海豊語でも「畲族 sia zog」と呼ばれる［羅志海 2009：39］．

6-1-2 畲族＝先住民の子孫という記述

彼らは，もともと山地民であり，焼畑を生業としていたとされる．この意味で，水上居住，漁業を理由に区分されていた疍とは，共通する部分がある．そのため，畲族に対して，百越（南部中国の原住民）の子孫であるという記述がしばしば見受けられ，そうした際には，疍（「漁民」）とセットで記述されることが多い．その内容は，畲も疍も先住民の子孫であるというものである．

197

例1　海豊方言辞典

秦汉之后的漫长岁月里，<u>汉人大量迁入海丰，土著越人逐步迁出平原要</u>
<u>津之地．从此，能歌善舞，亦猎亦耕亦渔得越人，或避走山林，捕猎为</u>
<u>生，演变成今天的畲族</u>；<u>或楫舟江河大海，以船为家，演变成今天的疍</u>
<u>家（又称瓯船），也即是我们通常所说的疍民．明代《广东通志》（黄佐</u>
著）载："<u>上山为畲下水为疍</u>"疍民因丢失掉自己的民族文化，再加上
上世纪五十年代中华人民共和国建国初期政治军事上的考量，被确认为
汉族［羅志海 2009 引論 1］（下線筆者）．

　　ここには，漢族が大量に海豊県に移住してきたのに伴い，平地を追わ
れた先住民のうち，山に逃れた先住民が畲族であり，海に逃れたのが疍
家という認識が記されている．
　　近隣他県でも同様である．広東省沿岸最東部に位置し，福建省と境界
を接する饒平県の県誌においても，以下のような記述が確認できる．

例2　饒平県誌

西周から前漢時期，饒平の住民は百越族の一つとされる．その子孫は
畲，疍等の民族となり，漢魏から唐に至る時期の饒平の土着の人（原住
民）である．ある畲族は福建省浙江省を経由して，またある畲族は再
び福建省を経由し饒平に移住した．例えば，現在の饒洋鎮藍屋村の住
民の先祖は福建龍渓に住み，後に大湖薔寮において分支し，明初に大
湖薔寮から分支が入饒した．疍族は現在の河洲，海山，東界，拓林な
どの沿海に多く集居し，畲族は現在の上饒，三饒，鳳凰，浮山，淬渓
などの山地に多く集居している［饒平県地方志編纂委員会 1994：174］．

　　このように，県誌，あるいは方言辞典といったものになされる学術的
記述においては，「畲」は「疍」とともに百越の子孫であるという記述が
なされている．

第6章　汕尾市における諸エスニック・カテゴリーと「漁民」

6-1-3　民族識別工作の実施

　畬族には犬を祖先とするという盤瓠伝承があり，祖先を祭る儀礼の「招
兵」は，民族文化を代表するものとされている．だが，そうした儀礼も
多くは道教等の影響を強く受けており，「漢化」のすすんだ民族とされる．
そのため，1950年代の民族識別においては，漢族なのか，少数民族なの
か，あるいはおなじく山地民であるヤオ族の一支なのか，単一の少数民
族なのか比較分析を行う必要があった．そうした目的のもと，中央民委
は1953年に浙江と福建に畬民識別小組，1955年に広東に畬民畲民識別
調査小組を派遣した［黄光学2005：135］．

　この調査で畬民について以下のように報告された．まず，彼らの使用
言語については，客家語を話す，あるいは，福州語や広東語を話すという
学者がいたため，漢族だという意見があった．しかし，識別後の結論で
は「漢語方言を話すのは，漢族の影響を受けたから」ということになっ
ている．それに加えて，民族固有の言語として，ミャオヤオ語族ミャオ
語支に属す語を畬民の4％が話すという報告もなされた［黄光学2005：
135］．このように，当時すでに畬民が漢語の諸方言を話すことは明らか
でありながら，彼らはもともと固有の言語をもった「民族」であるとい
う報告がなされたのである．

　また，第2章で言及したように，民族識別前の自己意識については，広
東省豊順・潮安・饒平県の「畬族」には「畬族」としての民族意識は無
く，自分達が何族であるかはっきりわからない人が多かったという［福
建省編輯組1986：49］．一般に「畬族」は漢族からの他称で，自称は【表
6-1】のように様々であった．

　民族に特徴的な儀礼である「招兵」儀礼は，現在では，潮安，鳳凰山
などでは数年に一度「民族伝統文化」として盛大に行われている．しか
し，識別工作が行われた当時，潮安では1952年に挙行したというが，蓮
花山では人々の記憶は大変曖昧であったという．また，そもそもその内
容は，漢族の儀礼とよく似ているとされた．さらに，1950年代当時，海
豊紅羅村では三十数年前に行ったとはいわれていたが，儀礼の過程を述

199

表 6-3 「畬族」の自称

地名	自称および出典
広東省恵陽県, 海豊県	「畬民」「賀爹」[福建省編輯組 1986：23]「粤瑶」[黄光学 1994：183]
広東省増城県, 博羅県	「賀爹[2]」または「瑶人」「瑶族」[福建省編輯組 1986：23]「粤瑶」[黄光学 1994：183]
福建省寧徳県	「苗族」「瑶族」「成人」「城人」[福建省編輯組 1986：91]
福建省羅源県, 霞浦県	「山客」「苗族」[福建省編輯組 1986：118, 179]
福建省鉛安県, 江西省鉛山県, 貴渓県, 興国県, 浙江省景寧県	「山客」[福建省編輯組 1986：3, 134, 196, 251]

べることが出来る人はいなかった(1955 年発行　「広東畬民識別調査」福建人民出版社 1986 年に収録).

6-1-4　汕尾市の畬族の変化

　海豊県誌［2001 年］の巻 36 民俗 宗教の第 6 章「畬畬民俗」において, 畬族の風俗習慣について以下のような紹介がある.

　　もともと盤瓠即ち狗頭王を祭っていたが, 現在は「祖公」としかいわない［海豊県地方志編纂委員会 2005：1110］.

　　昔は狗肉は食べないという禁忌があったが, 現在は変わった［海豊県地方志編纂委員会 2005：1110］.

　　服装は漢族と同じである［海豊県地方志編纂委員会 2005：1110］.

　　節日は漢族とあまり変わらない［海豊県地方志編纂委員会 2005：1112］.

　ここでは, 海豊県のマジョリティである漢族住民の風俗習慣とは別個に項目を立てて紹介する形になっている. しかしその内容はさほど変わらないもののほうが多い. かつて「民族」とされた「畬族」の文化的差異は, 近年の変化で消え去ってしまい, 民族籍だけが残っているのだろうか. あるいは, そもそも差異はなかったのであろうか.

　ここでは, 1955 年当時の報告と, 2003 年に再訪した黄淑娉による調査

第6章　汕尾市における諸エスニック・カテゴリーと「漁民」

報告の内容から，少数民族とされた時から今日までの変化を考察する．

○ 1955 年の調査の報告［広東畲民識別調査］

　1955 年当時，紅羅村は高い山の上にあった．そのため，水稲耕作の収量は自然条件が悪く，付近の漢族の半分であった［福建省編輯組編 1986：27］．とはいえ，狩猟，木炭生産，家畜（鶏など）飼育などからの「副業収入」が収入の三分の一から二分の一であることを考えると［福建省編輯組編 1986：32］，周囲の漢族と極端に大きな経済格差があったわけではないともいえる．

　また，教育状況に関していうと，村には私塾などもなく，解放前は一人も文字を知らなかった［福建省編輯組編 1986：40］．

　畲族と漢族の文化的差異としてしばしば取り上げられる盤瓠信仰に関しては，正月初一から初五の期間に，始祖である盤瓠を祭るとある［福建省編輯組編 1986：46］．ただし，それは「法師が一人で行い，村民はみているだけ」［福建省編輯組編 1986：48］であった．

　また，「招兵」儀礼に関しは上述の通りその過程を知る者はいなかったのである．［福建省編輯組編 1986：47］．

　ただし，他地域とは違い，客家でもヤオでもなく，畲としての自意識があった［福建省編輯組編 1986：49］．

　こうした状態から，紅羅村の人々は「畲族」として認定されたのち，50 年以上の歳月を経た今日少数民族政策を受けてどのように変化したのか，しなかったのか．以下では 1955 年に民族識別の調査団に参加し，2003 年に紅羅村を再訪した黄淑娉の報告を整理してみよう．

　まず，居住地の変遷とそれに付随する経済的な側面の変化から見ていこう．山深いところにあった紅羅村の村民は，1958 年にそれ以前の村から，やや山を降りたところに村を建てたという．ただし，ここは土地も狭く，農耕収入だけでは三か月分の食料が不足するため，その不足分を柴刈りの収入で補わなくてはならなかった[3]．政府は長期にわたり税を

201

免除し，良い品種の種や農薬などと農業知識を与え，山林を保護し，狩猟させることはなかった［黄淑娉 2003：190］．このように，政府は，農業で生活が成り立つように援助していた．また，狩猟はしなくてすむようになったという意味の記述があるが，禁止していたのかもしれない．

　1999 年から 2001 年にかけて，少数民族優遇政策の一環として政府が 200 万元を投入して 3 キロメートル山を下った場所に現在の村を建設した．これにより，中華人民共和国成立以前は全てわらぶきの家で一片の瓦もなかった紅羅村が，鵝埠鎮で最初に全戸が水道水，電話，衛星テレビ付きの二階建て建物になった［黄淑娉 2003：190］．

　移住後の経済状況の変化としては，水稲耕作のほか，山林にはライチ，竜眼など商品作物を植えて収入増を目指すようになった．ただし，今のところ質量ともに高くはないとも述べられている．また，豚，牛，鶏などを飼育し，余剰があれば市場へ売りに出すという．他にも，青年男女 30 人ほどは外へ出稼ぎに出ており，海豊県に隣接する恵東県の靴工場への出稼ぎが多い［黄淑娉 2003：190］．

　このように，政府によって行われた援助をみると，明らかに「少数民族」籍の恩恵を受けている．紅羅村は海豊県内唯一の少数民族村であり，新村の建設をはじめ，手厚い優遇がなされていることが覗える．

　では，文化的な側面では畲族としてのエスニシティはどう変化しているのだろうか．村民の教育状況は以前とは大きく様変わりした．建国前はだれひとり文字がわかる人はいなかったが，まず建国当初は数人が当初は奨学金で漢族の小学校に通うようになった．58 年に移住した村には教室が一つだけではあるが，小学校があった．また，1990 年代に政府などの 20 万元の出資により，村に二階建ての大きな畲族小学校が建設された．現在の新村へ移ってからは，付近にある漢族と同じ小学校に学費全額免除で通っており，児童生徒の入学率は 100％である［黄淑娉 2003：191］．

　このように，全ての村民が文盲であった状態から，小学校への就学率 100％を達成するまでになった．かつての「遅れた」人々ではなくなり，

第6章　汕尾市における諸エスニック・カテゴリーと「漁民」

むしろ周辺の農村より優遇された状態にあるといえよう.

　では, 儀礼についてはどうであろうか. 正月一日から五日の祖先祭祀
は, 老人達が中心になって儀礼を行っているという. また, 解放前の段
階で, すでに儀礼の過程を知っている者がいなかった「招兵」の儀式に
ついては, 現在の村民は全く知らないという [黄淑娉 2003：193].

　また, 畬族小学校では, 畬語で授業を行っていたこともあって老若男
女を問わず「畬語」は維持されている. 村に婚入する婦女も二年もする
と畬語を話すようになる. なお, 青年達は, 恵東客家語, 海豊話, 普通
話も話す. 男性はさらに広東語に近く, 鎮で通用している「尖米話」も
話すという [黄淑娉 2003：197].

　ところで, 黄淑娉が訪問した 2003 年以降も, 「民族工作」は続けられ
ている. 2007 年の『汕尾年鑑』によれば, 2006 年にも 30 戸 200 人の紅
羅村に対し以下のような政策がなされたという.

　①42 万元を使って長さ 2.5 キロメートル, 幅 3.5 メートルの道路を建
　　設.
　②余剰労働力を出稼ぎに行かせるよう援助することで自活の道を指導.
　③春節に市幹部が慰問 [汕尾市年鑑編集委員会編 2007：282].

　こうして, 50 年代から近年まで, 民族政策が採られ, かなりの経済的
な援助がなされている. こうした政策の結果もあり, 2003 年現在では,
過去も瑶などではなく畬だったと村の知識人は語るなど, 村民の間に畬
族としての自意識は明確にある [黄淑娉 2003].

6-1-5　「畬族」とマジョリティとの差異
　もともとは, 船上に居住し漁業を行っていた「疍」が異視されたのと
同様, 山地に住み狩猟採集や焼畑農耕をする人々が異視されたのが「畬」
であった. 中華人民共和国成立後, 民族識別において「畬」は「少数民
族」とされ, 彼らに対して優遇政策が施された. その後, 今日までの間

203

表6-4 畲族と汕尾市のマジョリティとの間の差異を生み出すもの

比較する項目	民族籍	歴史文献上の祖先	かつての居住地	固有言語	特徴とされる生業	独自の儀礼
マジョリティ	漢族	中原（福建等から）	平地	福佬話	農業，商業	
畲族	少数民族	百越の子孫（山へ）	山地	畲語	焼畑，狩猟採集	「招兵」と記述

表6-5 「畲族」と汕尾市のマジョリティとのかつての差異を消し去る「畲族」の変化

生業の変化	平地へ出稼ぎも
居住地	山上から平地へ
教育状況	小学校へ100％入学
祖先祭祀	盤瓠→祖公へ名称が変化
経済力の上昇	服装等は同じ（もとから）
使用言語	村外ではマジョリティに同じ

に汕尾市のマジョリティとの間の差異を生み出すもの，消し去るものについてここまで述べてきた内容をまとめると【表6-4】，【表6-5】のようになる．

　このように，現在「畲族」と周囲との差異を生み出しているのは，もとからあった畲語という言語的差異を除くと，学術による記述と，それに基づいて「少数民族」となったため実行されている政策によるものが多い．一方，汕尾のマジョリティとの間のかつての差異を消し去るものは，そうした政策の影響も受けて変化した，日常の生活において観察できる文化的要素であることがわかる．

第2節　客家

6-2-1　客家概況

　客家とは，漢族のサブグループであり，客家語を話すとされる人々である．客家語の使用人口の正確な数は不明であるが，徐傑舜によれば中国国内に3800万人，海外に700万人ほどの客家語話者がいる［徐傑舜1999：147-148］．なお，汕尾における客家語話者は2006年現在約55万

人とされている［汕尾年鑑編纂委員会編 2007：25］．

　客家は，中国南部においては後来者であり，先住のほかの漢族グルー
プからは主に山地に住む被差別民とされたこともあったし，非漢族起源
説もあった．だだし，中華民国期に，羅香林（1906 年〜1978 年）の『客
家研究導論』が発表されて以来，近代学術研究の中で，純粋な中原文化
をもつ漢族としての地位を主張し続けている．羅香林は，族譜を手がか
りにした歴史学的方法で，中原からの移住を「復元」した．また，客家
語の音韻，語彙の特色から中原文化の伝承者と主張している［羅 1933］．

　こうして学術によって記述された「客家文化」は，観光資源として各
地で利用されはじめている［瀬川 2014 他］．また，それまで必ずしも客家
とされていなかった住民が居住している地域でも，観光開発を推し進め
るために「○○客家文化」という看板を掲げだしたという［河合 2012a］．
客家は，漢族のサブグループの中でも強力に学術，あるいは政治による
文化構築が行われてきた集団といえる．

　その一方，本節で言及する汕尾沿海の客家は，政府による観光開発の
対象とはなっていない．また，学術的にも直接当地の「客家」文化につい
て記述した研究はない．しかも，祖先は客家語を使っていたとはいうも
のの，現在では汕尾のマジョリティ言語である福佬話を話す．この「客
家語を話さない客家」の人々の事例を中心に，そこでどのように文化的
差異を用いたカテゴライズが行われているのかを検証する．

6-2-2　汕尾における客家

　汕尾市内の客家人は主に陸河県および海陸豊の北部山地に住んでいる
とされている．なかでもかつての陸豊県北部山地からなる陸河県は，一
般に客家人の住む地区であると認識されている．『客家陸河』という本に
は「1988 年に中国の地図上に一つの県級行政単位が加わった．これがす
なわち，全国で最も若い客家県陸河である」［陸河県客家文化集編小組編
2006］とあり，この記述がその認識を示す代表的なものである．これま
での研究では，この地区の客家人とその文化が研究の主な対象とされて

きており，汕尾市内の客家民俗研究は，ほとんどが陸河県客家に関する
ものである．

　例えば，『汕尾文史民俗文化特集号』には，陸河客家山歌や陸河客家人
の伝統育児習俗など，陸河客家の民俗に関する文章しかない．また，汕
尾市政府が主催した媽祖誕や市創立 20 周年記念行事などでの民俗パレー
ドにおいても，「客家山歌」の演技をしてパレードするのは陸河県文化
館の代表であった．このように，文献においても政府の活動においても，
汕尾市内で客家といえば，まず陸河県が挙げられるのである．

　また，客家は中原起源であること，客家語は古代漢語の特徴を残すと
いった，羅香林的客家像もこうした書物では繰り返し述べられている．

　現在の汕尾市城区を含む旧海豊県内においては，客家人は陸河県に隣
接する海豊県の北部山地に住むと考えられている［楊必勝 1996：1-2，海
豊県地方志編纂委員会編 2005：1077，羅志海 2000：293］．

6-2-3　客家語を話さない「客家」

　汕尾の対岸「新港」に，祖先が客家であるとする村々がある．そのう
ち，町から遠い三つの村は現在も客家語を話すとされ，それ以外の村の
人々は，現在では客家語は用いておらず，汕尾のマジョリィティ言語で
ある福佬語を話す．そのどちらも，村人の祖先は海豊県の北にある五華
県などからやってきた「客家」であるとの伝承を持つ．ただし，民俗研
究などで，これらの村々について記述されることはこれまでほとんどな
い．本節では，こうした村を事例に，文化的差異を用いたカテゴライズ
と学術の影響を考えてみたい．

　本節で分析する白石頭村は新港の新港村に属する自然村で，村の人口
は 40 人前後である．ただし，「本来あるべき村人数」を記した媽祖廟の
寄付金リストでは 320 丁となっている［2007 年聖旨媽祖廟媽祖誕『本境
个興旺村丁口款立榜』より］．これは，周辺の村々同様，汕尾，あるいは
深圳，香港などに移住した者が多く，現在の村は空洞化しているためで
ある．この村は，かつての漁民が停泊していた新港のすぐ隣にあり，漁

第 6 章　汕尾市における諸エスニック・カテゴリーと「漁民」

民達が汕尾の「漁村」へ移ってしまったあとは，この村の人々の多くも交通が不便で土地の痩せたこの地をあとにし，汕尾などへ移住したという．

　この村の出身者で一番の知識人である ZA 氏（1939 年生まれ，現在は汕尾在住）によれば，彼の祖父の代までは客家語を話せたという．少なくとも祖先祭祀と客家の客人をもてなす場合では必ず客家語を使用していたとのことである．また，白石頭村の村人の祖先は五華県では農耕，柴刈り，鍛冶等をしていたが，こちらにやってきてから漁業をするようになった．

　現在は ZA 氏を含めて，みな福佬話を使用しており，客家語はほぼわからないという．

　なお，日常村人の間で「客家」に関する言説はほぼ聞かれない．むしろ，村の北帝廟で行われた演劇奉納の際，香港から帰ってきた老人が私に対して「我々福佬人は劇が好きなんだ」と説明したように，「福佬人」あるいは「汕尾」ではというタームを使った説明もよくされる．

　それでも，ZA 氏は近年再建された Z 家の祠堂を「客家の文化に基づいて建てた」と当地を訪問した客家研究所の研究員に説明した．その「客家の文化」の内容とは，祠堂の前に風水池があること，建築物に中軸線や，土地公など客家建築によく見られる特徴を有していることを挙げた．ただ，これらは客家建築以外でも，華南の祠堂では一般的なものである．なぜあえてこんな説明をしたのだろうか．

　ZA 氏は族譜編纂の資料集めのために，五華などの客家地区を訪問しており，こういった客家文化のイメージが彼の中にあったと思われる．むろん，こうした建築の特色は客家に限ったものではないし，客家研究者にむかって「客家文化」という言葉を使って説明した，という情況自体が意味をもつものである可能性もある．だが，「客家文化」という言葉を使って説明したことから，そこにはある種の「客家」へのイメージが投影され，かつそれを自分達のものとして取り入れたことが覗える．

　白石頭村は普段は特にかわった特徴のない汕尾付近の一農村であり，住民は自らを「福佬人」「汕尾人」として語る場面のほうが多い．客家

207

表 6-6 「客家」と汕尾市のマジョリティとの間で差異を生み出すもの

比較する項目	固有言語	特徴とされる生業	学術による自文化構築
マジョリティ	福佬話	農業，商業	「潮汕民系」として記述．祠堂や族譜の復興，編纂
客家	客家語	農業，（過去の）山での作業	羅香林研究．祠堂や族譜の復興，編纂

表 6-7 「客家」と汕尾市のマジョリティとの差異を
消し去る「客家」の変化

民族（的）区分	同じ漢族
使用言語	客家語→福佬話に
生業	農業→都市に移住（現在）

語も山歌もない現在の白石頭村の住民が客家とカテゴライズされるのは，そうした文化的指標を以って客家とされるのではなく，祖先が「客家」だから「客家」ということになる．

6-2-4　汕尾の「客家」とマジョリティとの差異

　ここまで再三指摘したように，かつての客家研究は羅香林パラダイムによる強固な正統漢族意識の主張を行ってきた．さらに近年では，そうした学術成果を利用しながら，各地の地域政府が「〇〇客家文化」として文化資源化を図っている．

　とはいえ，全ての地域で客家文化が強く自覚され，積極的に利用される，というわけでもない．すなわち，学術による「縁取り」はあっても，それで地域の「客家像」が説明できるわけではなく，違った像が浮かび上がることもある．

　現在の使用言語や生業といった日常生活に観察可能な要素からみると，白石頭の「客家」と汕尾市のマジョリティとの間に文化的な差異はない【表 6-7】．しかしながら，白石頭のような地域においても，コンテキストによっては，そうした学術による表象や政府の文化資源化に刺激された形で「客家」らしさが語られることもある【表 6-6】．

　つまり，「漁業をしない漁民」が存在しうるのと同様のメカニズムで，

第 6 章　汕尾市における諸エスニック・カテゴリーと「漁民」

白石頭村のような「客家語を話さない客家」も存在しうる．つまり，学術や政策によって構築されたカテゴリーと，実際に観察できる文化的要素の間のずれが生じたために発生することなのである．しかし，またそれと同時に，同じ白石頭村の人々が，たとえ族譜において祖先が客家であろうと，日常生活においてはそのコンテキストによって「福佬」となることもある．

第 3 節　白話漁民

6-3-1　「白話漁民」概況

　「白話漁民」とは，福建語系の言語話者がマジョリティである汕尾において，白話（広東語）を母語とする漁民の人々である．「漁民」と比べてかつて深海領域で作業をしていたので「深海漁民」とも呼ばれる[4]．汕尾市城区における福佬語系「漁民」の現人口は約 1 万 7000 人であるのに対し，広東語系「漁民」が約 1800 人である［黄漢忠 2004b：42］．すなわち，言語的マイノリティである[5]．主に汕尾の紅衛村（人口 4036 人）と，馬宮の深漁村（2435 人）に在籍している．そのうち母語が白話なのはそれぞれ 2500 人と 1500 人である［羅志海 2009：引論 3］

　なお，海豊方言辞典には「拖船（仔）to zun［na］」という項目があり，以下のように記述されている．

　　汕尾市深海漁民の呼称，別称．自称は "疍家 dang ge"[6] 母語は広州話（広東語）．彼らは家庭では広州話を話し，外では海豊福佬話を話す．彼らの居住地紅衛管区と深水管区は汕尾市の典型的な広東語方言島である［羅志海 2009：58］．

　このように，詳細な報告はないが，言語的マイノリティとしてその存在が言及される．ただし，外では海豊福佬話を話すとも書かれており，マジョリティ言語も話すことができることが記されている．次に，村の歴史についての簡単な情報を，村委員会の前に掲示されている看板から

209

読み取る.

　看板　「新港街道紅衛漁業村簡紹」
　（紅衛漁業村は）深海漁労をする漁業村民委員会で，1950 年代に成立
した．村民は各地から，統計によれば広東，広西，海南三省の 23 の県
市から移住して来ており，主に珠江デルタや広東西部一帯および汕尾
の流動漁民[7] からなっている．一部の村民は広東語を話す．当時汕尾
に定着し，紅衛大隊を設立，80 年代に行政管理制度の改革に伴い，紅
衛管理区となり，1999 年に紅衛漁業村民委員会と改めた．人口は 4000
人強，戸数 1032 戸であり，住民は<u>市内各地に散居している</u>．（2008 年
2 月撮影の看板．村委員会入り口前にある．下線筆者.）

　広東省西部などから移住した人々を 1950 年代に漁業大隊として編成し
たのが「紅衛村」成立の契機であった．すなわち「漁村」の成立と同様，
社会主義体制下の集団化によって誕生した集団といえる．ただし，集団
といっても，市内各地に散居[8] しており，「漁村」のように集住したわけ
ではない．また，船ごとの決算を導入した「包船到船」を全国に先駆け
て行い，経済的に成功したことで有名である［鍾綿時 1991：44，海豊県
地方志編纂委員会編 2005：351-357］．そのため，嶺南[9] 文化の影響で，
「漁民」と比べ商業重視，開明的であり，経済力も強いという評価がある
［黄漢忠 2004a 80-81, 2004b：42］．

6-3-2　白話漁民とその民俗文化
　筆者は白話漁民の人々と生活をともにしながら参与観察をする機会は
なかったため，その実態を検証することはできないが，彼らの民俗文化
に対する認識に対しては，以下のようなものがある．
　まず，汕尾の紅衛村書記は，白話漁民の調査をしたいという筆者の求
めに対し，「住民は各地に散居しているし，漁業をしていないものも多
い．もはや漁村といえない．民俗文化の調査なら他所に行ったほうがよ

第6章　汕尾市における諸エスニック・カテゴリーと「漁民」

い.馬宮[10]ならよいのではないか」と述べた.ここからは,すでに調査
に値するような民俗文化はない,という自己評価が覗える.

　また,海豊県の陸上出身の馬宮街道事務所主任の話では,「馬宮の漁
民は2000人強で,そのうち深海漁民は1000人強である.現在は基本的
に陸上で生活している.その一部は生活習慣,言語伝統(総じていえば
風俗習慣)などを残している」と説明した.白話漁民でない主任からは,
「漁民は風俗習慣を残している」と語られる.

　ところが,馬宮街道深漁村委員会の役人MD氏[11]とともに深海漁民
MC氏[12]を訪ねてインタビューした中で,「深海漁民特有の節日は」と尋
ねると,MC氏は「ドラゴンボートレース」と答えたが,MD氏は「そ
れはどこでもやっている.(特有の節日は)基本的にない」と説明した.
また白話漁民と汕尾語漁民の違いはあるかという問いに対しても,二人
とも「ない」と答え,違いは言語だけであるとMD氏は述べた.

　街道書記には「独自の風俗習慣が残っている」といわれたが,このよ
うに,本人たちの自己評価では,周囲との差異を自覚できる風俗習慣は
存在しなかった.

6-3-3　「漁民」と「白話漁民」の差異

　ここまで本章では,汕尾市のマジョリティとマイノリティとの差異を
生じさせる要素について考察してきた.ただし,「白話漁民」というカテ
ゴリーの輪郭を明らかにするためには「漁民」との比較も不可欠である.
従って本項では「白話漁民」と「漁民」との差異について考察する.

　前述のように,汕尾では一般的には単に「漁民」といえば福佬語系漁
民,后船漁民を指すが,「白話漁民」も「漁民」も両方とも陸地のマジョ
リティからみると「漁民」とされる場合がある.筆者は広東省民族研究
所に「白話漁民」の調査がしたいという申請書を出し,2006年4月に民
族研究所の案内で汕尾市に到着した.しかしその後,市幹部HH氏が筆
者をバイクの後ろに乗せて市役所から出発し,到着した場所は東風村委
員会であった.委員会の建物に入る前に「『白話漁民』の調査がしたいの

211

だが，ここは后船漁民，汕尾語漁民ではないのか？」とHH氏に尋ねると，「そういうことはわからない．村の書記に聞いてほしい」という答えが帰ってきた．HH氏からすれば，どちらも「漁民」であり，「漁民」内部の話はよく知らないということなのであろう．また，彼は市の民族宗教局の役人であり，夏季休漁中に広州の寺院から届いたコメを「漁村」の貧困家庭に届ける作業に携わったりもしているので，「漁民」の調査ならばここだろうと，筆者を東風村に案内したと思われる．このように，「白話漁民」は「漁民」のサブカテゴリーと認識されることもある．

　本節のはじめで述べたように，白話漁民は深海漁民とも呼ばれる．前述の紅衛漁業村の紹介文も「深海漁業村である」という文から始まるし，馬宮の白話漁民も「深漁村」という村の名称からわかるように，そもそもは深海トロール漁業に従事する人々の集まりである．広東省では，深海トロール漁業は陽江などの広東西部が盛んであって，そこからやってきた人々が解放前に汕尾へと移住したのが白話漁民の起こりである．ただし，近年では中海（浅海）漁民も深海で作業しており，そもそも生業の多様化も進んでいることから，深海，中海というカテゴリーは，かつての作業領域をもとに範疇化されているといえよう．

　白話漁民はもともと比較的大型のトロール船に乗っていた人々であり，それに加えて，改革開放の波にいち早く乗り，経済的に成功したことで有名である．一方，「漁村」については，未だに「貧しい」というイメージがある．前述の仏教協会によるコメの援助なども「貧しい」から行われていると認識されている．筆者が，汕尾で「漁村」に住んでいると自己紹介すると，「彼らは貧しい．そんなところに住んで治安は大丈夫なのか？」と陸上住民に心配されることも何度かあった．調査の手助けをしてくれた政府役人も，「漁村では，カメラやパソコンなどの貴重品の保管は十分注意するように」と繰り返し忠告された．

　一方，漁民事情に詳しい人の間では「白話漁民は豊かである」という印象が広まっている．前述の黄漢忠氏の論述でもそうであるし［黄漢忠2004a 80-81, 2004b：42］，漁村の人たちもそう話す．筆者が紅衛村の調

第6章　汕尾市における諸エスニック・カテゴリーと「漁民」

写真 6-1　「漁村」チーム
　　　　　2006 年 5 月 31 日筆者撮影

写真 6-2　「紅衛」チーム
　　　　　2006 年 5 月 31 日筆者撮影

査を希望すると，東風村書記も「紅衛は電白，台山，珠海などから来た漁民だ．白話を喋る．食べ物も向うの方が美味しいものを食べていると思うぞ」と語っていた．実際には，漁村でも成功して豊かになったものも存在するが，貧しい漁村と豊かな紅衛という経済力に基づいたイメージでの対比は現在でもなされる．

　ところで，2006 年端午節の市城区政府主催[13]ドラゴンボートレースにおいて，興味深い事象が見られた．このときのドラゴンボートレースでは，汕尾市城区の各街道および鎮がそれぞれ 2 チームずつ代表を選び，鳳山媽祖廟前の直線 800 メートルのコースで予選，準決勝，決勝の順に競争を行った．この時，新港街道からは公式なチーム名としては「新港街道 1」と「新港街道 2」という二つのチームが参加した．しかし，そのユニホームには「漁村」と「紅衛」と書かれ，チームの責任者も「漁村」は前進村書記が，「紅衛」は紅衛村書記が務めていた．第 3 章で紹介したように「漁村」はあくまで通称で，正式には前進村と東風村である[14]．ユニホームは各チームで用意することになっている．ここから，「漁民」から縁遠い市の役人からみた「新港街道 1」「新港街道 2」という認識と，漁民を抱える新港街道内部の認識の差が読み取れるといえよう．

　このように，「白話漁民」は「漁民」のサブカテゴリーとされることも

213

表6-8　白話漁民と汕尾市のマジョリティとの間で差異を生み出すもの

比較する項目	母語	生業	行政組織	祖先
マジョリティ	福佬話	農業，商業	居民，村委員会	中原（福建）から
白話漁民	白話	漁業	漁業大隊→村委員会	広東西部から

表6-9　白話漁民と汕尾市のマジョリティとのかつての差
異を消し去る白話漁民の変化

使用言語	福佬話も使用できる
生業	漁業以外に転職
居住地	陸地居住に

ある一方，「漁民」からは経済力や，方言，かつての操業海域の深度など
で区分されうる存在である．また，そもそも，行政上の所属が異なると
いうのも，「漁民」との差異を定めている一因である．

6-3-4　「白話漁民」というカテゴリー

　紅衛村委員会も深漁村委員会も，広東省東部からやってきた主として
トロール漁船での深海漁業に従事する漁民たちを集団化して作られた組
織を元に，行政単位として確立したものである【表6-8】．その意味にお
いては，「漁村」の成立過程とほぼ同パターンである．さらに付け加える
ならば，「漁村」の場合は陸上がりに際し，一か所に集住していくことで
「漁村」の範囲が目に見える形で存在することになったが（【図5-1】参照），
前述の通り紅衛村の場合には構成員は市内各地に散居しているため，居
住地域として「村」があるわけではない．彼ら「白話漁民」は，「白話」
を話す人々として語られるが，実際にはバイリンガル以上が多く，現在
では白話に加えて福佬話もできる場合がほとんどである．外部からは，
独特の風俗習慣があるとされるも，実際にはほとんどない．少なくとも
本人たちに自覚的なものはない【表6-9】．

　白話漁民を地域のマジョリィティと区分していたそもそもの根拠は，
その言語と来歴であった．こうした要素によって，白話漁民は差異化さ
れたグループであったといえる．ただし，その後年月を重ねる中で，現

第 6 章　汕尾市における諸エスニック・カテゴリーと「漁民」

表 6-10　「白話漁民」と「漁民」の範疇化のされ方

「漁民」	範疇化の根拠となる項目	「白話漁民」
福佬話	母語	白話
福佬話＋白話，普通語	現在の使用言語	白話＋福佬話，普通語
中海，浅海	かつての操業区域	深海（約 100 メートル）
深海でも行う	現在の操業区域	深海
地元，あるいは福建省方面，（モンゴル[15]）	祖先の来歴	広東省西部
貧しい（イメージ）	経済力	豊か（イメージ）

在は言語の「同化」が進んでいる．白話漁民たちの多くは，福佬話も使用可能であり，また，マジョリティ側も広東語ができる人が多数存在する．

　白話漁民には，自文化構築を進める客家の羅香林に該当するような学者もいないし，畬族のように「民族」政策があったわけでもない．ただ，集団化などの漁業政策は存在し，「漁民」同様それによって集団として成立した．その結果，方言辞典をも含め，民俗研究家の記述においては，白話漁民のその存在は疑いのないものであり，「方言島」などとして描かれていた．こうした観点からは，「白話漁民」の実際の日々の使用言語での区分というよりむしろ，研究者の記述によりカテゴライズされた集団といえる．

　「漁民」との差異でいえば，「白話漁民」はもともと海上における作業区域と使用言語の双方が異なる人々であった．また，作業区域に付随した形で，経済的な差異も存在した．そして，集団化の過程で別個の大隊となり，それはそのまま現在の村委員会へと編成された．しかし，その後，時代がくだるにつれて，言語においても作業区域においても，その区別はなくなりつつある．ただし，経済力の違いは今なお存在しており，そのことが「白話漁民」というカテゴリーを用いた範疇化を導くこともある．

おわりに―エスニシティの差異化のされかた

　本章では，汕尾における「漁民」の差異化の特色をさらに追及し，その特殊性と普遍性を明らかにするため，海豊県などに居住する畲族などを含め，汕尾市における「漁民」以外の諸カテゴリーのエスニシティの差異化のされ方と比較した．ここから以下のような差異化にみられる共通点を指摘できる．

　まず，一方に歴史文献を利用して語るスタイルの差異化が図られていることである．これは，過去に蓄積された民族研究や民俗研究などで描かれる差異で，この地域社会において一定の権威がある．そのため，政府によって推進される観光開発政策や政府役人たちの発言においてみられたように，現実の実態を伴わない学術により構築されたイメージを再生産する傾向がある．

　もう一方には，日々の暮らしの中で人々によって行われているカテゴライズが存在する．カテゴライズに用いられるのは具体的な文化的差異である．例えば言語や居住形態，生業などがそれにあたる．

　言語に関していえば，使用言語には多重性が想定でき，また，環境が変われば容易に使用言語も変容もする．従って，「客家語を話さない客家」が登場するし，白話以外をも話す白話漁民が増えるのである．

　居住形態にしても，経済状況や政府の政策の変化によって，劇的に変化するものであることは，これまで述べてきたように明らかである．生業もまた然りである．

　加えて，「白話漁民」と「漁民」との比較においても，言語や操業区域といった日常生活において観察可能な差異は縮小していく一方，学術による差異化，豊かな集団か貧しい集団かというイメージあるいは行政組織としての違いなど，観念上の差異は差別化の根拠として存在している．

　このように，学術的差異化が再生産を志向し，その差異を固定化していこうとする傾向があるのに比べ，日々の暮らしにみられるカテゴライズは，社会経済的状況に基づいて変化していく傾向がある．そのため，学術で構築されたイメージは時に日常生活においてみられる実態とかけ

第6章　汕尾市における諸エスニック・カテゴリーと「漁民」

離れる場合もあるのである．また，そのカテゴリーの境界は，それが問
題となる場面のコンテクスト（誰が誰に対して何を語るのか）に依存し
ているともいえる．

第6章の注

1) ここでは広東語のこと.「白話小説」などといった場合に用いる, 文言に対する口語のことではない. また, 粤東のどの地方からやってきたかによって, 香港で話されている標準広東語とは音韻上多少の違いがある場合がある［広東民族研究所 2001：99］.

2) 「賀爹 xɔ　de」＝山林の人, の意. ちなみに当地で漢人は「kapia（平地人）」とされた.

3) この報告書からは「狩猟採集や, 柴刈りは, 農業だけで生計維持できない場合にするもので, しないで済むほうがよい」という報告者の価値感が随所に伺える. ただし, その可否について本書では論じない.

4) 現在では「漁民」も深海漁民と同じような水深区域でも作業をするようになっている.

5) ただし, 省レベルでは, 広東語がマジョリティである.

6) ママ. 差別的ニュアンスがあり, 実際に自称とはしていない.

7) 香港・マカオと中国大陸を行き来できる漁民.

8) このことが,「漁村」ではないからと調査を拒否された理由でもある. なお, 何カ所か「白話漁民が多い」地区はある.

9) 広東省を指す. 広東文化には商業重視の伝統があるといわれている.

10) 汕尾から 10 キロメートルほど西に位置する港町. 汕尾市城区内である.

11) 深漁村委員会役人　父は白話漁民, 母は当地人. 1971 年生まれ.

12) 1944 年生まれ. かつては船で暮らしていた. 息子達は今も漁に出ている.

13) このような形ではこの年のみ開催された. 準備が面倒である, 参加チーム同士で小競り合いがあった, などの理由で翌年以降は各地でそれぞれ行う形に戻った.

14) 本書 p78-79, p112-113 を参照のこと.

15) 汕尾を含めた広東東部および福建省の「漁民」に関して, 彼らの祖先はモンゴル族（あるいは「色目人」）で, 元朝が滅びた時に海に逃れたモンゴル族の子孫が「漁民」であるという伝承がある［翁国梁 1929, 陳序経 1946：21-29, 広東省民族研究所 2001：69-71 など］. なお, 筆者はこの伝承と「漁民」エスニシティの関連について口頭発表を行った（2010 年 10 月 1 日, 第 777 回都立大・首都大社会人類学研究会）. しかし, その内容を本書に組み込んで検討することはできなかった. この点は［稲澤 2015］を参照のこと.

第7章　あらたな他者とエスニシティ

はじめに―あらたな他者

　ここまで，かつて水上居住という居住形態の大きな差異が存在したことにより，他者とされた「漁民」たちについて論じてきた．中華人民共和国成立後，政府は文化的経済的格差を無くすため，彼らに多くの援助を行った．その結果，陸地に多くの家が建てられて，教育格差などの是正も進んだ［詹 2004］．長きにわたりそうした政策が実行され，水上居民の陸上がりはほぼ完了しており，現在ではその多くはもはや「水上居民」とも呼びがたい存在となった．

　とはいえ，第5章，第6章で論じたように，陸上がりを経て陸上居民との間の文化的差異が消えつつある現在でも，かつての水上居住や風俗習慣をもとに観光開発の場面等での政府や学術による「水上人」「漁民（himin）」の差異化は続けられている［cf 長沼 2010：199-237，稲澤 2010a：9-18］．

　しかしながら，改革開放以降の汕尾においては，より大きな文化的差異をもつ他者が近くに存在することが目立つ機会が増えてきた．貧しい内陸部から，改革開放の恩恵を受けた広東省沿海部へと出稼ぎに来る人々が多くなってきたからである［cf 大島 2001］．近年，広東省の一部地域では，出稼ぎにやってきた人々と，地元人の間に深刻な対立が起こり，紛争，ストライキ，暴動などに発展している地域もある．本書が対象とする汕尾においては，そうした事件の発生には至っていないが，人々はこうした新たな他者の登場をどう認識し，解釈しているのだろうか．本書では，エスニシティを「国家の枠組みの中で，出自や過去，文化的な特質を理由に異質と思念される人々を範疇化する際の，自己規定あるいは他者規定の原理である」と定義している．本章においてもエスニシティのこうした側面を重視する．R・ブルーベイカーは，人々の認識としての

エスニシティという視点を強調している。彼によれば、エスニシティは、現実世界に既に存在しているものではなく、人々の認知、解釈、表現、範疇化、アイデンティフィケーションを通じてしか存在しない［Brubaker 2002：174-175］。

　そこで本章では、広東省東部の地方都市汕尾における春節と清明節という二つの重要な年中行事を取り上げ、新たな他者との接触やそうした場面での人々の解釈を論述する。汕尾において春節、清明節は、ともに香港移住者が帰郷するタイミングの一つである。後述するように、汕尾からは、1960年代を中心に多くの人々が富を求めて香港へと移住した。第5章の廟の復興の事例で取り上げた劇奉納スポンサーにも香港移住者が一定の割合を占めるように、香港移住者は汕尾において大きなプレゼンスをもつ人々である。また、こうした重要な年中行事の期間には、レストランでの食事など消費活動が盛んに行われる。その際、日ごろ没交渉に近い地元民と内陸からの出稼ぎ労働者が接する機会が増加する。本章では主として2006年と2007年の調査に基づき、春節と清明節という二つの年中行事の過ごし方を民族誌的に見ることを通じて、文化的差異の問題のされ方に、水上、陸上という二分法とは異なる、新たな文脈が頻出していることを指摘する。

第1節　汕尾における「文化的他者」
7-1-1　「漁村」と「漁民」というカテゴリー

　第5章で紹介したように、現在、彼らとその子孫たちの多くは、市内の三つの行政村に住んでいる。先祖が広東西部などからやってきたという、広東語（白話）を母語にしていた「漁民」の子孫からなる行政村が一つ、地元の汕尾語を母語にしていた「漁民」からなる行政村が二つ、計三つである。後者の二つの行政村は合わせて「漁村」と呼ばれ、その人口は約2万人である。また、21世紀に入ってからは、この地域を単位とした廟の活動なども行われている［cf 周玉蓉 2004：67-76，稲澤 2010b］。

　「漁民」たちも現在では陸に家を建てて住んでおり、仮に「漁村」を

第7章　あらたな他者とエスニシティ

一見したところで，水上居民であった頃の面影を見つけるのは難しい．また，「漁民」には漁業従事者が多かったが，近年では商売をしたり工場で働いたり，漁業に従事していない「漁民」も多い．こうした点から現在の「漁村」の住人は「水上居民」でないのはもちろん，漁業を生業としないことすらある．

　しかし，それでも「『漁民』は陸地の汕尾人とは違う」という語りがなされることがある．汕尾の陸上居民（「漁民」からは「山頂人」といわれる）である民俗写真家 HX 氏は「漁民の年越しの過ごし方は，我々とは違うはずだ」と筆者に述べた．「具体的に何が違うのか？」と聞き返すと，「それは見たことがないからわからないが，絶対に違うはずだ」という返答であった．このように，自分達と違う風習をもつ「漁民」という語りは，たびたび耳にすることがある．

7-1-2　言語によるカテゴライズ

　中国南部は多様な言語が存在する地域である．従って，本書第 3 章冒頭で紹介した「広東漢族三大民系」のような言語を用いた人のカテゴライズは学術上行われるのみならず（cf 河合 2010：95-129），汕尾の人々の日々の暮らしの中でも常に行われている．例えば，筆者が初対面の人に出会った際に，筆者に同行していた地元の人が「こいつは日本から来た留学生だ」と紹介したとする．その場合，相手は「彼（＝筆者）は何語を話すのか」と常に確認してくる．そして，その問いへの地元人同行者からの返答は「普通話」「白話」「汕尾話」のいずれか，またはこれらのうちの「いくつかができる」というかたちで行われ，筆者が「日本語」を話すということに触れた回答がなされたことは一度もなかった．これは，こうした会話が何語をコミュニケーションに用いるのかの確認であるとともに，地元で意味のある分類カテゴリーとして「普通話を話す人」「白話を話す人」「汕尾話を話す人」というカテゴリーがあることの表れでもある．

　まず，そうしたカテゴリーにどういうイメージが付与されているのか

をここで確認する．第一に，「汕尾話を話す人」についてである．これは，主に地元人を指す．市内でも地域によって音韻，語彙に微細な差異は存在するが，基本的には「我々の言葉」として認識されている．「汕尾話」の他，「我々のこの辺の言葉」とか，「土話」などと表現されることもある．ちなみに，香港帰りの人は「福佬話」と表現することが多い．

　第二に，「白話を話す人」についてである．汕尾を含む海陸豊地方からは，これまで香港を中心に多くの人々が移民した．海陸豊沿岸漁民は，古くから香港の香港仔，長洲島，坪洲島などに定着してきた．また，第二次大戦後には難民として多くが香港に移住定着した［田仲 1981：698-699，瀬川 2002c：2］．その定着する過程において，海陸豊人としてのエスニシティが形成，変遷してきたことも指摘されている［志賀 2011，2012］．

　現在の汕尾における「香港人」の特徴として，使用言語がマジョリティと異なることが挙げられる．彼らは普段汕尾語ではなく，白話（広東語，香港話）を話す．特に移民二世，三世になると汕尾語は話せない場合が多い．また，帰郷者は故郷に戻る際にはタバコ，高級茶葉，薬品，衣服そして現金などを持っていく．後述するR家のように，家の主たる収入源がこうした移民した家族によってもたらされるという家も珍しくはない．廟でのスポンサーなどを指し，「彼は何者だ？」という問いに対して汕尾話で「香港」（*hiang gang*）という答えが出たのを何度か耳にしたことがある．この場合の「香港」とは，「香港に行って成功した金持ち」という意味を含んでいる．

　近年は，香港ドルと人民元の交換比率が逆転したのをはじめ，大陸の急速な経済発展に伴って経済面での香港人のプレゼンスは以前ほどの大きさではなくなっている．しかし，それでもいまなお，香港移住組の汕尾における存在感の大きさは指摘できよう．

　なお，汕尾における香港帰郷者以外の白話話者として，前述した珠江デルタ，広東西部から移住した漁民の子孫たちもいる．彼らは，改革開放の波にいち早く乗り，経済的に成功した者が多い．そのため，白話話者が金持ちであるというイメージは，彼らの存在を考慮したとしても，

揺らぐものではない．また，志賀によれば，香港における海陸豊人のイメージには「粗野」「大声で話す」「貧しい」というものがあり，こうしたイメージは香港に移住した海陸豊人の多くが，最底辺の肉体労働に従事したことに関係するという［志賀 2012：42］．当然ながら，こうした香港における海陸豊人イメージも，白話を話す人と汕尾語を話す人というカテゴライズに影響を与えている．

　最後に「普通話を話す人」について述べたい．汕尾は，経済特区である深圳や，珠江デルタの各都市ほどは工業も発展してはいないため，流入出稼ぎ労働者人口が現地住民人口の半数を超えるような状態ではない．しかしながら，汕尾にも出稼ぎ労働者は存在し，「四川仔」(*su tsuang a*)[1]などと呼ばれる．これは，四川，湖南などからの出稼ぎ労働者を指す言葉である．汕尾において彼らは，荷物運びなどの単純労働や，レストランでのウエイター[2]などのサービス業等に従事しており，経済的には恵まれていない人が多い．また，彼らは「普通話[3]を使用する人」として認識されている．

　広東省においては，風俗習慣や話す言語が異なり，経済的にも劣位にある出稼ぎ労働者と地元社会の関係は，「二元社区[4]」であると評されている．そうした状況下で出稼ぎ労働者は，経済的劣位と文化的差異により地元民からの蔑みの視線を浴びている［周大鳴 2005：189-199］．

　こうした蔑みの例として，広州人はよく，「外省人は，衛生に注意を払わず，シャワーをあまり浴びず，ゴミを散らかす．バス，電車に乗る時に並ばない」と発言することが挙げられる［張振江 2002：166］．また，出稼ぎ労働者が「普通話」を話すことも広東省ではマイナス評価につながる．国家の共通語を話す人々は，一般的には上位に置かれそうなものであるが，広東の民間社会においてはそうではない．張振江は，広東人の普通話への反感を次のようにまとめている．

　　「普通話（で話す人）は声が大きく，粗野で尊大であり，広東語のやさしさ，しとやかさには及ばない．普通話は表現が硬く，微細な感情を

表現できないので，日常生活には相応しくない．広東人には普通話は難しい．広州などでは，普通話では人に騙され，見下されるし，普通話は北方語であり，地元人はそれほど学ぶ必要がない」[張振江 2002：163]．

　汕尾でもほぼ同様の情況がある．さらに，汕尾語，広東語，普通話の三種が並存し，人によっては複数言語を使い分ける．おおまかにいうと，地元の言葉としての汕尾語，よそ者の使う普通話，全くのよその者ではないが，金持ちが多い広東語話者といったイメージである．なお，汕尾の人でも，子供たちを含む若年層や外に出かける機会の多い男性などは，汕尾語だけでなく，普通話，広東語も話すことができる．そのため，汕尾語しかできない地元の老人や女性は，彼らを通訳としてコミュニケーションを図る．小学校に1，2年しか通わなかったという漁村の女性たち（40代以上）の場合，普通話は「ニイハオ」「シィエシィエ」くらいしかできない．しかしながら，広東語ならば簡単なコミュニケーションは取れるという女性が多い．男性の場合は小学校には三年程度しか通っていなくても，商売などで他地域の人と交流せざるをえないため，ある程度普通話を話す．また，学校教育を受けた経験が長い場合は，高齢でも普通話ならある程度できるという場合もある．出稼ぎ労働者も長期滞在をしていると，多少の汕尾語は聞き取ることができる場合があるが，基本的には普通話を用いて地元の若年層，あるいは男性とコミュニケーションをとることになる．香港人は，汕尾育ちの移民第一世代であれば汕尾語と広東語および片言の普通話を話すが，その子供以降の世代は広東語のみあるいは広東語と英語しかできないので，汕尾においては広東語か，片言の普通話を用いてコミュニケーションを図っている．

第2節　汕尾における春節

　年越しは，中国の年中行事の中で最も重要なものの一つとされる．中国の年越しは新暦ではなく，農暦に基づいて行われる旧正月である．日

第7章　あらたな他者とエスニシティ

本人である筆者も，「外国人が中国の文化を研究するなら，年越しを体験することが必須である」と，様々な人からいわれた．しかし，このように重要な行事であるにも関わらず，中国において 2000 年代まで外国人によるフィールドワークの実施がきわめて困難だったこともあり，川口による珠江デルタに位置する広州市郊外の農村における春節についての報告［川口 2007］等を除けば，現代中国における家庭レベルの春節の過ごし方を描いた民族誌は皆無である．そうした意味においては，本節は民族誌的データとしての価値も含む．もちろん，本書でなぜ春節を取り上げるのかといえば，単にこうした民族誌的データを提示したいというだけではなく，この春節の民族誌の中には汕尾の地元人と香港からの帰郷者や出稼ぎ移民との接点，あるいは相互のイメージについての言説が多く含まれるからである．

　このように重要であるとされる春節を，筆者は幸いにも陸上居民の家庭と「漁民」の家庭の双方でともに過ごす機会を得た．全くのよそ者である筆者を快く家庭に招き入れ，ともに春節を過ごしてくれたのは，陸上居民である R 氏一家と，「漁民」である X 氏一家である．

7-2-1　汕尾の春節—R 家の事例を中心に

　本節ではまず，筆者が 2006 年に春節をともに過ごした陸上居民の R 氏一家の事例を中心に，汕尾の春節について民族誌的記述を行う．なお，これ以降は旧暦の月日には漢数字を用いる．

　R 氏（1951 年生）一家は非漁村民であり，海陸豊方言を話す一家である．旧市街の中心地にある関帝廟近くに故居があるほか，海辺にも香港で稼いだ兄達の資金で新しく建てた住まいがある．R 氏には香港に移住した兄 2 人，姉 2 人（うち 1 人は故人），弟 1 人，妹が 3 人（うち 1 人は香港在住）いる．母が関帝の童神（童身）だったこともあり，信心深い家である．R 氏自身も，関帝の童神である．童神とは霊媒で，自らある神の憑き物であると考え，神を呼んで言葉を話したり，占いをしたり，病気を治したりする人［周玉蓉 2004：42］であるが，彼の童神として

225

の仕事は，R氏の妻曰く「ボランティアのようなもの」であり，収入の大半は香港の兄の送金に頼っていた．息子3人も成年には達しているが，あまり安定した収入は得ていない．当時R氏は妻と3人の息子および長男の嫁と息子（R氏の孫）と海辺の家に同居していた．R氏は，夕食は海辺の家で食べることがほとんどだが，それ以外は故居で過ごすことが多く，夜は故居で一人で寝泊りしていた．筆者は2006年の春節前後に三週間ほどR家の故居の一室に住み込み，調査を行った．

1　送神（謝灶，送灶）

　香港，あるいは珠江デルタをはじめ広東省の各地では農暦一二月二四日は，正月に天上で一年間の報告を行うかまどの神様を拝み，天界へ送り出す「謝灶，送灶」を行うことになっている［cf葉（編）2005：76］．広州の大学で一年以上暮らしてから汕尾にやってきた筆者は，この「謝灶，送灶」について，汕尾の旧市街であるR氏故居の近所に住む地元の民俗に詳しいD（64歳）さんに尋ねたところ，竈の神が農暦二四日に天に昇りよい報告をし，正月初五に帰ってきて吉兆をもたらすという説明であった．ただし，筆者が聞いた範囲では，現在汕尾市中心部で謝灶，送灶の儀式を行う家は少なく，もう農村でしか行っていないと述べる人も多かった．実際，R氏の故居には現在竈神がない．また，R氏の徒弟（30代女性）の家には竈神はあるが，彼女は儀式の仕方がわからないという．ただし，竈神とは限定されないものの，二四日に神様を天に送り，初五に再び迎え入れるということに関しては，汕尾ではいまだに広く認識され，儀礼も実行されている．

　廟でおみくじの解釈をするT氏も「神仏は農暦一二月二四日に天界に上る．正月初一に下界に下りてくる」と述べており，二四日ではなく二五日に廟に来る人はきまりを知らない人だといっていた．

　二四日には朝から街中でも普段より多く軒先にドラム缶が並び，紙銭を燃やす光景が見られた．また，R氏の徒弟に，送神は二三日や二五日ではいけないのかと尋ねたら「ダメだ」「絶対二四日だ」と否定された．

226

第 7 章　あらたな他者とエスニシティ

写真 7-1　市販の「年糕（甜糕）」
2006 年 1 月 25 日筆者撮影

写真 7-2　家庭で作った「年糕（甜糕）」
2006 年 1 月 25 日筆者撮影

2　年越し準備

　年末には，年越し用品を売る商店街が大変混み合う．人々は玄関に張り付ける対聯や，来客時に茶とともに出されるひまわりなどの種子，ゴマ飴，ピーナッツ飴，「油角[5]（*iu gag*）」，飴などのお茶菓子を買い求める．ちなみに，これらのお茶菓子等を買いに行くのは主に女性で，男性は母親についていく子供以外はほとんど行かないとのことであった．実際に，荷物持ちとして妻の後を付いて回る男性は何人かいたが，買い物をしているのはみな女性であった．

　お茶菓子の中で，広州，珠江デルタなどと共通のものとしては，瓜子（数種類），芝麻糖，花生糖，油角，飴，チョコレートなどがある．ただし，最近の若者や子供はピーナッツ飴やゴマ飴を「まずい」といってほとんど食べない場合が多い．また「油角」なども含めてこれら正月のお菓子は「太熱気[6]」な食べ物が多いので，食べすぎに気をつけたり，涼茶を飲んだりして「バランス」をとる．その他汕尾独特なものとして，「年糕[7]（年糕自体は他地方にもあるが汕尾は『甜糕（粿）』（*diam bue*）である）【写真 7-1，7-2】」，「発糕（粿）」（*huag bue*））[8]，「松糕（粿）」（*sang bue*）[9] が挙げられる[10]．

　かつては，「年糕」や「発糕」をみな自分の家で作り，新年のあいさつ回りで交換したりしたという．だが，現在は店で買ってくる場合が多い．ただし，2006 年の春節に筆者の通訳兼ガイドをしてくれた大学生 S 氏

227

写真 7-3 「発粿」(左)と「松糕」(右).「松糕」はもっと大きいサイズで売られているものも多い. 2006年1月25日筆者撮影

写真 7-4 廟で蒸される「発粿」.素人仕事のせいか花の形にはなっていない. 2007年2月12日筆者撮影

の母は今も「年糕」や「発粿」を自分で作っており，知り合いや親戚に配っているという．「年糕」の材料は糯米（もち米）粉と砂糖でこれを蒸して作る．「昔は丸一日，あるいは十数時間かかったけど，今は圧力鍋だから速い．蒸すのは三，四時間で出来る」とのことであった．2006年当時に「年糕」を市場やスーパーで買うと，大きさによって5元[11]から20元くらいの値段であった．

「発粿」は一個6角[12]，7角程度で売られている．S氏によれば，一か所に四つ飾るのが一般的で，花びらも四つのものがよく，奇数はよくないという．ただ，このとき我々に同行していた別の大学生はこういったことについてまるで無頓着で「別にいくつでもいいのでは？」と述べていた．なお，神への祭祀の際にも「発粿」はよく用いられる．

「年糕」や「発粿」は初二の「開年」，すなわち一年のはじまりに際して食べるものとされている．ただし，R氏宅では新年すら待たずに買ってきたその日に食べていた．

また，新年に新しい服を着るという習慣も残っており，若者や女性を中心に服を買うすがたが目立つのも年末の特徴といえよう．

「対聯」を貼る日時は家族ごとにまちまちだが，旧暦二八日に貼る家が一番多く，その次は二九日が多かったかと思われる．「対聯」も昔はみな手書きだったが，最近は機械で印字されたものも増えつつあるとい

第7章　あらたな他者とエスニシティ

写真7-5　門前に大きなみかんをかざる家
2006年1月27日筆者撮影

写真7-6　熱心にみかんを選ぶ
2008年1月30日筆者撮影

う．ちなみに，筆者の知り合いの範囲では，関公廟前で売店を営んでいる男性K氏が，副業で「対聯」書きも行っており，年末は店をずっと妻に任せて，「対聯」書きをしていた．K氏は親しい知り合いに頼まれた場合，無料で「対聯」を持ってくるが，その場合頼んだ側は「利子（おとしだま）」を渡すようである．彼は一応断りつつも，最後は強引に相手にポケットに利子をねじ込まれてしまうことが多い．K氏宅はR氏旧宅の近所にあり，R氏もK氏に書いてもらった「対聯」を旧宅の入り口に貼っていた．また，R氏は「友達」のお金持ちの家に行き，ほぼ毎週行っているその家の水槽掃除に加え，「対聯」（前述の売店主から預かったもの）貼りを代理で行っていたが，このときも「利子」を断りつつも最後は受け取っていた．

　また，もともと広州周辺でのみ盛んに行われていたという「花市」も，ここ数年は汕尾で開かれるようになっている．広州では柑（みかん）と吉は同音であるため，正月にみかんを飾る風習があり，汕尾でもその影響を受け，お金持ち，あるいは企業や単位，廟などが門前にみかんの木を飾る【写真7-5】．また，汕尾話でもみかんは縁起がよいものとされ，初二以降に行われる拝年のときには必ずみかんを持参しなければならないため，年末の準備の段階でみかんを買っておく【写真7-6】．R家も門前

229

には飾らなかったが，家内に多くのみかんを準備した．

3　除夕の「*uilou*」

　農暦年末の最後の日（除夕）に家族みんなでする食事を「*uilou*（あまり一般的ではないが，漢字表記では「囲炉」）」という．普通話（あるいは広東語）に直すと「団年飯」になる．「*uilou*（囲炉，団年飯）」は旧暦三〇日 [13)] に皆食べているようであった．川口による珠江デルタにおける春節の報告では，仕事の都合などもあるので，参加者が集まりやすい日を選び，三〇日よりも前に行うことも多い［川口 2007：29-30］とのことであったが，汕尾においては「前もって」行うという様子はなかった．

　除夕の朝は住宅街の道におめでたい音楽が流れていた．どの家も CD プレーヤーを鳴らしており，R 家旧宅の斜め向かいの家は対聯を貼っていた．R 氏が私にその家をさして「ほら写真を撮れ」というので，「祖先を拝んでいるのか？」と聞いたら「いや天帝を拝んでいる」といっていた．また，道にはドラム缶が並び，なかには紙銭などの燃え殻が入っていた．R 氏は「見ろ，みんな『拝神』したんだ」といっていた．これらの活動について 80 代男性の元汕尾日報記者 TW 氏は「これの意味は『旧きを送り新しきを迎える』だ」といっていた．

　この日 13 時に海辺の家の 2 階に上がると，R 氏の長男と妻が祖先に供え物をしたところであった．この家ではこれを「拝祖先（祖先を祀る）」というようである．その後家に戻る途中 R 氏は，「ほらみんな祖先を祀っているぞ」と各家祭壇前に食事が並べておいてあるのをさしていっていた．

　その後 15 時頃に，海辺の家にて筆者のほか R 氏，R 氏の妻，R 氏の息子三人，R 氏長男の嫁，孫二人が参加して食事となった．この家には珍しく，この日は全員できちんと食卓を囲んだ．妻は普段と同じく，おかずを作りながらなので，既にほかの人が食べ終わったころに座った．この日のメニューは，蒸し鶏（白切鶏），ローストしたアヒル（焼鴨），スルメやアヒル等入りスープ，豚の脂身の煮込，「魚丸」 [14)] 炒め，煮物，野

菜炒め，米飯というものであった．

　R 氏一家は Uilou をしながら香港在住の兄，姉たちに電話をしていた．「今 Uilou だ．おめでとう，おめでとう．新年おめでとう，何事も思い通りにいきますように．酒を飲んでいるよ」など家族みんなが携帯電話に代わる代わる出ながら挨拶をしていた．このような場合には汕尾語と広東語を織り交ぜた形で会話が進む．なお，このときには 4 歳の孫もあいさつをさせられていた．R 氏次男曰く「香港にいる父の兄に電話だ．毎年こうなんだ．仕事で帰って来られないから」とのことであった．

　この日まで約一週間，毎日この家で食事をしてきたが，私が来てからの期間で酒を飲むのはこの日が初めてであった．三男に尋ねたところ「年越しの時には飲む」とのことで，「普通いつ飲むのか？」と訊くと「いつでもいいんだ．飲みたいときに飲めば」とのことであった．飲んだ酒は「十金大補」というもので白酒に植物（漢方薬）が入ったものであった．国際電話によるあいさつ，飲酒などからも過年は特別に大切な行事であることが覗える．

4　開門炮

　かつて「Uilou」以外の除夕のおもな活動は，夜 11 時に各家や廟の門前で行う「放鞭炮（爆竹鳴らし）」だったそうである．これを「開門炮」(kui mui pao) という．前述の T 氏はこれについて「民俗で，農暦の新しい一年は正月初一の子の刻である．夜 11 時から 1 時に『開門炮』をする．『開門炮』は，門を開けて爆竹を鳴らすことである．これは，新しい一年に金が儲かるようになるきざしであり，おめでたく縁起のいいものである」と教えてくれた．

　しかしながら，2007 年に R 家は「開門炮」を行わなかった．現在は建て前としては都市部での爆竹は禁止されており，CD や VCD に録音された爆竹の音を鳴らして代用している家も多かった．以前の風情が無くなってしまったと嘆く人は，老人若者を問わず多い．安美媽祖廟の HZ 理事長も解禁を強く望んでおり，2006 年に以下のように話してくれた．

「政府が禁止してから,『過年』の雰囲気がなくなってしまっている.多くの人が解禁を望んでいる.年末三〇日の夜 11 時には『開門炮』をするのが慣わしだった.昔は政府が違反者を捕まえるための部隊を組んで放鞭炮した人を捕まえていた.今年はそれはない.だから少しましだ.改革開放後,年々よくなってはいるが,来年はぜひ解禁してほしい.北京が今年から解禁したのには道理がある.この前「羊城晩報[15]」に,教授や専門家(中山大学の葉春生教授など)の意見が載っていたが,私も彼らに賛成だ.やはり解禁すべきだ.安全の問題は確かにある.しかし,広州などはともかく,この汕尾のような小さな地方では政府が安全に注意するように呼びかけ,みんなが気をつければ問題はない.我々の地域では歴史上も安全問題は大きくはなかった.政府としても『民心』が重要なはずだ.一般民衆がよろこぶようにすべきだ.『開門炮』の問題は,一般民衆にはとても大事な問題だ」

このように,爆竹解禁を望む声は多い.また,禁止されているにもかかわらず,実際には爆竹を鳴らす人も多い.HZ 理事長も年越しの「開門炮」については慎重だったものの,安美媽祖の「開光」(*kui guang*)[16]や元宵節の儀礼などでは派手に爆竹を鳴らしていたし,D 氏も「農暦年末三〇日の晩 11 時から 12 時に門を開けて爆竹を鳴らし新しい一年が到来すること」であるとし,続けて「夜 10 時すぎに周囲を見て回ってみろ.11 時には各家で『開門』だ.『放鞭炮』をするんだ.昔は賑やかだったけど,今は禁止されているから,この 1 時間少しだけやるんだ.少しなら構わない」と述べている.HZ 理事長や D 氏は,新聞などをよく読むので,「今年北京では解禁されたが,広東省の都市部では禁止されている」ことを正しく認識し,そのうえで「ある程度はかまわない」と思っている.

このほか「今年は北京で解禁された」ことのみを知っており,「北京で可能ならどこでもいいはずだ」と主張する人も汕尾だけでなく,中山大学の大学生などにも多かった.

5 初詣（廟への参拝）

除夕の夜には廟へ参拝に行く人も多い．R氏の三男（20代）は「夜11時に廟にいくのか？みんな拝神するから人でいっぱいだぞ．12時より前にするのがいい」といい，それを聞いていたR氏妻（三男の母）は「（カレンダーを見ながら）10時，11時がいい．12時はダメ．凶だ．」といっていた．実際，11時頃廟にははじめ多くの参拝客が訪れていた．

さらに「今夜みんな家で年越しをするのか？」という質問に対して三男は「いや．友達なんかとどこかの部屋に集まって歌を歌ったりするね」とのことであった．実際，夜11時過ぎから2時頃まで町の様子を覗いて見たが，関公廟の周りでは若者がビリヤードや賭けトランプ，サイコロ賭博に興じており，ゲームセンターやディスコも若者が多く集まっていたようである．また，各家でマージャンをしている姿も多く見られた．

2007年は年を越してからR氏は徒弟と，その3人の子供たちと一緒に媽祖廟へ出かけた．私はそれに同行した．11時頃に比べて人は少なくなっていたが，それでも若者を中心にかなりの人が深夜の廟に参拝していた．

6 斎食

年越し最初の食事は肉を食べてはいけないという禁忌[17]がある．ただし，それは最初の食事だけに限定され，二回目以降は肉などを食べても構わない．この点は川口の報告する珠江デルタの事例と同じである［川口 2007：30-31］．

R氏も媽祖廟での参拝後，そのまま徒弟宅に行き，深夜2時半に食べた最初の食事は，野菜や豆腐を用いた斎食であった[18]【写真7-7】．

また，翌日昼過ぎにR家で出された食事も，山芋と蓮の甘いスープであった【写真7-8】．ただし夕食は，同じ正月初一の食事でも，香港から戻ってきたRB氏を迎え，豚，鶏，魚などの豊富なメニューが並ぶ食事であった．さらに，RB氏が香港から持ってきたブランデーを飲んだ．

写真7-7　R氏徒弟宅斎食
　　　　2006年1月29日筆者撮影

写真7-8　R氏宅斎食
　　　　2006年1月29日筆者撮影

7　初二―「開年」と「拝年（回娘家）」

　初二は「開年」とされ、年末に準備した「発糕」や「甜糕」は本来この時初めて食べることのできるものである．ただし、前述の通り、現在はそれほど正確に守られてはいないようである．「甜糕」を食す際には、ナイフ等で切り分けて食べる．硬くなっている場合には炒めてから食べることもある．

　また、初二は「拝年」（あるいは「回娘家」）といわれ、妻方の親戚を訪問するべき日とされている．「回娘家」はこの日でなくても正月初二から初五くらいにすませばいいが、早いほうが良いとされる．R氏は、初二にみかんとクッキーを持って、妻の実家を訪れた．2007年初二夕方の汕尾TVのニュースでは、バスターミナルの混雑を伝え「海陸豊では初二に『拝年』する人が多く、今日のバスは昨日の十倍の客だった」と伝えられていた．

　また、この時期には、獅子舞が商店や各家々を廻る．それには二種類あり、地元の廟などで青少年を組織して巡回するものと、出稼ぎ労働者がご祝儀目当てに廻るものがある．民俗研究家の40代男性H氏と商店街を歩いていたところ、外地人の獅子舞と出会った．このときH氏は普通話を用いて「どこからきた？　四川か？」と質問し、相手が答えないでいると、お札に河南とあるのを見て「河南か．お前らのところに獅子舞はあるのか？」と馬鹿にしつつ質問した．「あるよ」との答えに対し、

234

第 7 章　あらたな他者とエスニシティ

写真 7-9　参拝者であふれかえる初五の媽祖廟．
2007 月 22 日筆者撮影

「だったらもっと綺麗に踊らなきゃだめじゃないか」と批判した．そして，私に向かって，H 氏は「外地人は何もわかっていない．たんなる金儲けだ」と指摘した．この短いやり取りからも，外地人といえばまず言及されるのが四川人であること，獅子舞のような伝統芸能を彼らはもたないのではないかといった「ちゃんとしていない」「たんなる金儲け」という蔑みの視線が確認できる．

8　接神
　初五になると，天から帰ってきた神を迎える．これを「接神」という．家庭での拝神の手順は二四日とほぼ同様である．この日の朝も各家庭の前にはドラム缶が並び，紙銭などを燃やす婦女の姿が目に付く．また，廟に出かけて参拝したのち，おみくじを引いてその年の運勢を占うということも盛んに行われている．特に神様が天界から帰ってくるとされる初五前後の廟は大変混み合う【写真 7-9】．

9　春節の終わり
　正月一五日の元宵節くらいまでが正月だと認識されているようである．大学等の新学期もこの頃開始となる．元宵節には，媽祖廟においては盛

235

大に儀礼が行われるが，各家で何か行うことはあまりないようである．丸い餅である「団円」を食べるという習慣もあるが，現代の汕尾においては，日本における七草粥同様，どの家でもそれほど盛んに行われるわけではない．

7-2-2 「漁村」の春節―X家の事例を中心に
　本節では 2007 年と 2008 年に春節を過ごした「漁民」のX家の事例を中心に，前節の内容と比較しながら，「漁村」の春節について述べる．
　X氏（1966 年生）一家は漁村に住み，海陸豊方言を話す．X氏実兄は漁村理事会理事長であるが，X氏は幼い頃養子に出たため兄とは姓が異なる．父，養父とも漁業をしていた．父はX氏が生まれる前に海難事故で亡くなる．そのため，事故当時まだ生まれていなかったX氏は，現在の養父母に育てられることとなったのである．養父XA氏（1937 年生）は 2010 年まで現役漁師であった．養父母には養子のX氏のほかに男子1 人，女子 3 人の実子がいる．2007 年当時X氏は海産物売買，養殖，露天商などを営み，妻と長女（2007 年生），および養父と居住していた[19]．筆者は 2007 年 11 月から 2008 年 8 月までX家に住み込み調査を行った．また，2008 年春節時にも 3 か月ほど再訪[20]するなど，現在にいたるまで訪問，調査を続けている．

1　送神（謝灶，送灶）
　「漁村」においても，一二月二四日に天に神を送るという行為自体は広く行われている．X氏宅でも，朝X氏の妻が神棚を掃除し，「拝神」（*bai sin*）をしていた．周囲の漁民宅でも「拝神」が行われていた．X氏妻は，夕食後にも「拝神」をしていた．XA氏曰く，「今日二四は神が上天する日．また正月初五に「接神」する」とのことである．また，漁民の 60 代女性である「老革命」さんも「1 年 12 か月，あるいは 13 か月の最後の一か月の二四日に亜公[21]，佛祖，竈公の三つは上天に送らねばならない．正月初四，五に戻ってくる．初四は彼らを待つ日で，初五に

第7章　あらたな他者とエスニシティ

写真 7-10　R家（旧宅）の「対聯」
　　　　　2006年1月28日筆者
　　　　　撮影

写真 7-11　X家（5階）の「対聯」
　　　　　2007年2月17日筆者
　　　　　撮影

戻ってくる」と説明してくれた．つまり，漁民にとっても陸上の人々にとっても，一二月二四日は天に神を送る日なのである．

　なお，香港，あるいは珠江デルタでは「官三民四疍五」といって，官吏は二三日に，民間は二四日に，疍民は二五日に竈神を天におくるという言葉が聞かれるという［可児 1970：29，長沼 2010：170］．しかし，汕尾においてはこうした言葉はきかれず，知られてもいないようであった．そして皆同様に農暦一二月二四日に神を天に送っていた．

2　年越し準備

　準備する品物に関して，とくにR家と異なることは観察されなかった．X家も門前にみかんの木を飾ったりはしなかったが，「拝年」に備え，多くのみかんを買い込んでいた．また，X氏は，2007年は農暦一二月二九日深夜24時30分から「対聯」を貼った．X氏は当時アパートの4階と5階に住んでおり，それぞれの階のドアと，1階の入り口に対聯を貼った．前節のR氏が手書きのものであった【写真7-10】のに対し，貼られたのはX氏が買ってきた市販の「対聯」である【写真7-11】．翌年も二九日

237

深夜 2 時から 3 時にかけて対聯を貼った．このように R 家と X 家も対聯を貼る時期も貼る内容[22]も基本的に変わらない．

3 船での拝神

船を持つ漁民は年末に船で神様を拝む儀礼を行う．一般に，旧暦一二月二九日または三〇日に行うという．X 家は船を持っていないため，ここでは 2007 年に XY 家でみた「拝神」について記述する．なお，X 家と XY 家は同姓であるが，血縁関係はない．

2007 年 2 月 17 日，農暦一二月三〇日に XY 氏とその妻，および孫娘二人が参加して船での「拝神」が行われた．午前 11 時頃から，小船に乗って湾内で停泊中の船に乗り込み，念入りに儀礼を行った【写真 7-12】【写真 7-13】．XY 氏は大型の船 3 隻を所有しており，ハモ（「鰻魚」 mua hi），太刀魚（「刀魚」 doa hi），イトヨリダイ（「紅三魚」 ang sam hi）などを獲っている．また，マグロ，イトヨリダイの養殖も行っている．「拝神」の手順としては，まず，手分けをして船を飾りつけ，その後 XY 氏の妻が船後部に祀られていた天地父母，船頭，船中央，竈神，操舵室の財神と順番に供物をささげ，祈っていくものである．船の後部と船頭を拝んだあとには，爆竹を鳴らして邪気を払っていた．祈るのは主に妻で，XY 氏は飾り付けを手伝った後は，XY 氏は爆竹鳴らしのみを行っていた．その後，14 時頃まで約三時間かけて三隻の船を順番に回り祈りをささげていた．

また，船に乗って停泊地まで赴かねばならない XY 家のような中型，大型の船だけではなく，港に接岸されている小さな船でも拝神は行われる．これも，主たる船の使用者である漁に出かける男性が行っている場合あるが，信心深い老婦女が行う場合も多い．

4 除夕の「uilou」

X 家（2007 年）では除夕の 13 時半頃，uilou を行った．ただし，漁村でも普通は 15 時頃だといい，この家は特別に早いようである．

第 7 章　あらたな他者とエスニシティ

写真 7-12　XY 夫妻と飾られた船
　　　　　2007 年 2 月 17 日筆者撮影

写真 7-13　祈りをささげる XY 氏妻
　　　　　2007 年 2 月 17 日筆者撮影

写真 7-14　X 氏実兄旧宅の「祖先」
　　　　　2007年2月17日筆者撮影

写真 7-15　祖先にささげられた供物
　　　　　2007 年 2 月 17 日筆者撮影

　Uilou に際し，「この食事の後は，翌日まで何も食べない．だからたくさん食べろ」といわれた．メニューは脂肉とゆで卵としいたけの煮物，ハモとゆばの煮物，野菜とタコの煮物，白切鶏（ゆでた鶏），「魚丸」であった．参加者は，X 氏とその養父，妻，娘と私という日常的に食事を共にするメンバーである．ただし，この家も普段は来客がないかぎり飲酒はしないが，この日は客もいないのに酒を飲んだ．

　また，X 氏宅には祖先を祭る祭壇はないので何もしなかったが，X 氏の実兄は，今は住んでいない旧宅[23)]で祖先を祭る【写真 7-14】．R 氏が祖先を祭ったのとほぼ同じように，祖先に供物をささげていた【写真 7-15】．

5　開門炮

　前節で述べたように，近年はかつての政府による規制や住宅事情の変化に伴い，「開門炮」をしなかったり，録音したものを流すことで代わりとする家が多い．これは「漁村」でもほぼ同様である．2008年のX家も，事前にX氏に確認したところ狭い集合住宅なので行わないといっていた．ところが，当日X氏養父が勝手に行った[24]という．

6　初詣（廟への参拝）

　X氏は廟には普段からほとんど行かず，年越しの時にも行かなかった．ただし，彼の実母，あるいは妻の母などが廟に参拝し，一家全員の運勢を聞いてきたりすることはたびたびあった．また，廟で初詣をする「漁村」の人々に出会うこともよくある．

7　斎食

　X家でも，年の開けた深夜3時に斎食をした．翌朝10時過ぎに食べた朝食では祖先祭祀に使う豚肉料理等がでた．従って，斎食の義務は，やはり年越し後最初の食事に限定されるのである．

8　初二―「開年」と「拝年（回娘家）」

　本来は初二に食べるとされる「発糕」や「甜糕」であるが，R家同様X家でもとりたてて日にちにはこだわらずに食していた．感覚的には，現代日本で鏡開きの日に鏡餅をきちんと食べるか否か，といったところに相当するものであろう．

　前節で述べたように，初二は「拝年」（あるいは回娘家）といわれ，妻方の親戚を訪問するべき日とされている．「回娘家」はこの日でなくても正月初二から初五くらいにすませばいいが，早いほうが良いとされる．世代の下のものが上のものを訪ねるのが基本であるため，X氏の養父など老人世代は家で客を待つこととなる．X氏は妻も「漁村」出身で，近隣に親戚がたくさんいるため，【表7-1】のようにたくさんの家にあいさ

第7章　あらたな他者とエスニシティ

表 7-1　X 氏の拝年（初二から初三にかけて）

時間	訪問場所	その場にいた来客	備考
10 時 30 分	妻の長兄宅	妻の姉とその子	
11 時	自宅	末妹とその夫	
11 時 15 分	妻の次兄宅	妻の母，妻の姉とその子	
11 時 45 分	妻の三兄宅		妻の次兄宅の 2 階
12 時 45 分	妻の契爺宅		
	妻の契爺弟宅		
13 時 45 分	X 氏母宅	弟，妹三人とその配偶者，子供	昼食
15 時 30 分	自宅	妻のイトコ 3 人	
	X 氏叔母宅	不明	筆者同行せず
16 時 45 分	自宅	X 氏実家の妹 3 人	
翌日	妻の 4 兄宅	妻の母，妻の 3 兄の子	

つに行くことになった．いずれも妻と娘をバイクの後ろに乗せて連れて
出かけた．妻は四姉妹，四兄弟計八人であり，その四兄弟は全て「漁村」
に住んでいる．姉妹は未婚の妹が一人汕尾におり，姉二人は香港に住ん
でいるという．「拝年」での訪問時にはみかんとクッキーを持参し，訪問
先に子供がいればお年玉にあたる「紅包」（ang bao）を渡す．「契爺」（kei
ia）というのは，妻が幼年期に義理の親子としての関係を結んだ相手で，
新年には挨拶に行くそうである．なお妻の「契爺」は近隣の農村に住む
陸上居民である．

9　接神
　初五に天から帰ってきた神を迎える「接神」は「漁村」でも同様に行
われ，前節でのべた内容と特に異なる点はない．

10　天地父母誕
　正月初九は天地父母誕[25]であるため，「漁村」では理事会[26]が祭祀や
劇の奉納を主催するほか，各家でも紙製祭祀用品を燃やすなどして祭祀
を行う．また，劇の舞台前にある天地父母および水仙爺に対して祭祀を
しにくる婦女も多い【写真 7-16】．ただし，汕尾では，「漁村」以外では，
この天地父母誕は意識されていない．信心深い R 家ですら，特に何もし

写真7-16 劇舞台前にて天地父母と水仙爺に対して祭祀する漁村婦女
2007年2月26日筆者撮影

なかった．

7-2-3 春節の行事まとめ

　漁村X家の行事と陸上R家の行事を比較してみると，明らかに異なるものは，7-2-2-8の拝年の訪問先数と，7-2-2-10の天地父母誕とくらいである．「漁村」での行事の特色ということで比較すれば，7-2-2-3の船での「拝神」がそれにあたる．ただし，ここで紹介したX家のように，「漁民」でも船を保持していなければ船での「拝神」は行わない．

　「拝年」の訪問数の違いに関していえば，親戚の数が違うこと，また，R氏はX氏に比べて年長なので，おのずと訪問対象が少なくなることが原因であると考えられる．

　こうして比較してみると，民俗写真家HX氏が漁民の春節と陸上のそれとは「絶対に違うはずだ」「必ず違うはず」といったほど異なるものではなかったことがわかる．漁民は習慣が違うはずという意見を述べた本人は，漁民と一緒に過ごしたことはないし，異なる場面をみたこともないのである．親戚の数や，信心深さなどによって，行事の遂行模様に変化があるのは当然である．従って，R家とX家の差を「漁民」と「陸上」という要素で線引きすることは大変難しい．

第7章　あらたな他者とエスニシティ

7-2-4　春節時の香港人の帰郷

　ここでは主に香港から帰郷したR氏の兄であるRB氏が春節を汕尾で過ごすにあたり，どのように消費活動をし，物品を振舞ったかを記述してみたい．RB氏は2006年当時60代で，16歳のときに香港に渡っている．ここに記録するのは，初一午後から初二にかけての二日間のみであるが，短時間の間にかなりの物品を振舞っていることがわかる．

　正月初一に香港から汕尾に帰郷したR氏の次兄RB氏は，R氏とその息子二人，RB氏妹と私を連れて散歩をかねて午後の市場へ出かけた．市場へ行く途中で道に落ちているごみや，壊されたガードレールなどをみては，「『大陸』はだめだ．野蛮だ」と広東語で繰り返しつぶやいていた．そして，「汕尾は食べ物が美味しいが，その他はだめだな．開発されてないし，なんの工業もないし」と筆者に説明し，その後も歩きながら何度か繰り返して「『大陸』はやっぱりだめだな」といっていた．日野みどりは「香港人は，好ましく誇らしい文脈で中国を語るときは「中国」が使われ，その反対にネガティブな意味合いを含む語り方には「大陸」が使われる傾向がある．つまり，自分をそこに同一化したい中国は「中国」と呼び，一線を画したい中国は「大陸」と呼ぶ」［日野1997：214-215］と述べている．ここでのRB氏も「大陸唔得（大陸はだめだ）」の連呼によって，香港人からみた，自己価値観とは同一化し得ないネガティブな側面ばかり目立つ故郷を嘆いているといえよう．

　その後帰宅し，RB氏を囲んで普段よりも豪華な食事が催された．RB氏はマルボロ[27]を喫煙者に配り，酒の飲める人はRB氏の持ってきたブランデーを飲んだ．ただし本人は酒が飲めず，「息子や嫁はヨーロッパの酒が好き．おれはだめ」とのことである．

　食後には，RB氏の持ってきた茶を飲んだ．1斤1000元の高級プーアル茶である．RB氏は「香港には1斤2000元のものもあるぞ．これは身体にとてもいい．悪いものが体から出て行く．そうそう，教えてあげよう．『大陸』でこういうものを買ってはいけない．『大陸』のものは偽物

243

が多いからね．なんでも偽物がある」とここでも「大陸」を批判した．

　その後，R 氏の旧宅へと移動した．R 氏長男がバイクで RB 氏が香港から持ってきた大きな袋を運ぶ．その中身は業務用の水道管接着剤（日本製），塗料（アメリカ製）など塗装業用の品物である．それぞれ缶に入っており，説明が英語や日本語であるため RA 氏が R 氏にそれぞれが何であるのかを汕尾語で説明し，それをそこにいた K 氏が缶に書き残す．RA 氏は塗装業に従事しており，弟一家のために，高価な用具を汕尾に持ち込んだのである [28]．

　それから，親族でお茶を飲んだ．ここでも 1 斤 1000 元の茶が使われ，マルボロが配布された．その際には，RB 氏が北海道で雪に滑った話などを広東語で披露した．

　0 時過ぎ，RB 氏が「みんなで『糖水』（甘いもの，デザート類）を食べに行こう」と提案し，全員で近くの屋台に食べに行く．「糖水」の代金は RA 氏が全額払った．

　我々が「糖水」を食べている後ろに物乞いをする子供が現れ，客に苦情をいわれた店の人が 1 元渡して追い払おうとするが子供は拒否した．「こいつは 1 元なんて小銭はいらないんだってさ」と店の人は大声で普通話を使って皆に聞こえるように嫌味をいった．

　RB 氏に親戚が耳打ちし，物乞いに狙われないように回り道して帰宅することになった．その際，「この辺はとても複雑だから」と徒弟は私に説明をした．

　翌日の初二には，R 氏一家は海豊県のある有名なお寺に行くことになった．R 氏，RB 氏，R 氏の三男，私と R 氏徒弟が参加した．出発に際し，白タクがいたので R 氏徒弟が値段交渉をしようとするも，言い値の 250 元で RB 氏が OK を出して乗り込んでしまう．寺への到着時には 10 元さらにプラスして払い「これでお茶でも飲んでくれ」と汕尾語でいっていた．

　帰路は R 氏三男の友達が迎えにきた．その友達が断るのにもかかわらず，RB 氏は運転代として 200 元を彼に払った．

このように，RB氏は短期間でかなりの物品や金銭を振舞っていた．香港移民が帰郷時にRB氏のように金品を振舞ったりすることは，その程度には個人差があるものの，かなり広く行われている．もちろん，香港人が帰郷する事象は漁村においても見受けられる．

　2008年2月2日（農暦一二月二六日），お昼にレストランに誘われたので，X夫妻とともに行ってみると，X氏妻の長兄とその子，X氏妻の四兄，香港からやってきたX氏妻の姉の息子と娘，およびその彼氏〈香港人〉がおり，食事を共にした．食事中の会話には主として広東語が用いられ，料理の注文はX氏などが汕尾語で店の責任者に対し行い，食器や料理を持ってくるウエイターへの様々な要求は普通話でなされた．途中でX氏長兄の息子の彼女が呼ばれた．X氏長兄の息子は，イトコにもらったマルボロを皆に配布した（X氏妻の姉の娘の彼氏はラッキーストライクを吸っていた）．この場の代金はX氏長兄の息子が払ったが，夜の食事は彼氏がもっと早く払えと彼女にいわれていた．

　こうした香港移民の人々の帰郷の事例からは，汕尾では香港から親戚が来ると，レストラン等で高額の消費を繰り返すこと，そうした席などでは，高級な酒や茶，タバコが配布されることがまず確認できる．こうして帰郷した香港人の富が誇示される．

　その対極の存在として，レストランの入り口，あるいは屋台の周辺に登場する物乞いが挙げられる．彼らとの接触に際しては，皆普段使いなれない普通話を使う．春節等で香港人が帰郷した時期には，普段とは比較にならないほどそういったところに出入りする機会が増えるため，彼らとの接触もまた増えるのである．こうして，春節は新たな他者と出会う時期となるわけである．

第3節　汕尾における清明節

7-3-1　清明節の重要性

　ここでは，2007年の清明節を事例に分析を行う．香港に住む汕尾出身者であるRA氏（R氏長兄）によれば，清明節は最も大事な帰郷イベントであるという．なぜなら「年越しは，別に帰って来なくてもよい．なぜなら，例えば，私は香港に家庭があるように，家庭というのはどこでも存在しうる．しかし，清明節は絶対に故郷に帰り，墓参りをしなくてはならない」からである．潮州人であるXB氏妻も「彼らは清明を『過年』よりも大事だという．だからよく記録しておきなさい」といっていた．XB氏妻の言葉の意味するところは，普通であれば「過年」が大事であるはずだが，汕尾からの移民であるRA氏やXB氏にとっては，むしろ清明節のほうが重要であるということであろう．

　2007年の清明節は新暦の4月5日であった．汕尾では清明節の前後10日くらいが墓参りの期間と認識されており，この期間の都合のよい日を選んで墓へ参拝する．その日程を決める際にも香港からの帰省者の都合に合わせることが多い．墓参りの基本的な手順は，まず，車などで墓のある山へ移動する．その後草取りや掃除を行い，墓の後ろなどに色紙をばらまき飾る．そして祭祀用品を燃やすための金網を準備する．そして，墓の横にある伯公（福徳）を拝む．それから一同で墓を拝み，紙祭祀用品[29]を燃やす．最後に派手に爆竹を鳴らし，金猪[30]などを回収し次の墓へ移動するといったものである．

　本節においても，清明節の分析同様に，漁村X家と陸上のR家の墓参りを事例として取り上げる．ただし，二年に分けて行った春節調査とは異なり，どちらも2007年の事例である．

7-3-2　X家墓参り

　X家の墓参りでは，X家のほか，XB氏一家も参加した【図7-1】．XB氏はX氏の義父XAのイトコの子で姓もX家と同じである．1955年にXBの父であるXC氏とXA氏は香港へ行き，一緒に大きな船で働いていた

第7章　あらたな他者とエスニシティ

図 7-1　X 家系図（一部省略）

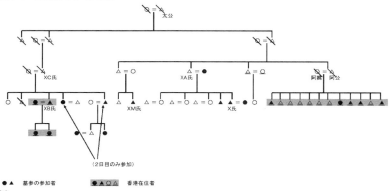

● ▲ 墓参の参加者　　●▲○△ 香港在住者
⊘ ⊗ 死者

表 7-2　X 家墓参り日程 4 月 6 日（金）（農暦二月十九日）

時間	事柄
6：00	レストランで飲茶①
8：30	車 3 台に分乗しホテル前を出発（22 名）
9：25	海豊県の山奥に到着．徒歩で墓へ
9：30	太公夫婦の墓
10：00	阿公の墓．終了後 10 分ほど移動
10：45	XA 氏父の墓．終了後車まで 10 分，車で 5 分移動
11：40	阿媽の墓
12：15	墓参り終了．車で移動
12：35	海豊県城で阿公一族の一部が下車し，香港へ
13：00	汕尾着
13：25	船で対岸へ移動し，三輪車数台で媽祖廟へ
13：45	媽祖廟着．徒歩で裏山へ
13：50	墓．
15：00	移動開始．汕尾へ戻る
17：00	レストランで食事②
18：30	脚マッサージへ③

という．その縁もあり，X 家と XB 氏は緊密な関係にある．XB 氏は香港生まれで警察官である．XB 氏の妻は香港在住の潮州人である．なお，XB 氏の娘世代は汕尾語ができない．

　X 家の墓参り日程は以下の通りである．

247

写真 7-17　朝の飲茶（①の場面）
　　　　　2007 年 4 月 6 日筆者撮影

写真 7-18　墓を飾る
　　　　　2007 年 4 月 6 日筆者撮影

写真 7-19　XA 氏父の墓前での祭祀風景
　　　　　2007 年 4 月 6 日筆者撮影

写真 7-20　山火事防止のため，紙銭は金網の中で
　　　　　燃やす　2007 年 4 月 6 日筆者撮影

表 7-3　4 月 7 日（土）（農暦二月二〇日）の X 家墓参り日程

時間	事柄
8：30	酒楼が満員だったので持ち帰り飲茶点心を食べる
9：15	幌つき小型トラックに乗車
9：30	山入り口に到着．四川人が寄ってくる．④
9：50	XB 氏の父の母墓到着
10：30	移動開始
11：00	XB 氏父（C 氏）の墓到着
12：30	移動開始
12：45	XB 氏弟の墓到着
13：30	移動開始
14：00	山から出る
15：00	昼食（XB 氏兄の長男宅）．XB 氏のイトコの二家族もやってきて食事　金猪，焼鶏，魚丸，ふぐスープ等．⑤
18：30	夕食（XB 氏兄の長男宅）⑥

248

第 7 章 あらたな他者とエスニシティ

写真 7-21 四川人に荷物を運ばせる（④）
2007 年 4 月 7 日筆者撮影

　4月6日は，X家とXB家の共通の祖先の祭祀を行った．XA氏は①の飲茶のみ参加し，墓参りには参加しなかった[31]．なお，4月7日に関しては，X氏の先祖は祭祀対象にはなっておらず，XB家一家の墓参りを，地元に住むX氏が案内したものである．従って，この日の参加者は，XC氏の子孫のほかでは，X氏とXM氏だけであった（ただし，昼食，夕食には先に香港に帰った者以外みな参加した）．また，X家も，後述のR家も香港人の仕事の関係で，週末の墓参りとなった．

7-3-3　R家墓参り日程
　X家の墓参りの一週間ほど前，春節時にお世話になったR家の墓参りにも参加した．RA氏は46年前18歳で香港へ移住した．英語は夜間学校で学んだ．その後は塗装，建築業に従事している．RB氏も同じような経歴だが，学校には通っておらず英語はできないし，漢字もあまりかけない．現在のR家の建物はRA氏とRB氏の出資で建てられた．生活費も二人にかなり依存している．RA氏の妻は広東語を母語とする香港の地元民であり，汕尾話はほとんどできない．R氏姉は，夫に先立たれ，香港で一人で年金（月3000元）暮らしをしている．彼女の娘，孫は汕尾にいる．R氏3妹は香港沙田に住む．その夫も汕尾人．1日は夫方の墓参りに参加した．R氏4妹，5妹はともに汕尾のR家近所に住む．R氏には姉がもう一人と弟がいるが，その姉はすでに亡くなっている．弟は

249

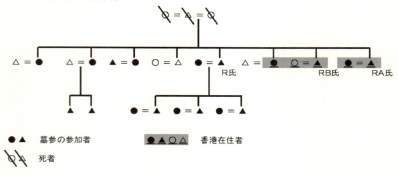

図 7-2 R家系図（一部省略）

●▲ 墓参の参加者　　●▲○△ 香港在住者
⦻⦻ 死者

表 7-4 R家 3月 31日（土）（農暦二月一三日）墓参り日程

時間	事柄
12：00	R家に集合．菜茶・だいこんもちを食べる．⑦
13：00	荷物積み込み
13：20	出発．ワゴン車一台．バイク四台．
13：40	郊外にて下車．徒歩で墓を目指す
14：00	R氏父の墓着
14：50	移動開始
15：00	R氏母の墓着．祭祀後金猪，鶏肉等を食べる．⑧
16：20	移動開始
17：00	R家着．
19：30	レストランで食事⑨

汕尾に住むが，墓参りに参加せず（理由は不明）．

7-3-4　表面化する習慣上の差異や違和感

　ここでは香港からの汕尾に戻った人々と，地元の人々が出会った際に表面化した，習慣上の差異，違和感を取り上げてみよう．まず，⑦の場面である．だいこんもちと「菜茶（cai de）[32]」を食べた人は以下の通りである．

R氏，その妻，R氏長男とその妻，R氏次男とその妻，R氏三男とその彼女

250

第 7 章　あらたな他者とエスニシティ

写真 7-22　食卓に並べられただいこんもちと「菜茶」(⑦)　　2007 年 3 月 31 日筆者撮影

R 氏四妹　R 氏四妹の長男と次男　R 氏五妹　（以上汕尾在住）
RA 氏，RA 氏妻，RB 氏，R 氏姉，R 氏三妹，三妹の夫（以上香港）
R 氏姉の子，孫（ともに汕尾）も食べたが，墓参りはせず．他のメンバーは食事後墓参りした．

　この場面で，R 氏長兄の妻が「だいこんもちはまずい．『菜茶』も煎り米とピーナッツはいらない」と広東語で不満をいった．これを聞いた R 氏姉は「我々福佬人[33]はとても『菜茶』が好きだが，香港人はそれほどでもない」と広東語で筆者に説明した．汕尾では，「菜茶」を食べる際，わんこそばのように，客のお椀が空になると間髪いれずおかわりを入れる風習がある．この日も盛んにおかわりをみなの碗に入れる R 氏妻をみて私に「香港ではこうはしない．習慣が違う．香港では自分でいれる．人の箸で入れられたりするのはいやだ」と習慣上の違和感を表現した．それに対して，香港移住者であるが，汕尾語もわかる移住第一世代である R 氏姉は，双方の違いを理解したうえで解説を加えたものと考え

251

られる．その際，「我々福佬人」であり，「菜茶」は汕尾地方文化の代表という語りも同時になされた．

つぎに，⑤の食事の場面では，XB氏妻が「この辺の人は遠方の親戚客を熱心にもてなす．普段そんなに食べていないのに，大金を使う．都市の人はこうではない」と述べ，自分達都市の人間とは，異なる風習をもつ人々として汕尾の人の接待を理解している．また，この食事を始める際には，部屋の電気がついておらず，XB氏娘（小学生）が「暗くて見えない…」と広東語でつぶやいた．それを聞き取った家人が部屋の電気をつけても，残念ながら明るさは全く変わらなかった．村においては，部屋の電気の明るさは香港とは異なるため，無意識につぶやいてしまったと思われる．

また，⑤と⑥の間はあまり時間が経過していない．これは本来昼食であった⑤が，墓参りのため遅めに始まったことが原因である．⑥の夕食開始時には殆んどみな空腹は感じていなかったようであるが，テーブルいっぱいに豪華な食事が準備された．「普段食べていないのに大金を使う」というXB氏妻の言葉を，少なくとも普段以上に提供しているという点で，裏付けるものといえよう．

①②や⑨の場面では，茶楼での飲茶やレストランでの食事を繰り返している．飲茶も汕尾では高級なので，毎日行くような人はそうはいない．こうした店では，料理の注文を受ける部長や会計係は地元人であるが，店のウエイターのほとんどは外地人である．また，そうしたレストラン入り口には物乞いが集まってきていることも多い．

④の場面では，草刈や荷物運びを志願する四川人がやってきた．彼らは，荷物運びや草刈をして半日墓参りに付き合うことで，一人50元の報酬を得ていた．墓参りをする側からすると，彼らに「仕事や賃金を与えてやっている」という認識である．また，山を歩く途中X氏が彼らに，「おまえらのところには墓があるのか？　土饅頭か？　今ここにいるということは墓参りしないんだな」と普通語を用いて蔑みながらからかった．

⑧の場面では，墓の周囲でチャンスを覗う子供たちがこちらを見てい

252

た．墓場でペットボトルなど資源ごみを回収する子供たちである．R氏一家らは「お供え物を勝手に持っていくな」と普通話でいいつつ，資源ごみ，マントウなどの安価なお供え物や，飴や菓子を与えた．かわいそうな出稼ぎ労働者の子供たちというイメージを持っている．

③の場面では，脚マッサージを客に施すのは四川人の女性であった．地元人は普通話を用いて彼らと会話をする．ただし，レストラン同様，客の細かい要望を聞き取らなければならない受付と現金を扱う会計係は地元人である．汕尾語でないとうまく意思が伝わらないし，店のお金を扱わせるほど信用していないからである．地元人が営業するどの店でも，大事なことは四川人には任せない．出稼ぎ労働者は単純な労働だけをさせる存在なのである．

これらの事例からわかることは，この場合の「四川人」や「香港人」は言語や生活習慣に基づき分類される存在であるということである．公的なイメージの影響下においてではあるが，人々は日々の生活のリアリティの中で絶えずお互いをカテゴライズする［Jenkins 1997：54-77］．この場合のカテゴライズの原理は生活習慣や言語という観察可能な差異に基づく分類が主となる．

おわりに—目に見える差異の消滅と出現

1950年代以前，汕尾では「水上居民」は水上に，陸上の民衆は陸上でそれぞれ居住していた．その当時はそうした居住形態をはじめ，目に見える差異に基づいてカテゴライズが行われていた．しかし，現在では双方とも陸上に住み，基本的に同じ言語を使用し，春節や清明節など節日の過ごし方も似通っている．従って，現在の「漁民」の差異を語る言説は，過去と同じく実際に日々観察された文化的差異に基づいている部分もあるが，現在の文化的差異ではなく「蜑」とされる人々がいたという記録の存在など，過去の歴史的要素の積み重ねで発せられる部分が大きい．「漁民の春節はわれわれとは違うはず」という語りも，実際の違いを目にして語っているのではなく，かつて別の文化があった，という認識

のもとで発せられたものである.

　バルト以来, エスニックバウンダリーの有無は, 現実の文化的差異の大小に比例するものではないとされてきた. ただし, 人々が日々の生活のリアリティの中で絶えずお互いをカテゴライズしている以上, エリクセンが「確かに, エスニシティは社会的な創造物で, 自然の産物ではない. そしてエスニックの多様性は文化的多様性に呼応していない. しかし, エスニック・アイデンティティは機能するために成員に確信を持たせねばならないし, 非成員には正当であると認知してもらわなければならない」[エリクセン 2006：138] と述べているように, 文化的差異に意味がないわけではない. 従って, より大きな差異をもつ他者と相互行為をする状況が生じれば, 新たなカテゴリーが日々の生活の中でより意味を増してくることになる. 本章の事例における「汕尾人」と,「四川人」「香港人」との差異は, 資金力, 生活習慣, 使用言語など, 直接見たり聞いたりして判断可能なものである. 一方, 陸上がりした水上居民は, かつての最大の文化的特徴であった船住まいを既に行っていない. そのため, 汕尾の陸のマジョリティからすると, 文化的な「新たな他者」である香港人帰郷者や出稼ぎ労働者との対比でみれば, 汕尾での生活, 汕尾の習慣, そして言語を共有しているがゆえの相対的な文化的距離の近さを, かつては文化的な他者であった「漁民」との間に意識することになるのではなかろうか. このように, 本章で紹介した春節, 清明節といった「文化的他者」との接点が増える機会は, 水上居民と陸上居民との間のかつての差異を消しさる契機になりうるものである[34].

第7章　あらたな他者とエスニシティ

第7章の注

1) 海豊方言詞典［羅志海 2000］によれば「四川仔（*su tsuang a*）＝四川人．貶す意味にもちいる言葉．」である．その他，「北仔（*pak a*）北方人．貶す意味にもちいる言葉．」「老蘇仔（*lao sou a*）＝江蘇人．広く外省人をさし，貶す意味にもちいる言葉．」「老蘇仔話（*lao sou a ue*）普通話」「藍青官話（地方なまりのある北京語），貶す意味にもちいる言葉」などの言葉がある．

2) レストランでも，特定の特産料理の注文などは，汕尾語でないと難しいので，「部長を呼べ」といって地元出身の責任者を呼んで注文する．また，会計係も出稼ぎ労働者は担当しない．

3) 普通話とは北京語を基に制定された共通語．ここで指すのは四川，湖南などの訛りのある普通話．汕尾で身近な汕尾話や広東語に比べると，四川や湖南の方言は普通話に近いため，こう認識される．場合によっては四川，湖南等の方言と普通話の両方を話す者もいるが，汕尾人と話す場合は普通話を話すので，どちらにしても汕尾で彼らは「普通話」を話す人と分類される．

4) 社区とは，community の中国語訳．なお，出稼ぎ者の側に確固としたコミュニティが存在しているというわけではないので，あくまで地元の目線でとらえた言葉であると考えられる．

5) もち米や小麦粉で作った皮の中に，砂糖やピーナッツで作った餡を入れて揚げたもの．

6) 「とても「熱気」だ」，「『熱気』にすぎる」という意味．ここでいう「熱気」とは，食べ物の温度が熱いか冷たいかということではなく，こうした食べ物を食べすぎて口内炎や吹き出物がでたり，のどが腫れたりというような症状を引き起こすこと，およびそうした食べ物自体の性質をいう．広東における「熱い食べ物」には，こうした揚げ物のほか，犬肉や羊肉，ライチなどの果物の一部等が該当する．詳しくは［日野 2003：176-191，河合 2011：130-135］などを参照せよ．

7) もち米粉に砂糖などを混ぜ，蒸して作る食品．

8) 蒸しパンケーキのようなもの．もち米粉あるいは小麦粉にベーキングパウダー，砂糖を加えて作る．うまくできたものは開いた花の形をしている．

9) 米粉に砂糖などと配合した原料を染み込ませて生地を作り，四角い木製の容器に入れて蒸したもの．たいへんパサパサしている．

10) 甜糕（粿），発糕，松糕の三種は海豊民間伝統年糕であると［羅志海 1995：88］にもある．

11) 1元＝14〜15円程度（2006年当時）．

12) 1元＝10角．従って，1角は1.5円程度である．

13) 農暦の 2005 年末は三〇日はなかったので，十二月二九日（西暦 2006 年 1 月 28 日）が一年の最後の日であった．

14) 主に魚肉（鯪の場合が多い）を原料として作った団子．「年々有余」の「余」と「魚」が同音であることから，縁起物とされ，正月によく食される．自分達でつくることも多い．

15) 広東省で発行される夕刊紙．羊城は広州の別称．

16) 新しい神像などに魂を入れる儀式．

255

17) なお，牡蠣は「水菜」という名をつけられ，精進料理の際唯一食べてよい動物である．

18) ただ，前述のように，徒弟とその子供たちと廟に行き，そのまま徒弟宅で食事ということになったので，R家家族とではなく，R氏および徒弟親子との食事となった．

19) その後，養父は港に購入した養殖用の施設の見張りとして海上で寝泊まりするようになった．また，次女（2008年生）と長男（2011生）も生まれたため，2012年現在ではX氏は妻および三人の子供と同居している．

20) 子供が増えるなどして部屋が手狭になった等の理由で，この一家は何度か引っ越しをしているが，いずれも漁村内部で部屋を借りている．

21) 男の神様．ここでは水仙爺のこと．

22) 手書きであるか，既製品であるかの違いはあるが，これは個人の志向の問題である．漁村でも手書きのものを貼る家もあるし，陸上居民でも既製品を貼る家はたくさんある．

23) 旧宅は漁村にある．陸上がりした際に住んだ家．長屋風の建物の2階である．実兄一家は現在汕尾内にある高級マンションに住んでおり，節日にのみ旧宅に戻ってきて祖先祭祀をする．

24) 筆者は家では何もしないと聞いていたので，廟に出かけていた．従って，爆竹跡を確認したのみである．

25) 「天地生（*ti de se*）」ともいわれる．○○生とは○○という神様の誕生日という意味である．なお，正月初九の神誕祭祀の由来や起源をめぐる諸説，ならびに各地の事例を踏まえた研究上の課題に関しては，［渡邊1991：53-130］を参照せよ．

26) 汕尾では「理事会」は廟ごとにあり（小規模な廟の場合ないこともある），基本的には地縁組織といえる性格のものである．現地で説明を求めると「理事会」とは民間の組織だと説明される．「漁村」の場合，調査当時廟はまだ正式にはなかったが，「老人之家」に水仙爺像が安置され，理事会もここに設置され，「老人之家」実質的には廟の役割を果たしていた．

27) 汕尾では高級タバコに分類できる．

28) せっかくの高価な用具であったが，R氏はその後，兄から送られたアメリカ製の高級塗料を自宅にかざってある仏像の艶出し塗装に使うなどしたため，現金収入には結びつかなかった．

29) 死者は生者と同じものを必要とするという原則はここでも変わらない．祭祀用香港ドル，人民元などのみならず，衣服，パスポート，扇風機，時計，携帯電話など多岐に及ぶ．

30) 子豚の丸焼き．墓参りには欠かせない．

31) XA氏と妻は，喧嘩をしてもう数十年会話をしていない．そのため，同じ場に居合わせないようにしており，妻が参加した墓参りにはXA氏は参加しなかった．逆にXA氏の妻はXA氏が参加した飲茶には参加していない．

32) 汕尾の名物とされる．お茶に食塩を加え，ピーナッツ，ゴマ，煎り米，ねぎ，ニラ，ホシイカ，ホシエビなどを入れるもの．廟などでもよく振舞われ，空いたお椀を持っているとおかわりを入れられてしまうので，それ以上食べたくないときにはお椀を置いてその場を立ち去らなければならない．志賀によると，近年香港

の長州島においては，香港広東汕尾市同郷会などによって「菜茶会」が催され，海陸豊人の親睦の場になっているという［志賀 2010：43-47］．

33）ここでの「福佬人」は，「福建人」のことではなく，また「潮汕人」も含まない．「海陸豊人」「汕尾人」を指す，香港でよく見られる分類用法である．

34）ただし，「漁民の春節の過ごし方は，自分達とは絶対に違うはず」という陸上のマジョリティ知識人による言説がなお存在することに意味もある．民族研究，民俗研究などによって描かれてきた差異は，地域の社会において一定の権威があるため，過去にできあがった「漁民」像は，すぐに消え去ってしまうような性質のものでもない．

終章　結論─消え去る差異、生み出される差異

はじめに─本章の内容

　本書は、広東省汕尾の元水上居民である「漁民」を分析対象とし、周囲のマジョリティによって構築されてきた、彼らをめぐる文化的差異による境界がどのように維持あるいは変遷してきたのかを明らかにすることを目的とした。具体的には、まず先行研究によって描かれてきた中国の水上居民像の形成と再編について論じた。それから、差異の境界を作り出す過程においてどのような「漁民」像が描かれてきたのかについて様々なレベルに着目し、その差異化のされ方を論じてきた。本章では、これまでの議論を総括した上で、現代汕尾の様々な水上居民像を構成する要素を分析する。

第1節　水上居民像の形成と再編

　本書においては、「民族」「エスニック・グループ」との違いを踏まえて、前山隆のエスニシティ定義を参考に、以下のように定義した。すなわち、エスニシティとは、国家の枠組みの中で、出自や過去、文化的な特質を理由に異質と思念される人々を範疇化する際の、自己規定あるいは他者規定の原理であるという定義である。これに基づいたエスニシティ概念を用いて、様々な水上居民像の分析を試みた。ここでいう水上居民像とは、水上居民に対して、水上居民以外からの視点によって描かれたイメージである。

　古文献に現れた「疍」から出発した水上居民研究は、「民族」概念の形成の影響を受け、様々な記述がなされた。そのなかで、「疍」は差別的呼称であるため、水上居民への改称が行われた。また、民族識別工作によって水上居民は「漢族」とされた。しかし、その後の記述においても「系」の意識が働き、水上居民は祖先が「異民族」であることを理由

に，その子孫も「異民族」「少数民族」とするものもあった．そのような，祖先が「異民族」であるとする意見は，文献に現れた「疍」を根拠としたものであった．

　一方，香港人類学においては，ウォードによる「意識モデル」研究を受け，水上居民は「漢族」であるとされた．その根拠は「伝統的であると信じられるモデル」の共有であった．しかし，それは「残された中国」を求めてやってきた研究者が保持していた「伝統中国」イメージと，香港のおかれた社会的文脈に基づいて構築されたモデルだとも指摘することができ，その具体的な内容は不明瞭であった．また，水上居民は，「客観的文化内容」の一致によって陸上居民と同化するとしたため，住民の自己意識に着目した研究を行っていながら，「客観的文化内容」が各グループを弁別する指標となってしまった．そのため，ウォードは水上居民は「漢族」であるとし，かつそれぞれが自己の「意識モデル」「伝統的であると信じられるモデル」をもつとしたことが，却って，後の研究においては「疍家」「客家」といったそれぞれのグループの存在を自明のものとして固定化し描くことへと導くこととなった．

　しかし，1970年代以降，「客観的文化基準」によってエスニック・グループが存在しているという認識は改められ，相互の関わり合いの中から生まれるエスニシティを読みとる方向へ研究は移り変わってきた．

第2節　ウォードを越えて

　水上居民は「民族」であるか否か．あるいは，水上居民は「漢族」であるのか，それとも「異民族」「少数民族」であるのか．このような問いに対して，人類学者が「客観的」指標を材料に議論することは，エスニシティ研究にはならない．もちろん，中国では「民族」と認定されるか否かは人々の生活にかかわる重要なことだ．人類学者，社会学者，歴史学者が「民族」認定作業に大きな影響を与えることも確かである．しかし，エスニシティの境界について論じるならば，「客観的文化内容」よりも，人々の自己認識，あるいは人々が周囲をどう認識しているのかに着

終章　結論─消え去る差異、生み出される差異

目した研究が必要である.

　そのような視点から振り返ってみると, ウォードの「意識モデル」研究の意義は大きい. 水上居民の自己意識に着目し, 自己意識という視点から「漢族」であり水上居民でもあるという, その意識の重層性を説明したことは非常に高く評価される. ウォードの「意識モデル」研究は,「漢族」がその内部に多様性を保持しながら, それぞれが「伝統的であると信じられるモデル」に高い価値を認めることによって「漢族」であるという意識をもつことが可能であることを説明することができた. そのため, 漢族のサブ・グループを研究する人々に数多く引用されることとなった.

　また, ウォードが, 水上居民も「伝統的であると信じられるモデル」に高い価値を認めていることから「水上居民＝漢族」であるとしたことにより, 水上居民が「漢族」であることは研究上の前提となった.

　しかしながら, ウォードは, 水上に住む人＝水上居民であり, 陸に上り文化的にも陸上の「漢族」と同じになれば, 水上居民も陸上の「漢族」に同化するという視点も保持していた. そのような視点に対して, 木内裕子も指摘しているように, エスニシティを考える際には人々の自己認識を考察するだけでは不十分であり, 周囲からどのように認識されるのかにも着目する必要がある［木内1988］.

　このような問題意識に沿って,「疍民差別」の原因を漢族の農耕中心主義によるものだと断じた何家祥の研究は, 地域のマジョリティが水上居民にどのような視線をなげかけてきたのかを整理したものである［何家祥2005］. また, 長沼さやかも「水上居民とは, 広東人の強烈な中華アイデンティティによって宗族社会を縁取りするために維持されてきたマイノリティ・グループなのである」［長沼2010：247］と述べており, 珠江デルタにおいて, 水上居民の周囲にマジョリティとして存在する広東人宗族社会の視線が水上居民というカテゴリーを作り出していることを指摘している.

　水上居民への視線ということでいえば, これまで「疍」という一つの

261

文字で書かれた人々を「民族」とすることに反発しながら，日本の研究者たちも無意識に日本語の「民族」のイメージをエスニシティに重ねていることがあった．例えば，可児弘明は「蜑民の異民族出自説について」[可児 1972] の中で以下のように述べている．

　　こうした居住地の高低差，たとえば広東省における山地住民の客家，平地住民の広東人，水上住民の蜑家は，ちょうど鳥類などの棲みわけ現象に似ている．客家は山地に拠り，広東人は平地に拠り，蜑家は水上に拠り，それぞれ餌をわけあっていたといってもよい．こうした関係の下で，自己の居住地を犯されず，また他者のそれを犯さず，自己の餌を掠められずまた他者のそれを掠めないためには，山地住民，平地住民，水上住民の三カテゴリーに応じて自己の帰属を明確にし，他者と区別することが必要であったにちがいない．この点で最も忠実であったのは水上住民である．山上人，岸上人の呼称にそのことがよく投影している [可児 1972：19-20]．

　　一方，この三カテゴリーは旧中国の序列体系にも関係しており，平地住民に優位が与えられ，逆に山地住民と水上住民が劣位に位置づけられてきたことはよく知られている．たとえば科挙の地方試験において客家は著しく不利に扱われ，蜑家に至っては受験資格すら与えられていなかった．この社会的な格づけに密着し，ある意味では説明理論となって社会を動かしていたのは，山地，平地，水上の棲みわけをエスニックなちがいに対応させた解釈であったといってよい [可児 1972：20]．

　　それでは，一体なぜ異民族出自が説かれてきたのであろうか．異民族出自説は，異民族の血を引くものであるから山地や水上に住むべきであって，平地において平地住民である中国人と混住できないのだという棲みわけの説明理論と表裏するものである．平地はどこよりも安全で生産性が高かったから，一方では山地住民の平地侵入におびやかされるとともに，他方では水上住民の陸上りにも影響されるおそれが

終章　結論―消え去る差異、生み出される差異

あった．こうしたおそれにたいして，平地の独占を計るためには，棲みわけ理論を強制せねばならない．そのためにくりかえされたのが，客家や蜑家の異民族出自説であったといえる．もともと政治的なものであって，平地住民の自衛的動機に出たものだと推測されるのである．この際，中国史上には，たまたまと蜑とよぶ異民族が揚子江中，上流にいたので，この蜑が水上住民の異民族出自のよりどころとして利用されたことも想像にかたくないのである［可児 1972：27］．

　日本語で「血が繋がっている」というような「系」の意識を人々（特に陸上側）が持ち，再生産しつつ利用しているという指摘は正しい．しかし，可児のいう「エスニックな」という表現には日本語の「民族」のイメージが重なっている．日本語の「民族」にも「祖先を同じくする」「血を共有する」という認識が強く存在し，日本では「日本民族でないことが差別」であり，中国（華南）では「漢民族でないとすることが差別」という共通点があるだけに，可児の表現は妥当性を持つようにみえる．

　しかし，本書では「エスニックな」という表現を，前山の「思念された異質性」においても使用するという立場をとる．ここで重要なのは，祖先が実際に同じなのか異なるのかといったことではなく，人々が異質性をどのように考えているかなのである．

　以上整理したように，人々が自己および周囲の他者をどう認識しているのか．その認識に基づいて，どの様な行為が行われているのか．エスニシティが思念された異質性であるならば，それはどのように思念されるのか．これらの問題に着目した研究を行う必要がある．

　スールー諸島周辺の例では，イスラームの受容の程度が民族集団の認識基準になるとする報告がある［三浦 1988］．また，床呂はエスニシティが歴史的に形成され，歴史がそのエスニシティを再編するという動態的過程を西欧側，および現地の様々な歴史の語りの分析を通じて描いている［床呂 1992］．このように，「民族」のあり方は，人々が認識するこ

263

とによって形成され，再編されていくものである．人々が差異を認識することによって「エスニシティ」が発生する．研究者はその認識を読み取って論じる必要がある．その際，その地域が置かれている政治的，経済的状況を把握しておくことが必要なのはいうまでもない．

　そこで，本書の第3章と第4章においては，広東省汕尾を事例に，当地の「漁民」がこれまでたどってきた政治的経済的変化の歴史を復元することを試みた．陸上がりや漁業の集団化，漢族としての民族籍の決定，香港などへの密輸密航の往航，廟の復興など「漁民」をめぐる歴史的変遷の中で，彼らの文化的差異も消え去ったり，生み出されたりしてきた．

　次節では，第5章から第7章での分析を踏まえて，そうした時代の経過とともにおこった変遷の中で，汕尾の「漁民」と周囲との差異がどのように消失し，どのように生成したのかを整理する．

第3節　現代汕尾の水上居民認識を構成するもの

　ここでは，汕尾の「漁民」について，陸上のマジョリティとの境界を作り上げたり，揺さぶったりする要素を時代順に並べ，著者の判断により，彼らと周囲との差異を生み出した要因をⒶ，周囲との差異を消したり，見えにくくしたりする要因をⒷとして整理する．

　①中華民国以前の段階では，漁業という生業と，水上居住という居住形態によって，差異化が図られていた．→Ⓐ

　②また，歴史家たちは，そうした水上居民に対し，「疍」という文字をあてて文献上の記録に残した．→Ⓐ

　③清朝期における民籍ではなく，それ以外という行政的に区分された身分．→Ⓐ

　④中華民国期に入ると，日本経由でから「民族」概念が中国にも導入される．その結果，疍は「民族」であるとの記述がなされるようになった．→Ⓐ

　⑤1950年代「科学的」「客観的」な民族識別工作により，「疍」は「民

終章　結論―消え去る差異、生み出される差異

族」ではなく，漢族の一部とされた．ただし，政府は被差別階級とし
て援助対象にした．→Ⓐ

⑥1950年代から80年代にかけて政策的陸上がりが進み，水上居住で
はなくなった．→Ⓑ

⑦陸上がりの結果「漁村」に集住．「漁村」の住民としての「漁民」の
区分が可能に．→Ⓐ

⑧物資の支援等を得て，マジョリティとの経済的差異が縮小する．
→Ⓑ

⑨1980年代以降，生業の多様化がすすみ①の生業による区分も薄ら
ぐ．→Ⓑ

⑩香港人帰郷者，内陸からの出稼ぎ労働者という，より大きな文化的
差異のある存在の登場．→Ⓑ

⑪1990年代以降，「漁村」としての祭祀活動．→Ⓐ[1]

⑫1990年代以降，学術界に「族群」概念が導入され，「民族」でなく
とも，「族群」たりうることになり，エスニック・グループとしての記
述が再度可能に．→Ⓐ

⑬経済力を付け，漁村外にマンションを購入して住む「漁民」の登場．
→Ⓑ

⑭観光開発にて政府などにより「漁民文化」への着目がなされる．
→Ⓐ

　時代が下るにつれて現れてきた新しい要素②〜⑭は，もちろんそれま
での認識を全面的に塗り替えるのではなく，ある種の積み重ねをなす材
料となる．その中では，Ⓐの要素が加わるたびに，「漁民」としての範疇
化が積み重ねられていく．これが水上居住というもともとの差異化の基
準がなくなっても，区分されつづける仕組みである．こうして，「陸に住
む漁民」や「漁業をしない漁民」といった表現ができあがる．

　②〜⑭の要素のうち，差異を消し去るⒷの要素は，⑥⑧⑨⑬のように，
いずれも日々の社会生活において現実に観察可能な差異であると指摘で

265

きよう．一方，差異を生み出していくⒶの要素には，②③④⑥⑫など，直接観察可能なものではなく，思念されたものか，あるいは思念されたものである学術を背景とした観光開発である⑭などがあり，直接見えない要素によって差異化が図られていることがわかる．また，水上居住をはじめとする目に見える差異は時代が下るにつれて減少し，それに反比例する形で「歴史」など現実には目に見えない差異を根拠に境界が維持されているのである．

　ただし，実際の社会において，漁民エリート，一般の漁民，陸上人，学術関係者，政府関係者等々のアクターがどれに重きをおいて解釈するのかは状況依存的であり，主体による選択もある程度可能なものである．例えば⑪は，漁村を単位として活動しており，その意味では，漁村の人としてのアイデンティティ強化につながりうる．しかし，その祭祀の目的として「中国の伝統」に従って行うことを彼らが強調した場合，それは中国人意識を強めるものにはなっても，漁民意識とは関係しないことになる．また，⑭のように，観光開発による「漁民文化」への注目は差異化の契機を作りだすが，それを漢族の一地方文化と位置づけることによって，差異化を拒むこともまた可能である．もちろん，名和が「民族に関する全ての語りは，先行する語りに制約されると共に，他者に向けられている限り，その成否は他者の同意如何にかかっている」［名和 2002：54］と述べているように，他者の同意がなければ，その語りは社会的な効力を発揮しない．

結語―作業仮説としてのエスニシティ

　E・リーチは，概念の普遍性に対して批判的であった．ただし，個別な事例でそれを深く探求することは重要としている．婚姻の普遍的定義がいかに困難か，を力説したあと，彼は次のように述べている．「『結婚』，『家族』，『宗教』といった言葉は，通文化的枠組みからみると，たいした意味をもたない．しかし，そうした諸範疇に当てはめられるような制度に出現する関係の諸様式は，常に人類学者のもっとも綿密な注意を惹き

終章　結論―消え去る差異、生み出される差異

つける重要な様式である」［リーチ 1991：276］．

　リーチのいうように，全世界に共通する「エスニシティ」概念などは，構築しがたいものなのかもしれない．では，エスニシティを探求するにはどうしたらよいのであろうか．「疍」あるいは「漁民」の例でいえば，歴史学的手法により，各時代の各地域における「疍」「漁民」に位置づけの変遷を様々な資料から探求することと，それらの積み重ねの上になりたつ現代の各地域における「水上居民」「漁民」の位置づけの探求の双方が行われてはじめて，水上居民のエスニシティが説明できる．少なくとも本書が分析の対象としてきた汕尾においては，現在までのところ，①〜⑭の諸要素の積み重ねにより構成されると説明できよう．そして，その中でどの要素を強調するのか，あるいは無視するのかはそれぞれの主体により選択可能な部分も存在する．

　また，それらは大まかに分類すれば，「歴史」など目に見えないものを用いた概念的差異化と，日々の生活上観察可能な差異による差異化の二種類に分類できる．第 6 章で指摘したように，概念的な差異化で大きな割合を占めるものには，民族研究，民俗研究などでなされる学術的差異化がある．1 章と 2 章で水上居民像の創造と再編を検討したが，そのような学術的に作り上げられた様々な水上居民像は，各地域社会にも様々な回路を介して影響を及ぼすのである．なお，そうした研究は，中国においては歴史文献を根拠に語るスタイルがとられることが多い．そのため，過去の文献における語りを再生産する傾向があり，政府の観光開発もこれを根拠として行われるといえよう．

　もう一つには日々の暮らしの中での範疇化が存在する．範疇化に用いられるのは，人々の生活上観察可能な具体的な文化的差異である．例えば言語であり，居住形態，生業などもそれに該当する．このように，日々の暮らしの中での範疇化は，学術的差異化が再生産を志向するのに比べ，変化しやすい傾向がある．

　さらに，陸上がりによって水上居民最大の特徴であった水上生活を行わなくなって以降も，⑨，⑬など，現実に生活上観察可能な差異は近年

267

確実に減少しているといえる。それに加え⑩のようにより大きな観察可能な差異をもつグループが出現したこともあり、そのまま水上居民と陸上のマジョリティの社会的境界が消滅すれば、彼らのエスニシティは消えることになる。しかし、その境界が残存している場合、その差異化の根拠は歴史へと求められ、目には見えない差異が強調されることとなる。そうした不可視の差異構築に寄与するのが学術的差異化の諸構築物であると指摘できよう。

観光開発の主体である政府、それをサポートする民俗研究家は、「漁民」の祖先は蜑であり、それゆえに差異があるという「系」の観念を重視する中国的認識をもつと考えられる。また、廟の運営組織は地縁で組織されるが、水上居民の陸上がりによって新たに成立した「漁村」を基盤にした理事会の諸活動は、かつての水上居民が住んでいる「漁村」という記憶を想起させるきっかけともなりえよう。

現在では、陸上がりを済ませ、さらに既に漁業に従事しない者も存在する汕尾の「漁民」は、なぜ「漁民」と呼ばれ続けるのか。汕尾の「漁民」の事例は、生業や居住形態といった目に見える差異からの当然の帰結であるという素朴な説明でも、農耕と宗族倫理に基礎を置く陸上漢族が対極的存在として水上居民を必要とした長沼の論［長沼 2010］でも説明できないものである。そうした彼らの自他境界の消長を考察し、そのメカニズムを解明することが本書の目的であった。

なぜ陸上がりを済ませ、漁業従事者ですらなくなった人々が「漁民」と呼ばれ続けるのか、という問いへの直接の答えとしては、以下のようなものになろう。即ち、水上居住や漁業に従事するといった実際に観察可能な差異が消えつつあっても、境界が維持される根拠として求められるのは、歴史であり、それを強化するのは学術的諸構築物である[2]。そして、それを各主体が使用することで、陸上がり等を経た現在、すでに消え去っているかのように見えた水陸の境界が現れてくるということなのである[3]。

以上のように本書では、中国の水上居民、その中でも広東省汕尾の

終章　結論―消え去る差異、生み出される差異

「漁民」を事例としてそのエスニシティを記述，考察してきた．しかし，時の流れは止まることはない．特に近年の中国での社会変化は目覚ましいものがある．それに伴い，「漁民」を取り巻く環境も今後大いに変化していくであろう．そうした状況下で人々は何を根拠に差異化をするのか，あるいはしないのか．どんな範疇化が行われるのか．今後も汕尾をはじめとするフィールドにおいて「消え去る差異，生み出される差異」を注視していくつもりである．

終章の注

1) ⑪は，「漁民」がまとまって祭祀活動をすることにより，グループとして可視化される契機となりうるものではあるが，現状は中国の，あるいは汕尾の伝統にのっとり祭祀活動をしているというだけで，「漁民」としての独自性を強調しようとしているわけではないことに留意しておく必要がある．

2) ただし，文化が消費対象となっている現代では，学術によって描かれたイメージを利用するために，日常の文化的差異をイメージにあわせていくような動きもある．こうした動きに関しては，今後も注視が必要であろう．

3) 本書においては，漁業の現場をはじめとする職場でのエスニシティや，行政との折衝などでおこるエスニシティについて考察することはほとんどしていない．さらに，結婚式，葬式などの人生儀礼についても考察が必要である．その他，汕尾など広東省東部から福建省にかけての「漁民」に広まっていたとされる，彼らの「祖先モンゴル族伝承」についても考察することができなかった．（これについては稲澤（2015）を参照のこと．）そして，本書では調査中に撮影した写真も合わせて紹介したが，撮影者の技術不足により，調査地の魅力を十分に伝えることのできるものであるとはいいがたいものが多く，改善が必要である．それらは今後の課題としたい．

参考文献

日本語（著者五十音順）

あ行

青柳まちこ

1996「『エスニック』とは」「「エスニック」とは何か——エスニシティ基本書文選』青柳まちこ（編・監訳），pp.8-21，新泉社．

足羽與志子

2000「中国南部における仏教復興の動態—国家・社会・トランスナショナリズム」『現代中国の構造変動 5 社会——国家との共棲関係』菱田雅清（編），pp.239-274，東京大学出版会．

綾部恒雄

1985「エスニシティの概念と定義」『文化人類学 2』綾部恒雄（編），pp.8-19，アカデミア出版会．

2000「民族について」『世界民族事典』綾部恒雄ほか（編），pp.xv-xx II，弘文堂．

安藤正士

1995「民族」『原典中国現代史　第 4 巻　社会』辻康吾，加藤千洋（編），pp.64-90，岩波書店．

伊藤亜人

1983「漁民集団とその活動」『日本民俗文化大系 5　山民と海人——非平地民の生活と伝承』網野善彦他（編），小学館，pp.317-360．

稲澤努

2010a「消される差異，生み出される差異——広東省汕尾の漁民文化のポリティクス」『海港都市研究』5：3-22．

2010b「中国の地方都市における公共性の一側面——『漁民』の廟の活動を事例として」『東アジアにおける公共性の変容』藤田弘夫（編），pp.281-301．慶應義塾大学出版会．

2012「新たな他者とエスニシティ——広東省汕尾の春節，清明節の事例から」『東北アジア研究』17：19-48．

2015「東方地中海における水上居民——広東東部の水上居民モンゴル族祖先伝承を中心に」『東アジア海域文化の生成と展開——〈東方地中海〉としての理解』野村伸一（編），pp.669-697．風響社．

稲村務

2002「中国ハニ族の『支系』について——民族識別と『支系』概念の整理」『歴史人類』30：159-184．

内堀基光
　　1989「民族論メモランダム」『人類学的認識の冒険——イデオロギーとプラクティ
　　　　ス』田辺繁治（編），pp.27-43，同文館出版.
　　1997「序　民族の意味論」『民族の生成と論理——岩波講座文化人類学5』内堀
　　　　基光ほか（編），pp.1-28，岩波書店.
エーバーハルト，W.（君島久子ほか訳）
　　1987『古代中国の地方文化——華南・華東』六興出版.
エリクセン・ハイランド・トーマス（鈴木清訳）
　　2006『エスニシティとナショナリズム——人類学的視点から』明石書店.
王崧興
　　1986「漢民族の社会組織」『日本民俗社会の形成と発展——イエ・ムラ・ウジの
　　　　源流を探る』竹村卓二（編），pp.147-167，山川出版社.
　　1994「中国人——その中心と周辺」『民族の出会うかたち』黒田悦子（編），pp.241-
　　　　261，朝日新聞社.
王崧興，瀬川昌久
　　1984「漢民族の移民とエスニシティ——香港，台湾の事例をもとに」『民族学研
　　　　究』48（4）：407-417.
大島一二
　　2001「沿海部における構造変動——広東省を中心として」『流動する民族——中
　　　　国南部の移住とエスニシティ』塚田誠之，瀬川昌久，横山廣子（編），pp.103-
　　　　120，平凡社.
大橋健一
　　1997「香港都市社会研究の展望と課題——人類学と社会学の分業を超えて『香港
　　　　社会の人類学——総括と展望』」瀬川昌久（編），pp.111-135，風響社.
大林太良
　　1995a「中国辺境諸民族の文化と居住地——エーバーハルト説の紹介と評価　そ
　　　　のⅠ．概観」『国立民族学博物館研究報告』20（2）：313-356.
　　1995b「中国辺境諸民族の文化と居住地——エーバーハルト説の紹介と評価　そ
　　　　のⅡ．南方辺境諸民族」『国立民族学博物館研究報告』20（3）：455-500.
岡本雅享
　　1995「『中華民族』論台頭の力学——民族識別との関連を中心に」『部落解放研
　　　　究』（107）：74-97.
　　1999『中国の少数民族教育と言語政策』社会評論社.
小川博
　　1969-71「中国史上の蜑——蜑（蛋）についての諸学説の沿革について（一）～
　　　　（五）」『海事史研究』海事史研究会.
小田亮
　　1995「民族という物語」『民族誌の現在——近代・他者・開発』合田・大塚（編），
　　　　pp.14-35，弘文堂.

か行
笠井正弘
　　1998a「日本『民族』」『世界の民族——「民族」の形成と近代』原尻英樹（編），

pp.71-91，放送大学教育振興会.

1998b「多様性の日本」『世界の民族——「民族」の形成と近代』原尻英樹（編），
pp.92-107，放送大学教育振興会.

可児弘明

1970『香港の水上居民——中国社会史の断面』岩波書店.

1972「疍族出自説をめぐって」『中国大陸古文化研究』6：19-27.

1993（1986）「良賤制度下の疍戸について」『増補　アジアの差別問題』西順蔵，
小島晋治（編）pp.300-338，明石書店.

兼重努

2008「県級『民族誌』における民族表象——広西三江トン族自治県の事例から」
『民族表象のポリティクス——中国南部の人類学・歴史学的研究』塚田誠之
（編），pp.89-125，風響社.

河合洋尚

2007　「客家風水の表象と実践知——広東省梅州市の囲龍屋を例として」『社会人
類学年刊』33：65-94.

2011　「都市化と食景観の創造——広州の広東料理」『世界の食に学ぶ—国際化の
比較食文化論』河合利光（編），pp.123-143，時潮社.

2012a「東江客家文化の創出と景観建設」『客家の創世と再創世——歴史と空間か
らの総合的再検討』瀬川，飯島（編），pp.135-166，風響社.

2012b「『民系』から『族群』へ——1990 年代以降の客家研究におけるパラダイ
ム転換」『華僑華人研究』9：138-148.

川口幸大

2004「現代中国における清明節の墓祭祀」『東北人類学論壇』3：33-48.

2006『文化をめぐる国家と村落社会の相互交渉——東南中国における死者儀礼・
神祇祭祀・宗族組織を通して』東北大学大学院文学研究科博士論文.

2007「現代中国の村落における春節」『東北人類学論壇』6：23-38.

2009「清明節—中国の墓参り」『季刊民族学』127：94-103.

2011「廟と儀礼の復興，およびその周縁化—現代中国における宗教のひとつの位
相』『中国における社会主義的近代化—宗教・消費・エスニシティ』小長谷，
川口，長沼（編），，pp.3-26，勉誠出版.

韓錦春，李毅夫（辻田智子訳）

1996「中国語の『民族』ということばの出現と初期の使用例」『立命館言語文化
研究』7（4）：100-115.

ギアーツ，C.（板橋作美訳）

1987「統合的革命——新興国における本源的感情と市民政治」『文化の解釈学Ⅱ』
pp.112-207，岩波書店.

木内裕子

1988「香港水上民をめぐる漢族意識」『文化人類学 5』末成道男（編），pp.64-171,
アカデミア出版会.

岸和行

1991「明代中後期，珠江デルタの沙田・鴨埠・魚埠」『九州大学東洋史論集』19：
85-122.

岸本美緒
　　2003　「清代における『賤』の観念──冒捐冒考問題を中心に」『東洋文化研究所
　　　　　紀要』144：81-131.
祁慶徳（田宮昌子訳）
　　1998　「中国民族学の歴史と今後の展望」『中国 21』3：155-168.
木村自
　　2012　「第 8 章　エスニシティの境界と可塑性　中国における『民族』論の今日的
　　　　　展開──『族群』の政治性・『民族』の可塑性」『共進化する現代中国研究──
　　　　　地域研究の新たなプラットフォーム』田中仁，三好恵真子（編），pp.185-204.
金柄徹
　　2003　『家船の民族誌──現代日本に生きる海の民』東京大学出版会.
グエン・クアン・チュン・ティエン（吉本康彦訳）
　　2012　「フエ周辺における水上居住民の生活様式と文化生活について」『フエ地域
　　　　　の歴史と文化──周辺集落と外からの視点』西村昌也ほか（編）pp.613-624,
　　　　　関西大学文化交渉学教育研究拠点（ICIS）.
グレーザー，N. = D．P．モイニハン（内山秀夫訳）
　　1984　『民族とアイデンティティ』三嶺書房.
桑田六郎
　　1944　「文献に現はれた蜑族と蜑戸」『太平洋圏　民族と文化　上巻』太平洋協会
　　　　　（編），pp.435-448，河出書房.
コーエン，エイブナー（山川偉也，辰巳浅嗣訳）
　　1976　『二次元的人間──複合社会における権力と象徴の人類学』法律文化社.
コーエン，ロナルド（百瀬響，行木敬訳）
　　1996　「部族からエスニシティへ─エスニシティ──人類学における問題と焦点」
　　　　　『「エスニック」とは何か─エスニシティ基本書文選』青柳まちこ（編・監
　　　　　訳），pp.8-21，新泉社.
子安加余子
　　2008　『近代中国における民俗学の系譜──国民・民衆・知識人』御茶の水書房.

さ行
蔡志祥
　　1987　「地を洗い疫病をはらう太平清醮」『季刊民族学』40：85-105.
　　1988　「醮祭の人名リストに見られる親族の範囲」『文化人類学 5』pp.129-150，ア
　　　　　カデミア出版.
　　2000　『打醮香港的節日和地域社会』三聯書店.
志賀市子
　　1997　「都市社会香港における葬儀の担い手の変化──『喃嘸佬』から『経生』へ」
　　　　　『香港 社会の人類学──総括と展望』瀬川昌久（編），pp.163-191，風響社.
　　2002　「広東海陸豊地域の民俗宗教」『東京成徳大学研究紀要』9：1-17.
　　2007　「広東省農村における祭祀組織の復興と現状」『中国東南部における宗教の
　　　　　市場経済化に関する調査研究──コンテキスト分析による』佐々木伸一代表
　　　　　科学研究費研究成果報告書，pp.83-105.

2011「香港における海陸豊人のエスニシティとアイデンティティ」『20世紀前半
　　　　　に日本人が収集した中国民具についての文化人類学的研究』芹澤知広研究代
　　　　　表科学研究費補助金（基盤研究C）成果報告書，pp.31-51.
　　　2012「香港の『海陸豊人』――エスニック表象とアイデンティティのゆらぎ」『茨
　　　　　城キリスト教大学紀要』（47）：37-54.
斯波義信
　　　2002『中国都市史』東京大学出版会.
清水昭俊
　　　1992「永遠の未開文化と周辺民俗――近代西欧人類学史点描」『国立民族学博物
　　　　　館研究報告』17（3）：417-488.
白鳥芳郎
　　　1965「華南少数民族の生業形態の分析と類型」『中国大陸古文化研究』1：73-86.
シンジルト
　　　2003『民族の語りの文法――中国青海省モンゴル族の日常・紛争・教育』風響社.
新免康
　　　2001「ウイグル人民族主義者エイサ・ユスプ・アルプテキンの軌跡」『現代中
　　　　　国の構造変動　7　中華世界――アイデンティティの再編』毛里和子（編），
　　　　　pp.151-178，東京大学出版会.
末成道男（編）
　　　1995『中国文化人類学文献解題』東京大学出版会.
スキナー・ウイリアムズ（山本一訳）
　　　1988『東南アジアの華僑社会――タイにおける進出・適応の歴史』東洋書店.
鈴木二郎
　　　1976「エスニシティの新しい意味」『社会人類学年報』（2）：62-78.
鈴木正崇
　　　1993「創られた民族――中国の少数民族と国家形成」『せめぎ合う民族と国家―
　　　　　人類学的視座から』飯島茂（編），pp.211-238，アカデミア出版会,.
　　　1998「『民族意識』の現在――ミャオ族の正月」『民族で読む中国』可児ほか（編），
　　　　　pp.143-182，朝日新聞社.
鈴木満男
　　　1990「玖魚佬」『民族学研究』55（1）：69-75.
スミス，A.（巣山靖司，高城和義訳）
　　　1999『ネイションとエスニシティ――歴史社会学的考察』名古屋大学出版会.
瀬川昌久
　　　1985　「打醮――まつりにあらわれる香港の村の素顔」『季刊民族学』33：20-35.
　　　1986　「客家と本地」『民族学研究』51（2）：111-140.
　　　1991　『中国人の村落と宗族――香港新界農村の社会人類学的研究』弘文堂.
　　　1996　『族譜――華南漢族の宗族・風水・移居』風響社.
　　　1997a『香港新界の宗族村落――生きた化石における伝統の再生』『香港社会の人
　　　　　類学――総括と展望』瀬川昌久（編），pp.17-38，風響社.
　　　1997b「人類学における親族研究の軌跡」『岩波講座文化人類学　第4巻　個から
　　　　　する社会展望』青木保他（編），pp.28-60，岩波書店.

1998　「中国の漢族―世界最大の『民族』とその内部多様性」『世界の民族――「民族」形成と近代』原尻英樹（編），pp.145-163，放送大学教育振興会.

1999　「香港中国人のアイデンティティ−」『中原と周辺――人類学的フィールドからの視点』末成道男（編），pp.27-40，風響社.

2002a「中国南部におけるエスニック観光と『伝統文化』の再定義」『文化のディスプレイ――東北アジア諸社会における博物館，観光，そして民族文化の再編』瀬川昌久（編），pp.135-174，東北アジア研究センター.

2002b「中国南部のヤオ族と「盤王節」にみるその民族文化表象について」『文化のディスプレイ――東北アジア諸社会における博物館，観光，そして民族文化の再編』瀬川昌久（編），pp.175-214，東北アジア研究センター.

2002c「広東省海豊県の地方文化と宗族」『東北アジア研究』6：1-25.

2012a「中華民族多元一体構造論と民族行政の現場における民族認識」『近現代中国における民族認識の人類学』瀬川昌久（編），pp.2-58，昭和堂.

2012b「漢族の中の多元と一体―近100年における客家アイデンティティの動態を例に」『近現代中国における民族認識の人類学』瀬川昌久（編），pp.202-226，昭和堂.

2012c「少数民族籍客家――エスニック・グループの自明性と曖昧性」『客家の創生――歴史と空間からの総合的再検討』瀬川，飯島（編），pp.21-50，風響社.

2014　「客家エスニシティーの動態と文化資源」『中国の民族文化資源――南部地域の分析から』武内房司・塚田誠之（編），pp.119-155，風響社.

関恒樹

2007『海域世界の民族誌――フィリピン島嶼部における移動・生業・アイデンティティ』世界思想社.

関根康正

2006『宗教紛争と差別の人類学――現代インドで〈周辺〉を〈境界〉に読み替える』世界思想.

芹沢知広

1997「公共住宅・慈善団体・地域アイデンティティ――戦後香港における社会変化の一面」『香港社会の人類学―総括と展望―』瀬川昌久（編），pp.137-161，風響社.

1998「文化とアイデンティティ――「香港人」「香港文化」研究の現在」『岩波講座文化人類学（第13巻）』，青木保ほか（編），pp.143-171，岩波書店.

1999「空間の消失と多中心的な文化のゆくえ――香港人類学素描」『東アジアにおける文化の多中心性』三尾裕子（編），pp.233-263，風響社.

曽士才

1998「中国のエスニック・ツーリズム――少数民族の若者たちと民族文化」『中国21』3：43-68.

2001「中国における民族観光の創出――貴州省の事例から」『民族学研究』66（1）：87-105.

参考文献

た行
高山陽子
　　2007『民族の幻影――中国民族観光の行方』東北大学出版会.
竹沢泰子
　　1994『日系アメリカ人のエスニシティ――強制収容と補償運動による変遷』東京
　　　　大学出版会.
竹村卓二
　　1983「少数民族の歴史と文化」『漢民族と中国社会』橋本萬太郎（編），pp.325-
　　　　364，山川出版社.
田仲一成
　　1981『中国祭祀演劇研究』東京大学出版会.
　　1985『中国の宗族と演劇』東京大学出版会.
張兆和（瀬川昌久訳）
　　1999「『押しつけられた表象』から『自己表象』へ――民国期中国・苗族知識人
　　　　にみるエスニック・アイデンティティーの模索と実践」『中原と周辺――人
　　　　類学的フィールドからの視点』末成道男（編），pp.331-359，風響社.
塚田誠之
　　1998「民族集団はどのように作られるのか――屯堡人は漢族か？」『民族で読む
　　　　中国』可児ほか（編），pp.45-74，朝日新聞社.
　　2001「『屯軍の末裔』たち――貴州における移住と民族の生成」『流動する民族
　　　　――中国南部の移住とエスニシティ』塚田ほか（編），pp.273-292，平凡社.
塚田誠之（編）
　　2008『民族表象のポリティクス――中国南部における人類学，歴史学的研究』風
　　　　響社.
辻田智子
　　1996「中国語の『民族』ということばの出現と初期の使用例」『立命館言語文化
　　　　研究』7（4）：97-99.
ツー，ティモシー（根布厚子訳）
　　1995「中国南部の宗教復興――広東省東部における事例をめぐって」『アジアに
　　　　おける宗教の再生――宗教的経験のポリティクス』田辺繁治（編），pp.33-
　　　　54，京都大学学術出版会.
寺田勇文
　　1996「スルー海域のサマ族――海洋民の『国民化』過程をめぐって」『国家のな
　　　　かの民族――東南アジアのエスニシティー』綾部恒雄（編），pp.217-252，赤
　　　　石書店.
東亜同文会（編）
　　1917『支那省別全誌――第1巻　広東』東亜同文会
床呂郁哉
　　1992「海のエスノヒストリー――スールー諸島における歴史とエスニシティ」
　　　　『民族学研究』57（1）：1-20.
　　1999『越境――スールー海域世界から』岩波書店.

な行
直江広治
　　　1967『中国の民俗学』岩崎美術社.
中生勝美
　　　1997「香港の離島コミュニティーに見られる都市性──長洲島・太平清醮の祭祀
　　　　　集団」『香港社会の人類学──総括と展望』瀬川昌久（編），pp.73-107，風
　　　　　響社.
長津一史
　　　1995「海の民サマ人の生計戦略」『季刊民族学』74：18-31.
　　　1997「海の民サマ人の生活と空間認識──サンゴ礁空間 t'bba の位置づけを中心
　　　　　にして」『東南アジア研究』35（2）：261-300.
　　　2004「『正しい』宗教をめぐるポリティクス──マレーシア，サバ州海サマ人社
　　　　　会における公的イスラームの経験』『文化人類学』69（1）：45-69
長沼さやか
　　　2010『広東の水上居民──珠江デルタ漢族のエスニシティとその変容』風響社.
長沼さやか，浅川滋男
　　　2007「水上居民の家船居住と陸上がりに関する文化人類学的研究──中国両広と
　　　　　ベトナムを中心に」『住宅総合研究財団研究論文集』34：65-76
中見立夫
　　　1994「モンゴルの独立と国際関係」『アジアから考える［3］周縁からの歴史』溝
　　　　　口雄三ほか（編），pp.79-106，東京大学出版会.
　　　2001「ナショナリズムからエスノ・ナショナリズムへ──モンゴル人メルセに
　　　　　とっての国家・地域・民族」『現代中国の構造変動　7　中華世界──アイデ
　　　　　ンティティの再編』毛里和子（編），pp.121-149，東京大学出版会.
名和克郎
　　　1992「民族論の発展のために──民族の記述と分析に関する理論的考察」『民族
　　　　　学研究』57（3）：297-315.
　　　2002『ネパール，ビャンス，および周辺地域における儀礼と社会範疇に関する民
　　　　　族誌的研究──もうひとつの〈近代〉の布置』三元社.
西川喜久子
　　　1981「清代珠江下流域の沙田について」『東洋學報』63（1.2）：93-135.
西澤治彦
　　　1988「漢族研究の歩み──中国本土と香港・台湾」『文化人類学 5』末成道男（編），
　　　　　pp.12-32，アカデミア出版会.
沼崎一郎
　　　1997「香港のインド人企業家──歴史と現状の予備的調査報告」『香港社会の人
　　　　　類学──総括と展望』瀬川昌久（編），pp.231-251，風響社.
野口武徳
　　　1987『漂海民の人類学』弘文堂.

は行
羽原又吉
　　　1963『漂海民』岩波書店.

1992 「日本古代漁業経済史」『日本民俗文化資料集成　第三巻　漂海民——家船と糸満』谷川健一（編），pp.11-196，三一書房．（1949『日本古代漁業経済史』東京：改造社，採録）

林耕

1939 「『蜑家』の来歴とその生活」『アジア問題講座第9巻——社会・習俗篇』矢部（編），pp.373-412，創元社．

バルト，F．（内藤暁子，行木敬訳）

1996 「エスニック集団の境界」『「エスニック」とは何か』青柳まちこ（編・監訳），pp.23-71，新泉社．

費孝通（塚田誠之訳）

1997 「エスニシティの研究——中国の民族に関する私の研究と見解」『国立民族学博物館研究報告』22（2）：461-479．

日野みどり

1997 「香港人であることと中国人であること」『香港社会の人類学——総括と展望』瀬川昌久（編），pp.195-230，風響社．

2003 『香港・広州菜遊記——粤のくにの胃袋気質』凱風社．

フリードマン，M．（田村克己・瀬川昌久訳）

1987 『中国の宗族と社会』弘文堂．

藤川美代子

2010 「端午節の儀礼にみる水上生活者たちの所属意識——中国福建省九龍江河口に暮らす連家船漁民の例から」『比較民俗研究』24：4-39．

ホワイト，W．G．（松田銑訳）

1943 『漂海民族』鎌倉書房．

ま行

前山隆

1985 「エスニシティにおける国の論理と人の論理——ブラジル日系人の場合」『文化人類学2』綾部恒雄（編），pp.142-153，アカデミア出版会．

2003 『個人とエスニシティの文化人類学——理論を目指しながら』御茶の水書房．

牧野巽

1985 『牧野巽著作集　第五巻——中国の移住伝説，広東原住民考』御茶の水書房．

馬建釗（布施ゆり訳）

2002 「中国の少数民族と民族観光業」『文化のディスプレイ——東北アジア諸社会における博物館，観光，そして民族文化の再編』瀬川昌久（編），pp.119-134，東北大学東北アジア研究センター．

松本光太郎

1995 「雲南省の彝語支諸集団の民族識別をめぐって（上）」『東京経済大学　人文自然科学論集』99：39-58．

1996 「海南島の臨高人が『壮族』であると承認しない理由をめぐって——広東省チワン族調査ノート（1）」『東京経済大学人文自然科学論集』102：61-71．

松本ますみ

1999 『中国民族政策の研究——清末から1945年までの「民族論」を中心に』多賀出版．

三浦太郎

    1988「民族集団の認識基準におけるイスラームの機能――スルー地域の場合」
『伝統社会と社会・政治的統合』白鳥芳郎，杉本良男（編），南山大学人類
学研究所叢書Ⅲ：101-124.

毛里和子

    1998『周縁からの中国――民族問題と国家』東京大学出版会.

門田修

    1986『漂海民――月とナマコと珊瑚礁』河出書房.

や行

藪内芳彦

    1960『東南アジアの漂海民――漂海民と杭上家屋民』古今書院.

柳田国男

    1992「家船」『日本民俗文化資料集成（3）漂海民――家船と糸満』谷川健一（編），
pp.315-319，三一書房.（1976『えとのす』（6）より採録）

山鹿誠次

    1950「東京に於ける水上生活者の生成」『地理學評論』23（7）：23-29.

山崎雅人

    2001「言語と民族のアイデンティティ――満州族の場合」佐々木信彰（編）『現
代中国の民族と経済』京都：世界思想社，pp.47-64.

横山英

    1961「一インテリ革命家の生涯――彭湃と広東農民運動」『社会科研究』9：55-61.

横山廣子

    1997「少数民族の政治とディスコース」『岩波講座文化人類学　第五巻　民族の
生成と論理』青木保ほか（編），pp.165-198，岩波書店.

横山宏

    1967「中国経済用語表」『早稲田商学』195：167-187.

ら行

リーチ，E.（関本照夫訳）

    1987『高地ビルマの政治体系』弘文堂.

リーチ，E.（長島信弘訳）

    1991『社会人類学案内』岩波書店.

林恵祥（大石隆三，中村弘訳）

    1939『支那民族誌（上）』生活社.

わ行

若林敬子

    1996『現代中国の人口問題と社会変動』新曜社.

渡邊欣雄

    1990「香港水上居民の家族生活――長洲島を事例とした予備的調査報告」『白鳥
芳朗教授古稀記念論叢・アジア諸民族の歴史と文化』白鳥芳郎教授古稀記念

論叢刊行会（編），pp.115-140，六興出版.
　　1991『漢民族の宗教——社会人類学的研究』第一書房.
ワトソン，J（瀬川昌久訳）
　　1995（1975）『移民と宗族——香港とロンドンの文氏一族』阿吽社.
ワトソン，J（西脇常記訳）
　　2006（1988）「中国の葬儀の構造——基本の型・儀式の手順・実施の優位」『中国
　　　文化人類学リーディングス』瀬川，西澤（編），pp.261-278，風響社.

中国語（著者ピンイン順）

陳碧笙
　　1954「関於福州水上居民的名称，来源，特徴以及是否少数民族等問題的討論」
　　　『厦門大学学報』1954 年第一期 115-126.
陳錘
　　1999「談古今説汕尾」『汕尾城区文史』4：5-24.
陳支平
　　1997『客家源流新論』広西教育出版社.
　　2000『福建六大民系』福建人民出版.
陳摩人
　　2000「略論疍民的歴史及其風習」『広東民族研究論叢』10：310-314.
陳序経
　　1946『疍民的研究』商務印書館.
　　2004（1957）「華南水上居民需要特別加以照顧」『陳序経文集』余定邦，牛軍凱
　　　（編），pp.126-128，中山大学出版社.
房学嘉
　　1996『客家源流探奥』武陵出版社.
費孝通
　　1994（1980）「関干我国民族的識別問題」『中国的民族識別』黄光学（編），pp.327-
　　　350，民族出版社.
　　1999「中華民族多元一体格局」費孝通（編）『中華民族多元一体格局（修訂本）』
　　　中央民族大学出版社，pp.1-38.（初出は 1988）
福建省編輯組（編）
　　1986『畲族社会歴史調査』福建人民出版社.
広東省档案館（編）
　　2009『嶺南風雲—新中国成立前後広東档案秘聞』華南理工大学出版社.
広東省地方志誌編纂委員会（編）
　　2004『広東省水産志』広東人民出版社.
広東省民族研究所（編）
　　2001『広東疍民社会調査』中山大学出版社.
海豊県地方志編纂委員会
　　2005『海豊県誌』広東人民出版社.

郝瑞（Harrell Stevan）（巴莫阿依，曲木鉄西訳）
　　2000『田野工作的彝族群関係与民族認同——中国西南族社区考察研究』広西人民
　　　　出版社.
何格恩
　　1944『疍民調査報告』東亜研究所廣東事務所.
　　1959「疍族之研究」『東方文化』5（1.2）：1-40.
何家祥
　　2005「農耕他者的製造——重新審視広東『疍民歧視』」『思想戦線』31：45-51.
何国強（編）
　　2005『粤海虞衛四十一秋——伍鋭鱗調査報告集』国際炎黄文化出版社.
黄琛（編）
　　1992『粤東漁歌』〈人民音楽〉編集部.
黄光学（編）
　　1995『中国的民族識別』民族出版社.
　　2005『中国的民族識別——56 個民族的来歴』民族出版社（修訂再版）.
黄漢忠
　　2004a「汕尾漁港"疍民"群体及文化」『汕尾城区文史』3：80-85.
　　2004b「漫談汕尾港疍民伝統民俗文化」『汕尾文史』14：41-44.
　　2004c「汕尾疍民伝統文民俗文化与景点建設」『汕尾職業技術教育』2004（2），25-
　　　　28.
　　2005 「汕尾市濱海民俗文化資源与旅遊開発」『中国非物質文化遺産』9：249-257.
黄向春
　　2008「従疍民研究看中国民族史与族群研究的百年探索」『広西民族研究』94：55-
　　　　65.
黄淑娉（編）
　　1999『広東族群与地域文化』広東高等教育出版.
黄淑娉
　　2003「重訪紅羅」『広東民族研究論輯』12：185-198.
黄雲波
　　1928「廣州疍俗雑談」『国立中山大学語言歴史学研究所週刊』3 集 35-36 期合巻：
　　　　1290-1291.
瀬川昌久（銭杭訳）
　　1999（1996）『族譜——華南漢族的宗族・風水・移居』上海書店出版社.
梁燕玲
　　2007「広東漁民安居工程有促進漁区和諧」『中国水産』5：16-17.
廖迪生
　　2000『香港天后崇拝』三聯書店.
劉伝標
　　2003「閩江流域疍民的文化習俗形態」『福建論壇，経済社会版』2003 年（9）：68-
　　　　71.
劉複興
　　1990「化州水上居民的婚葬習俗」『民族研究』1990 年第 3 期（総第 15 期）：42-44.

劉松青
　　1926「福州蜑戸調査記」『北京大学研究所国学問週栞』2（18）：121-134.
劉志文
　　1999『広州民俗』広東省地図出版社.
劉志偉，蕭鳳霞
　　2004「宗族，市場，盗寇与蜑——明以後珠江三角洲的族群与社会」『中国社会経済史研究』2004 年（3）：1-13.
陸河県客家文化集編小組（編）
　　2006『客家陆河』
馬戎
　　2004a『民族社会学——社会学的族群関係研究』北京大学出版社.
　　2004b『理解民族関係的新思路——少数族群問題的去政治化」『北京大学学報（哲学社会科学版）』41（6）：122-133.
　　2005　『民族社会学導論』北京大学出版社.
麦賢傑，喬俊果
　　2006「我国海洋捕撈民転産業的経済学分析」『中国漁業経済』4：8-10.
納日碧力戈
　　2000『現代背景下的族群建構』雲南教育出版社.
欧陽宗
　　1998『海上人家—海洋漁業経済与漁民社会』江西高校出版社.
番禺市地方志編纂委員会（編）
　　1995『番禺県志』広東人民出版社.
秦璞，徐桂蘭
　　2009『河蜑与海蜑珠蜑』黒竜江人民出版社.
秦璞，徐傑舜
　　2005a「河蜑——悟州水上居民考察（上）『広西右江民族師専学報』18（2）：1-9.
　　2005b「河蜑——悟州水上居民考察（下）『広西右江民族師専学報』18（4）：18-25.
秦璞，2005a，2005b，
饒平県地方志編纂委員会（編）
　　1994『饒平県志』広東人民出版社.
羅香林
　　1929「蜑家」『民俗』76：1-32.
　　1992（1933）『客家研究導論』（影印本）上海文芸出版社.
羅志海編
　　2000『海豊方言詞典』新疆人民出版社.
羅志海
　　1995『海豊方言』德宏民族出版社.
　　2000『海豊方言辞典』新疆人民出版社.
　　2009『海豊方言辞典』天馬出版有限公司.
李筱文
　　2006「広東畲族与畲族研究」『広東技術師範学院学報』2006 年 2 期：1-6.

李良渠

　　2005「汕尾市人大常委会督弁議案漁民生産生活条件逐歩改善」『中国人大』2005年8期：30-31.

清水

　　1929「疍歌」『民俗』76：42-55.

三水県地方志編纂委員会（編）

　　1995『三水県志』広東人民出版社.

汕尾市城区関爺宮文化室（編）

　　2003『汕尾関爺宮文化室原始書面資料』未出版文書.

汕尾市城区鳳山媽祖祖廟理事会，汕尾市城区鳳山媽祖旅遊区管理処（編）

　　2006『媽祖文化与和諧社会』深圳市普加彩印務有限公司.

汕尾市情調査組（編）

　　1994『中国国情叢書　百県市経済社会調査　汕尾巻』中国大百科全書出版社.

施聯朱

　　1995「関干疍民的識別」『中国的民族識別』黄光学（編），pp.287-291，民族出版社.

孫九霞

　　1998「試論族群与族群認同」『中山大学学報（社会科学版）』1998年第2期：23-30.

譚棣華

　　1993『清代珠江三角洲的沙田』広東人民出版社.

翁國樑

　　1929「福建幾種特種民族」『民俗』80：1-6.

翁深在

　　1998「紅海佳境亀齢島」『汕尾城区文史』1：117-119.

呉家柱

　　1936「両陽疍民生活興歌謡」『民俗』復刊1（1），213-216.

伍鋭麟

　　1971（1948）『三水疍民調査』国立北京大學中國民族學會民俗蕞書：41　台北：東方文化書局.

謝重光

　　1995『客家源流新探.』福建教育出版社.

謝雲聲

　　1929「福州疍戸的歌調」『民俗』76：33-36.

新会県地方志編纂委員会編

　　1995『新会県誌』広東人民出版社.

徐傑舜

　　1999『雪球——漢民族的人類学分析』上海人民出版社.

楊必勝ほか

　　1996『広東海豊方言研究』語文出版社.

陽春市地方志史弁公室編

　　1996『陽春県志』広東人民出版社.

陽江市地方志編纂委員会編

　　2000『陽春県志』広東人民出版社.

葉春生（編）

　　2005『広東民俗大典』広東高等教育出版社.

葉良方

　　1988「海丰疍民考」『海・文史』（6）：74-83.

　　2004「汕尾市疍民民俗文化史考」『汕尾文史』（14）：45-66.

葉顕恩

　　1991「明清広東疍民的生活習俗与地縁関係」『中国社会経済史研究』1991 年第一
　　　　期：56-62.

亦夢

　　1929「汕尾新港疍民的婚俗」『民俗』76：37-41.

易源

　　2003「悟州疍民風俗」『珠江水運』2003 年 6 月，P41.

曽向平

　　2005「媽祖文化力促汕尾経済発展」『中華媽祖』2005（1），60.

張朔人

　　2007「海南疍民問題研究」『安慶師範学院学報（社会科学版）』26（2）：53-55.

張壽祺

　　1991『疍家人』中華書局.

張壽祺，黄新美

　　1988「珠江口水上先民「疍家」考」『社会科学戦線』1988 年第四期：pp.311-324.

張応強

　　2003「族群意識発展与区域社会文化変遷——以広東汕尾疍民為中心的人類学研
　　　　究」
　　　　『広東民族研究論叢』11：240-248.

蒋炳釗

　　1998「疍民的歴史来源及其文化遺存」『国立民族学博物館調査報告 8』周達生，塚
　　　　田誠之編，pp.89-104，国立民族学博物館.

荘英章

　　2002「試論客家学的建構：族群互動，認同与文化実作」『広西民族学学報』2002
　　　　年 4 期：40-43.

張振江

　　2002「普通話在広東——語言，族群与社会」『中国的族群与族群関係』周大鳴
　　　　〔編〕，pp.155-168，広西民族出版社.

鍾敬文

　　1929「疍歌」『国立北京大学中国民俗学会叢書（四）』東方文化書局.

　　2002（1926）「汕尾新港疍民調査」『鍾敬文全集—民俗巻』黄書権（編），pp.408-
　　　　413，安徽教育出版社.

鍾綿時主編

　　1991『海豊水産誌』海豊県水産局.

鍾毅鋒

2007 「厦門港疍民生計方式及其民間信仰」『中国社会経済史研究』2007 年（1）：
87-92.

詹堅固

2004 「建国後党和政府解決広東民問題論述」『当代中国史研究』11（6）：91-128.

周大鳴

1997 『現代都市人類学』中山大学出版社.

2005 『渇望生存──農民工流動的人類学考察』中山大学出版社.

周大鳴編

2002 『中国的族群与族群関係』広西民族出版社.

周勤

2010 「水上居民着陸記」広東省档案館編『档案之友』2010 年第 8 期：25-34.

周永生

1993 「発展高新技術産業　建設『海上汕尾』──汕尾市実施『高科技興市』戦略
思考」『科技進歩与対策』1993 年第 10 巻 3 期：31-33.

周玉蓉

2003 「汕尾水上居民的族群関係認同」『族群与族際交流』中南民族大学民族学与
社会学学院（編），pp.91-100，民族出版社.

2004 『民間信仰与地域群体関係──汕尾疍民信仰研究』中山大学中文系博士論文.

英文

Anderson, E. N., Jr.

1970 "Lineage atrophy in Chinese society." *American anthropologist.* 72 : 363-365.

Baker, H. D. R.

1968 *A Chinese Lineage Village : Sheug Shui.* Frank Cass.

Bentley, G. Carter.

1987 "Ethnicity and Practice." *Comparative Studies in Society and History.* 29 : 24-55.

Brubaker, R

2002 Ethnicity without groups. archives europeennes de Sociologie XLIII.2 : 163-189.

Blake, C. F.

1981 *Ethnic Groups and Social Change in a Chinese Market Town.* Asian Studies at
Hawaii No.27; The University Press of Hawaii.

Choi Chi-Cheung（蔡志祥）

1995 "Reinforcing Ethnicity : The Jiao Festival in Cheung Chau." Faure, D. and Siu, H.
（ed.）*Down to Earth : the Territorial Bond in South China.* Stanford University
Press.

Chen, Y., and Lo, S. H.（陳昱，盧巽義）

1998 *Exploring The Past : A Junior Secondary History Course.* Hong Kong : Jing Kung Edu-
cational Press.

Diamond, N.

1995 "Defining the Miao ; Ming, Qing, and Comtemporary Views." Harrell, S.（ed.）

Cultural Encounters on China's Ethnic Frontiers. University of Washington Press. pp.92-116.

Gladney, D.C.

1991 Muslim Chinese : Ethnic Nationalism in the People's Republic : Harvard University Press.

1998 Ethnic Identity in China : The Making of a Muslim Minority Nationality, : Stanford University. Harcourt Brace & Company

Guldin, G. E.

1997 "Hong Kong Ethnicity : Of Folk Models and Change." Evans, G. & Tam, M. (ed.) *Hong Kong : The Anthropology of a Chinese Metropolis.* Curzon Press. pp.25-50.

Harrell, S.

1995 "The History of The history of The Yi." Harrell, S. (ed.) *Cultural Encounters on China's Ethnic Frontiers.* University of Washington Press. pp.63-91.（「『イ族史』の歴史」高山陽子訳『中国文化人類学リーディングス』瀬川，西澤（編），pp.281-308）

Hays, J.

1977 *The Hong Kong Region 1850-1911.* Hamden : The Shoe String Press.

1995 "Note and Impressions of the Cheung Chau Community." Faure, D. and Siu, H. (ed.) *Down to Earth. the Territorial Bond in South China.* Stanford University Press.

Honig E.

1992 *Creating Chinese ethnicity : Subei people in Shanghai, 1850-1980* : New Haven : Yale University Press.

Hsieh, Shih-Chung（謝継昌）

1995 "On The Dynamics of Tai/Dai-Lue Ethnicity : An Ethnohistorical Analysis" Harrell, S. (ed.) *Cultural Encounters on China's Ethnic Frontiers.* University of Washington Press. pp.301-328.

Jenkins, R.

1997 *Rethinking Ethnicity Arguments and Explorations.*

Kani, H.（可児弘明）

1967 *A General Survey of the Boat People in Hong Kong.* Hong Kong : The Chinese University of Hong Kong.

Keyes, C. F.

1981 "The dialectics of Ethnic Change." Charles F. Keyes (ed.) *Ethnic Change.* Seattle : University of Washington Press. pp.4-30.

Ma, Rong

2007 "A New Perspective in Guiding Ethnic Relations in the Twenty-first Century : 'Depoliticization' of Ethnicity in China" *Asian Ethnicity* 8 (3) : 199-217.

Moerman, M.

1965 "Ethnic Identity in a Complex Civilization : Who Are the Lue?" *American Anthropologist.* 67 : 1215-1230.

Pasternak, B. and Salaff, W. J.

1993 "*Cowboys and Cultivators : The Chinese of Inner Mongolia.* Westview Press.

Potter, M. J.
 1968 *Captitalism and the Chinese Peasant : Social and Economic Change in a Hong Kong Village*. University of California Press.

Ward, E. B.
 1985 (1965) "Varieties of Conscious Model : The Fisherman of South China." *Through Other Eyes* : An Anthropologist's View of Hong Kong. Hong Kong : The Chinese University Press. pp.41-60. (「さまざな意識モデル─華南の漁民」瀬川昌久訳『中国文化人類学リーディングス』瀬川, 西澤 (編), pp.237-259)

Yshihara, K. (吉原和男)
 1885 "The Dragon Boat Festival and Fishermen's Organizations in the Cheung Chau Island (長洲島)." Shiratori, Yosiro. (ed.) *The Dragon Boat Festival in Hong Kong*. Tokyo : Sophia University. pp.96-110.

初出一覧

序論～第 2 章　東北大学大学院国際文化研究科修士論文（2004 年）「水
　　　　上居民像の形成と再編——中国水上居民のエスニシティ」に大
　　　　幅に加筆修正

第 3 章　書下ろし

第 4 章　東アジア人類学研究会での発表「「漁業をしない『漁民』とは
　　　　——『漁村』の成立過程とエスニック・カテゴリー」（2010 年 12
　　　　月 18 日）をもとに書下ろし

第 5 章　「消される差異、生み出される差異—広東省汕尾の漁民文化の
　　　　ポリティクス」『海港都市研究』5:3-22（2010 年）ならびに「中
　　　　国の地方都市における公共性の一側面——『漁民』の廟の活動
　　　　を事例として」藤田弘夫（編）、『東アジアにおける公共性の変
　　　　容』pp.281-301、慶應義塾大学出版会（2010 年）に大幅に加筆
　　　　修正

第 6 章　第 9 回東アジア勉強会（2012 年 11 月 11 日、京都大学）での
　　　　発表「広東省汕尾市における諸エスニック・カテゴリーと『漁
　　　　民』」をもとに書下ろし

第 7 章　「新たな他者とエスニシティ—広東省汕尾の春節、清明節の事例
　　　　から」『東北アジア研究』17：19-48（2013 年）に加筆修正

第 8 章　書下ろし

あとがき

　私は学部 3 年生から 4 年生に進級する春休み，将来の長期留学・調査の下見ということで，3 週間ほど広州の中山大学に語学留学をしていた．このとき，それほど上達はしなかったものの，中国語を使って広州で楽しく暮らせたので，研究もなんとかしていけるような気になり，大学院で中国研究をしようと最終的な決心をしたのである．

　3 週間の留学を終えた私は，上海から東京への飛行機チケットを持っていたので，沿海部を旅行しながら上海へ移動しようと考えた．そしてまず，広州から汕頭へバスで移動しようとバスターミナルに向かった．そこから汕頭まで高速バスで 5 時間ほどの旅のはずであった．しかし，あまり何も考えず客引きにのこのこついていった私は，高速バスに乗るつもりが，なぜか一般国道を走るバスに乗っていた．そのため，朝 10 時頃広州を出発したにも関わらず，（汕頭を過ぎて）潮州に着いたのは夜中 12 時を回っていた．迂闊にも目的地と考えていた汕頭を通過したのにも気づかなかった．今から考えれば，その時本書の舞台となる汕尾市内も通過していた．2000 年 3 月のことである．

　その後大学院で修士論文をまとめ，2004 年秋から中国政府奨学金を獲得して中山大学に本格的に留学した．そして，汕尾の街に初めて足を踏み入れたのは，2005 年 1 月のことである．それはもう 10 年近く前のこととなってしまった．その後幾度かの予備調査を実施し，X 家に住み込みを開始したのは 2006 年 10 月であり，その時期から数えても 8 年ほど経過した．現代中国の社会変化は極めて早く，この本に書いた内容も，既に最新の民族誌とはいえないところがでてきてしまった．まとめるのにこれほど時間がかかったのはひとえに私の怠慢である．

　本書で使用した調査データは 2004 年 9 月から 3 年間の中山大学留学期

間中の 2005 年 1 月から断続的に行った数度の予備調査と，2006 年 10 月から 2007 年 8 月までの本調査，および 2008 年 2 月から 3 月，2009 年 4 月，2010 年 6 月の追跡調査により得たものである．特に「漁村」X 家には 2006 年 10 月から 2007 年 8 月まで住み込みで調査を行った．また，その後の追跡調査でも X 家にお世話になっている．これらのフィールドワークは中国政府奨学金および，東北開発記念財団海外派遣援助，東北大学東北アジア研究センター公募共同研究「中国華南地方における文化的言説とエスニシティ境界の再編成」（河合洋尚代表）により実現したものである．関係各位に改めて感謝したい．

　本書を執筆するに至る過程では，その他にも数多くの方々にお世話になった．その全てを記すことはとてもできないが，その一部についてここに記し，感謝の意を表したいと思う．

　私の研究活動のスタートは東京学芸大学の吉野晃先生のゼミである．吉野先生からは人類学のみならず，研究活動をする上での様々な基本を教えていただいた．その後研究を続けていく中で，折に触れて「吉野の格言」を思い出すことで，多様な事象を自分なりに受け止めることができた．なお，その多くは，授業中ではなく宴席にて発せられたものであると記憶している．その一つに「就職した会社や進学した大学院はフィールドだと思え」というものがある．実は，中国に行く時は，自分の知っている世界と，何がいかに違うのか？と期待して出かけていたので，日本との違いに出会ってもショックを受けるというよりは，とても楽しかった．むしろ，同じ日本国内で大した違いはないだろうと思っていただけに，仙台で暮らし始めた時の方が，カルチャーショックは大きかったともいえる．初秋のコンビニに薪が大量に並べられているのを見たときは，私はどんな田舎にやってきてしまったのだろうかと，本当に驚いた（それが芋煮なるものに使うということが分かったのは，しばらく経ってからである）．さらに，同じ「大学」といっても国によって，大学によって，あるいは研究室ごとに「文化」が異なるが，それも「フィールド」だと

あとがき

思うことで戸惑うよりは楽しむことができた．これからも様々な場面で
「吉野の格言」を思い出して研究に精進していきたい．

　大学院進学以来今日まで，指導教員の瀬川昌久先生に大変にお世話に
なった．あまりにいろいろとお世話になりすぎて，それらを個別に挙げ
ていけばきりがないが，ゼミ発表の準備がうまくできず右往左往してい
るときにヒントを与えてくださったり，留学に際しての心構えを教えて
下さったりするところから，博士論文執に執筆に至るまで，多岐にわた
り様々なご指導を受けた．そして現在は東北アジア研究センターにおけ
る上司として，大学での業務についても丁寧にご指導いただいている．
さらに，公務が多忙な中でも着実に研究成果を世に出す瀬川先生の姿を，
10年以上にわたり近くで「観察」することができたのは，研究者とし
ての私の大きな財産である．また，環境社会人類学ゼミでのディスカッ
ションやアドバイスから博士論文の査読に至るまで，瀬川先生だけでな
く同研究室の高倉浩樹先生，上野稔弘先生からも多くのご教示を受けた．
　東京学芸大学人類学ゼミの皆さま，東北大学大学院国際文化研究科ア
ジア社会論の皆さま，東北大学大学院環境科学研究科環境社会人類学研
究室の皆さまには，ゼミでの議論などを通じて多くのことを学ばせてい
ただいた．また，修士論文は高山陽子さんに，博士論文は兼城糸絵さん
に提出前の原稿に目を通していただき，様々なアドバイスを受けた．川
口幸大先生をはじめ文学研究科の皆さまにも研究会等を通じて様々ご助
言をいただいた．
　中山大学での指導教員である王建新先生には，留学中公私にわたる多
大なサポートを受けた．先生の助けがなければ調査はもちろん，留学生
活自体がスムーズにはできなかったであろう．そして，張晶晶さん，劉
東旭さん，王星逸さんをはじめ，人類学系の学生の皆さまにもレポート
や修士論文の添削など様々なことで助けていただいた．さらに同時期に
中山大学に留学していた河合洋尚さん，奈倉京子さん，宮内肇さん，藤
原敬士さんらとの議論も大いに刺激になった．また，馬建釗院長をはじ
め広東宗教民族研究院の皆さまには，フィールドへの紹介の労をとって

293

いただくなど，広東省での調査に対し多大なご助力を受けた．

汕尾市においては，汕尾市宗教民族局の皆さま，黄漢忠さん，曽紀番さん，曽兆煜さん，王芳輝さん，鳳山媽祖管理局の皆さま，安美媽祖理事会の皆さま，そして漁村理事会をはじめとする「漁村」の方々に大変にお世話になった．中でも私が初めて中国の一般家庭に住み込むことになったR家の皆さまと，「漁民」の人々と一つ屋根の下で暮らし一日三食（日によって二食だったり，四食だったりもしたが）を共にする，という私の希望にお付き合いいただいたX家の皆さまには，様々なことを学ばせていただいた．X氏と初めて会ったとき，生まれたばかりであったX家の長女も今では小学校に通っている．それだけの期間私に付き合っていただいたことを感謝すると共に，今後も末永いくお付き合いをと改めてお願いしたい．

広東省に滞在している期間内には，渡邊欣雄先生，野村伸一先生，鈴木正崇先生，志賀市子先生，長沼さやかさん，藤野陽平さんをはじめ，多くの研究者の方々と面識を得て，帰国後も含め，様々な場でご教示をいただく機会を得た．

文化人類学会や東アジア人類学研究会, 仙人の会, 奥州乃疾風などの学会，研究会においても，上記の方々を含め，様々な方からご助言を賜った．本来，個別にお名前を挙げて謝意をお伝えすべき方もまだまだたくさんいるが，紙幅の都合上このような形になることをお許しいただきたい．

本書は東北大学大学院環境科学研究科へ2012年に提出した学位請求論文に加筆修正し，第10回東北大学出版会若手研究者出版助成を受けて出版するものである．出版に際し，出版会の匿名査読委員の先生方並びに編集担当の小林直之さんには，原稿に丁寧に目を通していただき，有益なアドバイスを受けた．

皆様の御助力により本書を出版できることができることに対し，改めて御礼を申し上げたい．むろん，そうしたご教示をいただきながらも，

あとがき

本書に不備や誤りがあるとすれば，それはひとえに筆者の責任である．

　最後に，私事ながら，長きにわたり私の研究生活を見守ってくれた家族に感謝を記したい．

　　　　　　　　　　　2014 年秋　芋煮シーズンの川内にて
　　　　　　　　　　　　　　　　　　　稲澤　努

追記

　2015 年 4 月より尚絅学院大学を職場とすることになった．就任初年度ゆえ，同僚からの配慮を受け校務も授業も他の教員よりは少ないものの，原稿の校正作業があまり進まず皆様にご迷惑をおかけした．筆者の怠慢をお詫びするとともに，著者の研究・教育を支えてくださった尚絅学院大学の教職員のみなさんと学生たちにも感謝の意を表したい．

　　　　　　　　　　　2015 年秋　お盆直前のゆりが丘にて

著者略歴

稲澤　努（いなざわ　つとむ）

1977 年生まれ
東北大学大学院環境科学研究科博士課程単位取得退学．博士（学術）．
東北大学東北アジア研究センター教育研究支援者を経て尚絅学院大学総合人間科
学部准教授．
専門は文化人類学．

主要論文

2016 年「現代中国における『漁民』と宗族──広東省東部汕尾の事例から」『「宗
族」と中国社会──その変貌と人類学的研究の現在』瀬川昌久・川口幸大（編），
p197-231，風響社．
2016 年「『僑郷』における移動の変化と変わらぬ『豊かな香港』イメージ」『僑郷
──華僑のふるさとをめぐる表象と実像』川口幸大・稲澤　努（編），pp45-84，
行路社．
2015 年「東方地中海における水上居民──広東東部の水上居民モンゴル族祖先伝
承を中心に」『東アジア海域文化の生成と展開──「東方地中海」としての理解』
野村伸一（編），pp669-697，風響社。

消え去る差異、生み出される差異
── 中国水上居民のエスニシティ ──

Disappearing and Emerging Ethnic Distinctions
within the Chinese Boat Community

©Tsutomu INAZAWA 2016

2016 年 6 月 5 日　初版第 1 刷発行
著　者／稲澤 努
発行者／久道 茂
発行所／東北大学出版会
　　　　〒 980-8577　仙台市青葉区片平 2-1-1
　　　　TEL：022-214-2777　FAX：022-214-2778
　　　　http://www.tups.jp　E-mail：info@tups.jp
印　刷／東北大学生活協同組合
　　　　〒 980-8577 仙台市青葉区片平 2-1-1
　　　　TEL：022-262-8022

ISBN 978-4-86163-268-6　C3039
定価はカバーに表示してあります．
乱丁，落丁はおとりかえします．